国家社会科学基金西部项目
项目名称：云南少数民族民俗文化保护的新思路
——以傣族、彝族、哈尼族的民俗传承与休闲体验互动为例
项目批准号：10XMZ026

云南省社会科学院
中国（昆明）南亚东南亚研究院 研究文库
何祖坤 主编

休闲民俗与文化传承

XIUXIAN MINSU YU WENHUA CHUANCHENG

刘婷 著

中国社会科学出版社

图书在版编目(CIP)数据

休闲民俗与文化传承/刘婷著.—北京：中国社会科学出版社，2018.7
(云南省社会科学院、中国（昆明）南亚东南亚研究院研究文库)
ISBN 978-7-5203-2471-7

Ⅰ.①休… Ⅱ.①刘… Ⅲ.①少数民族风俗习惯-文化研究-云南
Ⅳ.①K892.474

中国版本图书馆 CIP 数据核字(2018)第 091411 号

出 版 人 赵剑英
责任编辑 任 明
责任校对 闫 萃
责任印制 李寡寡

出 版 中国社会科学出版社
社 址 北京鼓楼西大街甲 158 号
邮 编 100720
网 址 http://www.csspw.cn
发 行 部 010-84083685
门 市 部 010-84029450
经 销 新华书店及其他书店

印刷装订 北京君升印刷有限公司
版 次 2018 年 7 月第 1 版
印 次 2018 年 7 月第 1 次印刷

开 本 710×1000 1/16
印 张 17
插 页 2
字 数 240 千字
定 价 85.00 元

凡购买中国社会科学出版社图书，如有质量问题请与本社营销中心联系调换
电话：010-84083683

目　　录

导　论

一　选题的缘起和意义

如今，少数民族民俗文化传承问题在学术界取得了丰硕的研究成果，关注的主题聚焦在两个方面：民俗文化如何在传承中发展，如何在发展中传承。笔者在选题时发现，人类学界对非物质文化遗产的研究有描述型研究、解释型研究、应用型研究，在应用型研究中还推演出了对策性与预测性研究。与此同时，休闲研究学界对民俗的探索也有了很大的发展，在对休闲文化、休闲产业解析的时候，少数民族民俗文化不仅在休闲研究中占有很大比重，在休闲产业的发展中也起到了举足轻重的作用。于是，笔者开始探寻休闲民俗与文化传承之间千丝万缕的联系。

随着田野调查范围的扩大和对相关问题的追踪，笔者发现，如果仅以参与式项目而言，已有很多人类学者做了发展项目的“参与式发展”的社会评估工作，这样不仅会收到良好的社会效益，还完善了相关理论，自然也丰富了人类学的知识体系。但在参与实践方面，很多项目是仅就一个地方社区的意愿而设立调查目标，为达到这一意愿，人类学家是在不熟悉的文化环境中进行一次性研究，研究的目的只是为了发展项目的实施而进行的前期、中期或者后期调查，具体来说就是为发展项目的资助方提供咨询或者评估。这样的研究会带来两个后果：一是项目赞助方会倾向于把人类学家看成地方社区的代表，他们出现的目的是要证明该社区就应该接受这个项目；二是人类学家往往没有从一开始就参与项目，而是在项目已经形成规划后才加入进来为赞助方进行该项目合理性的解释与科普。于是很多民俗保护的项目或课题在赞助方停止输血后，往往就落花流水凋零破败而去，与当初的繁荣景象形成极大的鲜明的对比，这些项目的赞助方包括政府、基金组织、国际组织以及国内民间组织。

如何能让珍贵的少数民族民俗文化传承下去，避免各种赞助者以应用研究的方式设计个项目、投资点资金，在热热闹闹做了宣传后就算完成工作，草草了事，是目前学界面临的重要问题。文化不仅要自觉，还应该自强。如何推动民众从文化自觉走向文化自强与文化自豪，减少对当地民俗文化造成伤害，笔者提出一种新的观点：休闲是实现民俗文化传承的方式和切入口（本课题的休闲包括了本地居民与外来休闲者对当地民俗的感受，在下文将有论述）。

目前，少数民族民俗文化传承和保护研究中存在的两个问题是：第一，研究成果多为对民俗事象的收集整理，而民俗文化是流变、发展和变迁的，当社会发展到新的阶段，都会随之产生新的变异，在变异中有的会消失，而有的会得以存活和壮大。怎样使民俗文化在发展中得到存活和发展，学界就缺乏比较深入的研究。笔者认为，当代休闲理论与休闲实践的兴起，为少数民族民俗文化在城市化进程中获得传承提供了一种全新的理论思路与实践途径。当然，也有一些学术论文散见于各类刊物（如曹红的《齐鲁传统节庆中的休闲意蕴》、罗曲的《彝族传统文艺与彝族现代休闲文化建设》），但迄今尚未见到系统、深入地在休闲理论及实证视野下针对少数民族民俗文化传承的专题研究和深度挖掘。第二，研究视域和研究方法比较单一，开拓性不够。休闲体验与民俗传承会让人联想到民俗旅游，在市场的诱惑下，“伪民俗”虚假繁荣的问题已经成为学界与媒体口诛笔伐的对象。本书所指的“休闲”是人类生存状态中的精神生活方式之一，这种精神生活方式与人类自身如影随形。在人民生活水平显著提高的现代社会，闲暇时间的增多使人们追求心身放松，精神闲适的休闲需求迅速高涨。民间的许多民俗娱乐休闲方式开始复活，引领着人们寻求文化体验的休闲放松。这与民俗文化的产生和发展的目的，即生存需要以及生活幸福是一致的。从民俗与休闲的联系与互动中探寻少数民族民俗文化内涵的精神，实现传承与发展的新思路，是笔者认为需要探索的视域。

鉴于此目的，本书选取在艺术事象上呈现民俗与休闲互动，并能实现民俗文化传承的具有代表性的哈尼族、彝族、傣族等云南少数民族作为考察的重点，充分利用大量的第一手田野调查材料，力求在研究视角、研究方法和研究深度上有所突破。

二　文献综述

“休闲民俗”“文化传承”是本书中的两个关键词，与之相关的研究成果涉及两个方面：国内外文化遗产保护和休闲的研究现状。当然，这两个概念都是非常宽泛复杂的范畴，基于本书的研究视角，笔者把其限于人类学视野之下。

综合的理论述评涉及两个方面：文化遗产保护和休闲问题。“在西方国家，纪念物、可移动文物是其主要的文化表现方式，而对于许多亚、非、拉国家而言，则是以音乐的、舞蹈的、仪式的表现方式为主。”① 在对关于人类学视野下的国内外文化遗产保护研究的理论综述时，西方的文化遗产保护研究多集中于国内普遍认同的关于“物质文化遗产”的研究上，对“非物质文化遗产”的相关概念也进行了构建。在文化遗产保护的综述方面，由于“非物质文化遗产”在国内学界的认同上有文化传承的特性研究，笔者对国内文化遗产保护的综述集中在非物质文化遗产的保护、传承与发展之上。鉴于地域不同所造成的对文化概念理解与阐释的不同，笔者统一用“文化遗产保护”的

① 吕建昌、廖菲：《非物质文化遗产概念的国际认同》，《上海大学学报》（社会科学版）2007年第2期。

概念来进行理论综述。另外，休闲研究的现状，则聚焦在休闲与民俗理论研究的领域之内。

（一）文化遗产保护研究综述

1. 西方文化遗产保护研究

西方对文化遗产保护的研究，首先界定了“文化遗产”的概念。对“文化遗产”概念的界定过程是一个非常复杂的从内涵到外延不断扩大的过程。该过程推演出了西方学者对文化遗产价值、保护、立法、发展的研究。笔者还关注了人类学视野下西方学者对中国西南文化的研究。

（1）“文化遗产”的概念

“非物质文化遗产”（intangible cultural heritage）的概念被国际学术界认同是一个漫长而周折的过程，从1972年联合国教科文组织的文件中首次出现该概念到2003年在联合国教科文组织第32届大会上通过了《保护非物质文化遗产公约》，其中的概念认同从“文化遗产”到《世界遗产公约》的“纪念物”遗产概念①与“见证物”文化遗产概念到“民间创作”（folklore）②再到“非物质文化遗产”，教科文组织认为：“物质的遗产和非物质的文化遗产共同代表了个人和社会的文化特性的基础，这个遗产指的是一种文化所包含的一切：其中不仅有物质遗产，也包括非物质文化遗产。”③在《保护非物质文化遗产公约》中，把“非物质文化遗产”定义为：“指各群体、团体，

① UNESCO Information Document : Experts Meeting on the “Global Strategy” and Thematic Studies for a Representative World Heritage List [DB/ OL] . http : // unesdoc . unesco . org/ images/ 0011/001128/112895e . pdf (WHC-97/ ConF. 208/InF. 7) . 2005-08-25 .

② Koïchiro Matsuura . On the precise criteria for the selection of cultural spaces or forms of cultural expression that deserve to be proclaimed by UNESCO to be masterpieces of the oral and intangible heritage of humanity [DB/OL] . http : //unesdoc. unesco. org/ images/ 0011/ 001131/ 113113cb. pdf (155EX/15) . 2005-08-25.

③ UNESCO Medium-Term Outline Plan for 1984-1989 [R] . Paris , UNESCO, 1983 .

有时为个人视为其文化遗产的各种实践、表演、表现形式、知识和技能，及有关的工具、实物、工艺品和文化场所。各个群体和团体随着其所处环境、与自然界的相互关系和历史的条件不断使这种代代相传的非物质文化遗产得到创新，同时使他们自己具有一种认同感和历史感，从而促进文化多样性和人类创造力。在本公约中，只考虑符合现有的国际人权文件，各群体团体和个人之间相互尊重的需要和可持续发展的非物质文化遗产。按上述第一段的定义，非物质文化遗产包括以下方面：口头传说和表述，包括作为非物质文化遗产媒介的语言；表演艺术；社会风俗、礼仪、节庆；有关自然界和宇宙的知识和实践；传统的手工艺技能。"[①] 在此，非物质文化遗产有了其丰富的内涵，并与物质文化遗产有了区别。

20 世纪末，Marilena 开始反思法国关于"文化遗产"这一概念的变化，他认为"遗产"的词义具有一种随时间不断扩展的特性，"文化遗产"的含义也不应仅仅局限于某个国家或某个区域，而应在全球的视野中界定那些可以让人们开始思考社会价值的传统事物，这些传统事物不但包括物质方面的文化遗产，也应包括非物质方面的文化遗产。[②]

在"文化遗产"概念的认同过程中，对其价值的研究可以说是推动了这一认同进程。Riegl 是较早关注文化遗产价值的学者，他对人们从古迹等遗产中引发的怀旧心理阐述了文化遗产的年代价值（age value)，指出不同的文化遗产具有不同的价值解读，比如纪念物等文化遗产的价值主要有年代价值、历史价值和纪念价值。而与纪念物不相同的文化遗产则被人们赋予其具有了一种当代价值，即艺术价值、使用价值和新质价值（newness value)。因而，对文化遗产的保护应区分

① 联合国教科文组织：《保护非物质文化遗产公约》，《文物工作》2004 年第 5 期。

② Marilena, V., *A Definition of Cultural Heritage: From the Tangible to the Intangible* [J]. Journal of Cultural Heritage, 2010, 11 (3): 321-324.

其价值的不同而进行不同的保护。①

而 Ruskin 在《建筑的七盏明灯》中则更进一步地对历史建筑物的价值与意义作了诠释。他认为历史建筑物是近代哲学的基础，在某种意义层面上，它的存在代表了国家的政治、历史、宗教与文化，故而应对此类建筑文化遗产遵循真实性的保护原则。②

此外，许多学者还以个案研究为例阐述了文化遗产的价值。Daugstad 等以挪威为例阐述了农业文化遗产的价值。③ Bedate 等则以西班牙为案例阐述了文化遗产的经济价值。④

（2）文化遗产的保护研究

Fletcher 等人认为文化遗产保护受社会、经济发展水平的制约，为平衡上述三者之间的关系，政府、学界等与文化遗产相关的管理或组织机构之间应有必要的合作。⑤ Ruly 也认为如社区这样的管理部门在文化遗产保护过程中具有非常重要的作用。⑥ Shu-Yun Ma 在合作机制上也提出政府应与文化遗产保护的相关机构合作，如志愿者组织和自愿投入资金进行文化遗产保护的自愿者，这样可以在市场环境下防

---

① Riegl, A., *The Modern Cult of Monuments: Its Essence and Its Development* [C] // N. Stanley-Price, M. Kirby Talley, Jr. and A. Mellucco Vaccaro, Historical and Philosophical Issues in the Conservation of Cultural Heritage. Los Angeles, CA: The Getty Conservation Institute, 1996: 69-83.

② ［英］约翰·罗斯金：《建筑的七盏明灯》，张粼译，山东画报出版社 2006 年版。

③ Daugstad, K., K. Rønningen. et al., *Agriculture as an Upholder of Cultural Heritage? Conceptualizations and Value Judgments—A Norwegian Perspective in International Context* [J]. Journal of Rural Studies, 2006, 22 (1): 67-81.

④ Bedate, A., L. C. Herrero, et al., *Economic Valuation of the Cultural Heritage: Application to Four Case Studies in Spain* [J]. Journal of Cultural Heritage, 2004, 5 (1): 101-111.

⑤ Fletcher, R., I. Johnson, et al., *Living with Heritage: Site Monitoring and Heritage Values in Greater Angkor and the Angkor World Heritage Site, Cambodia* [J]. World Archaeology, 2007, 39 (3): 385-405.

⑥ Ruly, D., *Publishing a Community-based Knowledge-transfer Device within the Framework of Cultural Heritage Preservation, Management, Promotion and Education* [J]. The International Information Library Review, 2004, 36 (3): 209-217.

止对文化遗产的保护失败。作者以欧洲和美国的案例说明了这一保护方法的有效性。①

除了对保护机制的研究，Chen 等认为，文化遗产的保护还可以依靠数字化等科技手段来实现。他与合作者把文化遗产的保护分为四个方面：保存、检索、演示和应用，这样有利于通过各类项目的合作对文化遗产的数字化保护进行测试与评估，以提高数据库技术水平，从而缩小文化遗产的真实载体与数字表述之间的差距。② Vilbrandt 等提出可以通过数字化对文化遗产的外部和内部进行仿真保存，并以数字化重建损毁寺庙和恢复传统漆器的例子说明了以网络为平台建立的一个文化遗产虚拟空间更适于对文化遗产的保存，人们可以在这一虚拟空间中实现文化遗产的旅游。③

（3）文化遗产的立法研究

Blake 认为文化遗产的立法最早是在 15 世纪的欧洲，而国际上颁布的关于文化遗产保护法的规则是 1907 年的《海牙章程》。国际上的法律与规章为文化遗产的保护带来了有利的一面，然而，由于这些法律与规章在很多方面依然存在着矛盾与不完善，因此导致了在文化遗产保护方面不同的观点与依据方式。④ Erika 深究了文化遗产保护为什么立法，认为正是全球化的影响导致文化遗产的价值和

---

① Shu-Yun Ma, *Built Heritage Conservation and the Voluntary Sector: The Case of the Tung Wah Coffin Home in Hong Kong* [J]. International Journal of Cultural Property, 2010, 17 (1): 87-107.

② C. Chen, H. Wactlar, J. Z. Wang, K. Kiernan, *Digital Imagery for Significant Cultural and Historical Materials - An Emerging Research Field Bridging People, Culture, and Technologies* [J]. International Journal on Digital Libraries, 2005, 5 (4): 275-286.

③ Vilbrandt, C., Pasko, G., Pasko, A., Fayolle, P. A., Vilbrandt, T., Goodwin, J. R., *Goodwin, J. M. and Kunii, T. L.*, *Cultural Heritage Preservation Using Constructive Shape Modeling* [J]. Computer Graphics Forum, 2004, 23 (1): 25-41.

④ Blake, J., *On Defining the Cultural Heritage* [J]. The International and Comparative Law Quarterly, 2000, 49 (1): 61-85.

意义发生改变，因而急需立法给予保证。[①] Barbara 总结了文化遗产保护国际立法的源头、历史与发展经验，在这个漫长的过程中，立法体系逐步走向完善。[②] 也吸引了很多学者参与关于文化遗产立法的相关研究，对文化遗产保护法律的作用、法理以及产权等方面进行了细致的讨论。

（4）文化遗产的发展研究

在文化遗产保护的研究基础上，西方学者主要在保护与发展的关系、发展的方式等方面进行了研究。Philip 认为文化遗产在社会经济发展的进程中对旅游业可以形成促进效果。[③] Nuala 认为文化遗产的开发应注重动态发展，不但要开发其空间感，也要开发其时间感，在开发中保持文化遗产的真实性，以动态的方式向游客传达文化遗产客观真实的历史信息。[④] Anderson 则认为发展文化旅游可以促进文化遗产的保护。[⑤] Caffyn 认为对文化遗产的旅游开发在有经济效益的基础上也不能放弃社会效益。[⑥] 另外，在协调保护与开发的关系上，Anne 认为教育在文化遗产保护与开发中应发挥其作用，比如教育游客了解关于文化遗产保护的法规，可以实现保护与开发某种层面上的协调。[⑦]

---

① Erika J. T., *Safeguarding Cultural Heritage: Law and Policy in Fiji* [J]. Journal of Cultural Heritage, 2011, 12 (3): 329-334.

② Barbara T. Hoffman, *Art and Cultural Heritage: Law, Policy and Practice* [C]. New York: Cambridge University Press, 2006: 1.

③ Philip Feifan, X., *Developing Industrial Heritage Tourism: A Case Study of the Proposed Jeep Museum in Toledo, Ohio* [J]. Tourism Management, 2006, 27 (6): 1321-1330.

④ Nuala C., J., *Framing the Past: Time, Space and the Politics of Heritage Tourism in Ireland* [J]. Political Geography, 1999, 18 (2): 187-207.

⑤ Geoffrey, W., *Preserving Nature and Cultural Heritage* [J]. Annals of Tourism Research, 1995, 22 (3): 704-706.

⑥ Caffyn, A. J. Lutz., *Developing the Heritage Tourism Product in Multi-ethnic Cities* [J]. Tourism Management, 1999, 20 (2): 213-221.

⑦ Anne, D., *Developing Sustainable Tourism for World Heritage Sites* [J]. Annals of Tourism Research, 1996, 23 (2): 479-484.

Var认为在文化旅游的开发中应合理诠释“文化遗产”的概念，对文化遗产地的游客承载量进行评估，协同社会各界力量对文化遗产进行开发。①

（5）人类学视野下对中国西南文化的研究

美国的人类学研究在20世纪90年代中期主要是通过文化展示（cultural representation）的理论来探讨少数民族社区在全球化语境之下所涉及的族群空间关系、权力格局、发展与保护以及女性性别等问题。② 随着全球化深入发展，少数民族地区也被卷入此番进程中。但少数民族地区与发达地区所占有的资源却呈现了一种不平衡的态势，前者更多地表现出文化资源的产业化运作，后者更多地落脚于工业与经济的发展。那么，少数民族地区的文化资源在全球化时代中更显弥足珍贵。如何对人类伟大文明的遗产进行保护，人类学界不但把视角集中于文化实践，也对少数民族地区在发展中融入的现代性进行了反思。

比如20世纪80年代，作为在中国西南进行田野调查的美国人类学者露易莎·歇恩，对美国、东南亚以及居住在中国西南的苗族进行了长期的考察，她在《少数民族法则》一书中，从多个层面对苗族的文化展示进行了描述与分析，并对文化展示背后的政治元素进行了诠释。③ 然而，文化展示的实践更像是一把双刃剑，促进的不仅是一个社会的多元文化观和边疆民族的文化认同，也使中国西南少数民族的文化面临“模式化”和“风情化”的尴尬境地，展示空间与日常生

---

① Var, T., M. Korzay, *Heritage Multicultural Attractions* [J]. Annals of Tourism Research, 2000, 27 (2): 534-535.

② 彭文斌、汤芸、张原：《20世纪80年代以来美国人类学界的中国西南研究》，《西南民族大学学报》（人文社会科学版）2007年第11期。

③ Schein, *Louisa*: *Minority Rules-The Miao and the Feminine in China's Cultural Politics*, Duke University Press, 2000.

活空间的日益脱节，也是中国西南研究中美国人类学者们十分关注的问题。①

2. 中国文化遗产保护研究

从数据库的搜索结果来看，国内关于文化遗产的研究是从20世纪80年代末开始的，而关于非物质文化遗产的研究则是在1998年以后成为热点。近三十年关于文化遗产方面的研究成果可以说非常丰硕，不但对国外文化遗产的理论与实践作了详尽地梳理，也结合国内文化遗产的多元性特点从理论与实践上进行了研究。

首先，对“文化遗产”概念的研究。朱祥贵先生以生态人类学的视角定义了“非物质文化遗产”：“内涵是历史上形成的，各民族创造的所有具有历史、艺术、科学、景观、经济、文化、社会、环境、生态价值的物质文化和非物质文化人文生态系统，外延是狭义的物质文化遗产和非物质文化遗产，不包括自然遗产。”② 陈均远先生认为“历史遗产”还包括了远古时期的自然生态遗产。③ 乔惠民先生认为文化遗产这一概念由于涉及文化的多样性而应相应具有多样性。④ 王铭铭先生则对“遗产”这一概念提出质疑，“虽则不无些许含混不清之处，但却对某些对20世纪人类学产生重大影响的晚近人类学历史想象构成有力的挑战和反讽”⑤。高丙中认为非物质文化遗产并非独立的概念，而是一种整合性的思维，这种整合性在社会

① 彭文斌、汤芸、张原：《20世纪80年代以来美国人类学界的中国西南研究》，《西南民族大学学报》（人文社会科学版）2007年第11期。

② 朱祥贵：《文化遗产保护法研究：生态法范式的视角》，法律出版社2007年版，第25页。

③ 陈均远：《自然遗产的普遍教育意义》，载中国科学技术协会学会学术部《遗产保护与社会发展》，科学技术出版社2007年版，第38页。

④ 中国科学技术协会学会学术部：《遗产保护与社会发展》，科学技术出版社2007年版，第15页。

⑤ 王铭铭：《想象的异邦》，上海人民出版社1998年版，第11页。

实践和学术活动领域都属于新的范畴。[①] 巴莫曲布嫫认为："三十多年来国际社会围绕 ICH 这一概念的定义问题进行了持续不断的努力探索，其间一直贯穿着冲突、辩论、沟通、反思、协商、妥协和包容等多重复调的对话。"[②] 另外，也有学者从文化遗产的分类上进行了讨论，宋兆麟[③]、顾军等[④]、闵庆文[⑤]等学者从有形无形的外延角度进行了探讨。于是，2011 年我国终于颁布了《中华人民共和国非物质文化遗产法》，其中遗产法的第二条非常明确地界定了"非物质文化遗产"的概念："非物质文化遗产，是指各族人民世代相传并视为其文化遗产组成部分的各种传统文化表现形式，以及与传统文化表现形式相关的实物和场所。包括：①传统口头文学以及作为其载体的语言；②传统美术、书法、音乐、舞蹈、戏剧、曲艺和杂技；③传统技艺、医药和历法；④传统礼仪、节庆等民俗；⑤传统体育和游艺；⑥其他非物质文化遗产。属于非物质文化遗产组成部分的实物和场所，凡属文物的，适用《中华人民共和国文物保护法》的有关规定。"至此，法律的公信力才开始贯穿在我国对"非物质文化遗产"的概念界定中。

其次，对非物质文化遗产特征与体系的探讨。非遗的特征决定了其保护的途径，在接下来要讨论的文化传承的保护途径其实就是由非遗的"活态性"特征转化而来。袁年兴认为非物质文化遗产具有活态性、共享性、记忆性、传承性、生活性、独特性、流变性、本真性、

① 高丙中：《非物质文化遗产：作为整合性的学术概念的成型》，《河南社会科学》2007 年第 2 期。

② 巴莫曲布嫫：《非物质文化遗产：从概念到实践》，《民族文艺》2008 年第 1 期。

③ 宋兆麟：《认真做好民间文化的抢救工作》，载祁庆富《民族文化遗产》，民族出版社 2004 年版，第 23 页。

④ 顾军、苑利：《文化遗产报告：世界文化遗产保护运动的理论与实践》，社会科学文献出版社 2005 年版，第 163 页。

⑤ 闵庆文：《遗产类型的多样性与保护途径的多样性》，载中国科学技术协会学术部《遗产保护与社会发展》，科学技术出版社 2007 年版，第 12 页。

地域性和民族性等特征。[①] 彭兆荣认为："在我国兴起的遗产运动的社会依据主要来自国际形势、国家战略和行政主导，而独立的非物质文化遗产理论体系尚未建立。"[②] 他提出应以"遗存之道、遗存之相、遗存之技和遗存之法四个核心内容"[③] 来建构非物质文化遗产的理论体系。

最后，国内学者探讨了文化遗产保护的理念与途径。有对国外文化遗产保护的理念与历史介绍的，如喻学才、王健民[④]和张唯亚、喻学才等[⑤]介绍了欧洲文化遗产保护理念、体系与制度。有对文化遗产保护原则和途径的研究，如王巨山等[⑥]、刘焱[⑦]、李荣启[⑧]、李昕[⑨]等学者认为在文化遗产保护中应遵循整体性原则、本真性原则、科学性原则、生态性原则、人本性原则、濒危遗产优先保护原则。有对文化遗产保护途径的研究，如顾军、杜晓帆提出了以普查为前提的可持续性保护，张建世[⑩]、杨勇、木基元[⑪]、朱祥贵、宋才发[⑫]等学者认为文

---

① 袁年兴：《文化的人本寓意与非物质文化遗产的本真性》，《中国人民大学学报》2011 年第 2 期。

② 彭兆荣：《我国非物质文化遗产理论体系探索》，《贵州社会科学》2013 年第 4 期。

③ 同上。

④ 喻学才、王健民：《文化遗产保护与风景名胜区建设》，科学出版社 2010 年版，第 114 页。

⑤ 张维亚、喻学才、张薇：《欧洲文化遗产保护与利用研究综述》，载邢定康、周武忠《旅游学研究》（第二辑），东南大学出版社 2007 年版，第 266—271 页。

⑥ 王巨山、夏晓晨：《整体性原则与非物质文化遗产保护》，《民族艺术研究》2011 年第 3 期。

⑦ 刘焱：《非物质文化遗产保护机制的两个正义原则考量》，《求索》2008 年第 1 期。

⑧ 李荣启：《论非物质文化遗产保护的主要原则与方法》，《广西民族研究》2008 年第 2 期。

⑨ 李昕：《论非物质文化遗产保护的基本原则》，《兰州学刊》2007 年第 12 期。

⑩ 张建世：《西南少数民族民间工艺文化资源保护研究》，四川民族出版社 2005 年版，第 18 页。

⑪ 木基元：《云南历史文化名城的保护与发展研究》，载祁庆富《民族文化遗产》，民族出版社 2004 年版，第 45 页。

⑫ 宋才发：《WTO 规则与中华民族文化遗产保护》，载祁庆富《民族文化遗产》，民族出版社 2004 年版，第 56 页。

化遗产保护的关键在于立法，王大明、张艳华[①]、张朝枝[②]等学者认为文化遗产保护的主体应是多元化的，陆建松[③]等学者认为应该构建文化遗产保护的标准体系、健全管理体制，也有庄孔韶等学者认为运用“影视人类学不仅可以完成文化遗产的保存，而且还能‘激活’文化遗产的当代意义，在当今文化遗产保护与传承工作中至关重要”[④]。

（二）休闲研究综述

最初，休闲被人们视为在紧张的工作后得到恢复的一种方法，现在休闲成了人们寻求快乐与地位的一种手段。从发展趋势看，休闲最终会成为人们追求生活意义的一种活动。休闲与人们对休闲的利用将对人类的身心健康、社会的经济体系甚至文化价值的确定都会产生重大影响。

1. 国外对休闲的研究

在西方，最初是在亚里士多德的论述中出现了休闲的字样，他说休闲不但是“一切事物环绕的中心”，也是“科学和哲学诞生的基本条件之一”[⑤]。这样的思想不无道理，很多伟大的发明与成就都是在休闲当中得以灵感突现的。

而把休闲归于一门学科则是在一百多年前。由于工业革命的发

① 张艳华：《在文化价值和经济价值之间：上海城市建筑遗产（CBH）保护与再利用》，中国电力出版社 2007 年版，第 46 页。

② 张朝枝：《旅游与遗产保护——政府治理视角的理论与实证》，中国旅游出版社 2006 年版，第 24 页。

③ 陆建松：《我国遗产管理体制存在的问题》，中国科学技术协会学会学术部编《遗产保护与社会发展》，科学技术出版社 2007 年版，第 43—45 页。

④ 庄孔韶：《文化遗产保护的观念与实践的思考》，《浙江大学学报》（人文社会科学版）2009 年第 4 期。

⑤ 转引自马惠娣、刘耳《西方休闲学研究述评》，《自然辩证法研究》2001 年 5 月 18 日。

展，人们的财富日益增多，从而在满足了必需的工作时间之外，人们有了休闲的时光，在休闲的时光中人们也就开始追求精神层面的愉悦。但从另一个角度而言，由于工业发展所带来的丰富物质却开始渐渐模糊了人类对最初发展工业的初衷——获得可以休闲的愉悦时光，相反，人们却囿于发展所带来的网状般的各类束缚，重物质而轻精神，使人丧失了人之所以为人的本初。于是思想家们开始重新反思，科学理性的功效是否需要以人的本真的失去为基础？他们尝试以休闲为介点寻找人的返璞归真，于是休闲开始作为一门学科真正进入研究的体系。

现在所提出的休闲学，是对人的休闲行为以及休闲心理的研究学科，寻找人与休闲之间的关系，并与人类学、社会学、哲学等学科相交叉，形成了多种交叉学科。其主旨认为休闲不仅让人感受到愉悦的情感，也是对生命的尊重。应该说，休闲学是在凡勃伦发表了《有闲阶级论》（1899 年）之后开始发展的，当时凡勃伦论述了经济与休闲的关系，同时也指出新贵阶级已经在享受物质的基础上开始寻求精神的快乐，所以休闲已经成为一种社会现象和人的生活方式。之后，一些学者开始研究休闲并出版相关的著作。比如西方休闲学经典——皮普尔《休闲：文化的基础》（1952 年），阐释了休闲与文化、休闲与哲学的关系并总结了休闲的三个特征，即休闲是精神，休闲是能力，休闲是“恩赐”。笔者认为皮普尔的这部著作中主要提出了休闲是一种平和的心态，这种心态让人感到快乐①。因而《休闲：文化的基础》成为西方休闲学的引领之作。

美国哲学家莫德默·阿德勒注重的是休闲与工作的关系，他认为人们现在把主要的精力与时间都放在工作上，却忘记了工作是为了什么，工作的最初本义是什么。其实他的论述包含着亚里士多德的思想，阿德勒认为“休闲可以使我们获得更多的幸福感，可以保持内心的安宁”，“我们需要崇高的美德去工作，同样需要崇高的美

① Josef Pieper, *Leisure: the Basis of Culture*, Random House, Inc., 1963.

德去休闲。是的，休闲可以使我们有意义地生活”①。阿德勒是在唤醒人们一起关注休闲，并对它有一个重新的认识。

荷兰学者约翰·赫伊津哈在他的著作《游戏的人》中，对游戏与人的关系进行了论述，认为游戏对人的发展以及对文化的发展有着重要的意义，游戏使人享受到了文化的成果，也让人有了创造力与自由的思想，故而“游戏是一个阳光灿烂的世界”②。这部著作对西方休闲学的研究也有着重要的影响。

美国学者席克珍特米哈依（M. Csikszentmihalyi）发表了《畅：最佳体验的心理学》（1982 年），从心理学的角度提出了休闲与体验、休闲与心理的研究，他认为“畅（flow）是具有适当的挑战性而能让一个人深深沉浸于其中，以至忘记了时间的流逝、意识不到自己的存在的体验”。这种挑战在今天看来，是一种适合于人的休闲，或是游戏或是活动，如果这类活动或游戏让人感觉到太难的话，人自然会产生焦虑的情绪，那参与这样的活动与当初为了获得愉悦的初衷是背道而驰的，那么这样的活动也就不是休闲的活动，也不能让人感到休闲。所以席克珍特米哈依认为休闲是一种对人的心理有益的体验，并非具体而物象的活动。“畅”的体验是让人不管是在工作还是休闲中都不会产生焦虑或厌烦的情绪，而有得心应手的积极体验。③

美国学者依索—阿霍拉（S. E. Iso-Ahola）的著作《休闲与娱乐的社会心理学》（1980 年）是继席克珍特米哈依之后的心理学巨著。他论述了自由选择与内在动机在人们工作之外的时间参与活动所显现出来的重要作用，认为只有人们在对所参与的活动是在没有强制性下的非常自由的选择与内在动机非常强烈地想参与这个活动的结合下，这

① Mortimer J. Adler, *How to Think about the Great Ideas*, Open Court Publishing Company, 2010.

② ［荷兰］约翰·赫伊津哈：《游戏的人》，中国美术学院出版社 1996 年版，第 52 页。

③ Csikszentmihalyi, M., *Flow: The psychology of optimal experience*, New York, NY: Harper & Row, 1990.

样的活动才是真正的休闲。他指出了休闲具有非常积极的意义，并非平常人们所认为的无所事事，而是追求自我实现以获得“迷狂”（ecstasy）的心灵体验。①

还有一位美国的哲学家，名叫查里斯·波瑞特比尔。他发表了《挑战休闲》和《以休闲为中心的教育》，这两部著作可以说是西方对休闲学研究的力作。作者在书中提出了休闲伦理的问题，认为应该反思现行的价值观，从而实现休闲教育。休闲教育让人们去欣赏休闲，享受休闲，并以休闲为导向设计生活。②

随着休闲学的兴盛，云南人民出版社出版了《休闲研究译丛》，由五本书构成。托马斯·古德尔、杰弗瑞·戈比的《人类思想史中的休闲》回顾了西方休闲史，从雅典出现一直讲述到现在的发展，对人类思想史中休闲的价值作了论述，认为休闲是“探索与思考衡量人类进步的标准和人类生存的真正目标的问题”③。同时，他认为“休闲是从文化环境和物质环境的外在压力中解脱出来的一种相对自由的生活，它使个体能够以自己所喜爱的、本能地感到有价值的方式，在内心之爱的驱动下行动，并为信仰提供一个基础”④。约翰·凯利的《走向自由——休闲社会学新论》以“新”为切入点，经各种理论的讨论，提出新的理论：休闲是“成为人”的过程，是在人的生命中占有重要地位并具有持久性特点的社会性自由。⑤ 卡拉·亨德森的《女

---

① Iso-Ahola, S., *The Social Psychology of Leisure and Recreation Bubuque*, IA: Wm. C. Brown Publishers, 1980.

② Charles K. Brightbill, *Educating for Leisure-Centered Living*, printed in the United States of America, 1966.

③ ［美］托马斯·古德尔、杰弗瑞·戈比：《人类思想史中的休闲》，成素梅等译，云南人民出版社 2000 年版，第 56 页。

④ ［美］杰弗瑞·戈比：《你生命中的休闲》，康筝译，云南人民出版社 2000 年版，第 63 页。

⑤ ［美］约翰·凯利：《走向自由——休闲社会学新论》，赵冉、季斌译，云南人民出版社 2000 年版，第 45 页。

性休闲：女性主义的视角》从其女性的角度系统研究了休闲与女性的关系，其中涉及了心理学、社会学与文化学的研究方法。[①] 杰弗瑞·戈比的《21世纪的休闲与休闲服务》认为休闲在21世纪将会取得中心地位，在风云变幻的世界格局中，休闲将会具有其特定的价值并日益得到重视，从而从价值层面转变人对自然与自身的观念。[②] 杰弗瑞·戈比的另一部著作《你生命中的休闲》从社会与个人的视角出发，认为休闲并非一种简单而单一的现象，其是非常复杂的，而且伴随着人的存在，"故而人生命中的休闲不仅仅是寻求愉悦的过程，也是对生命意义重新诠释的过程"[③]。

西方的休闲理论研究应该说取得了非常显著的成绩，不仅在研究方法与理论上有所贡献，也将研究结果运用于实际操作当中，用于解决休闲服务业等领域的困难与问题。在20世纪50年代左右，美国开始了战后恢复期，就业条件优良，经济社会发展迅猛，也提高了对休闲的需求。欧洲国家也同样开始了经济的复苏与发展期。同时，战后西方社会的人口增长也带来了民众对休闲服务业的大量需求，因而学者们也开始了对休闲与经济、休闲与服务关系的研究。60年代后，西方国家经济增长速度开始减慢，但休闲业已经发展形成了较大的规模。到了80年代，休闲形成产业，但西方国家仍然欠缺对休闲产业的科学规划与管理，故而大量学者在休闲经济的研究基础上，提出了较有实效的行业规划与管理、政策建议与战略。这样的研究在实际运用中凸显出其非常实用的理论基础与科学方法。其中较为突出的便是以对休闲研究与管理有贡献的效益即Benefit-Based Management、Benefit Approach to Leisure以及休闲服务预测方法等。其实，从50年

① ［美］卡拉·亨德森等：《女性休闲：女性主义的视角》，刘耳等译，云南人民出版社2000年版，第64页。

② ［美］杰弗瑞·戈比：《21世纪的休闲与休闲服务》，张春波等译，云南人民出版社2000年版，第21页。

③ ［美］杰弗瑞·戈比：《你生命中的休闲》，康筝译，云南人民出版社2000年版，第69页。

代开始，西方国家都尝试在各个社区建立一些休闲设施，但因为这一实施方案在初期的不成熟，并没有满足休闲需求，反而破坏了生态环境。于是上述关于休闲管理与项目规划的休闲研究方法才兴起与发展起来。

BBM 与 BAL 的概念在德莱佛（B. Driver）与席莱尔（R.Schreyer）合作发表的《休闲的效益》（1989 年）一文中有解释，即不能沿袭其他领域的管理方法来管理休闲服务项目，应从效益的角度分析这个休闲服务项目的 SWOT（优点 strengths、缺点 weaknesses、机会 opportunities 及其威胁 threats），结合方方面面的情况，从整体上规划这个项目。这篇文章引起了政府与学界的重视，于是在休闲管理方面继续深化此类研究，随之出现的“休闲效益方法”不仅满足了项目规划方、管理方在具体操作层面上的需求，也满足了研究人员以及政府部门对研究方法与政策制定的需求。

另外，休闲预测的方法也随着休闲服务业的发展而发展。西彻蒂（C. J. Cicchetti）发表的《预测美国未来的娱乐》（1973 年）在美国户外娱乐资源审察委员会（Ourdoor Recreation Resources Review Commission，ORRRC）对休闲资源调查的数据基础上，创建了以休闲为因变量、人口及社会经济指标为自变量的系列模型，来预测人们在未来几年对休闲的需求。在这一模型被美国和欧洲政府广泛采用后，却也发现这一模型忽略了人们对休闲的需求并非如对教育、交通的需求那样是非常简单的线性关系，对休闲的需求往往具有更大的弹性。在开发新的休闲项目的时候，也应考虑这个项目是否会对生态与社会环境产生影响。故而西彻蒂的定量模型在之后的项目规划中仅是作为一定程度上的参考。由此，SWOT 方法与特尔菲法等定性预测方法开始在休闲项目的设计中使用。还有如伯尔顿（T. L. Burton）等学者则把定性与定量分析结合进行研究。

随着 20 世纪 70 年代不少学者批评政府对市场进行了过分的干扰，瑟尔福（P. Self）在《用市场进行治理：公共选择的政治学》一文中认为应以公共选择的理论来进行全面的社会规划。但实际国家的发展因为内在利益分配而使国家政策出现对国家福利的不负责任。萨瓦斯（E. S. Savas）在《私有化：改善政府治理的关键》一文中认为政府应分清市场与政府职能，区分公益服务项目的建立与管理两个概念。基于这个观点，1982年，休闲学者伯尔顿也著文提出了相似的分析框架。根据伯尔顿的框架，西方国家政府在休闲服务业上有五种职能：一是直接提供公共休闲服务，二是不直接管理项目，三是协调项目运行，四是资助项目，五是规范项目。伯尔顿与格洛弗合作又进一步发展了这个框架，提出政府并非完全退出公共休闲领域，可以通过制定相应的休闲服务标准、监督休闲项目的执行情况来促进休闲服务的发展。

另外，杰克逊（E. Jackson）与伯尔顿主编的《休闲研究：21世纪的前景》也系统地介绍了西方休闲学的发展历程，从中我们可以非常清晰地了解西方休闲学的整体概况。可见，西方休闲学的研究，其实质是对生命的思考，是对文化价值的思考，也是对人类命运的思考。

2. 国内对休闲的研究

中国的休闲研究可以追溯到几千年前的圣贤思想。从对“休闲”二字的解释上可以看出，中国的传统文化有其特定的内涵意义。“休”字的组合是一个人倚靠树木而休，“闲”字依然是在门中种木而闲，“休”和“闲”在字形组合上都蕴含了人与自然的和谐共处，人在自然中的安宁超越。在浩如烟海的传统文献中，对休闲的记录也非常丰富，从《诗经》《楚辞》到清代小品，古人的衣食住行都是休闲文化最好的载体。

当代的休闲研究始于于光远先生，他在1983年倡导在高等院校中设立游戏专业，又在1994年指出：“玩是人类基本需要之一，要玩得有文化，要研究玩的学术，要掌握玩的技术，要发展玩的艺术。”1992年，王雅林、董鸿扬主编的《闲暇社会学》从社会学的视角出发开始了对闲暇的研究。1995年，北京六合休闲文化研究策划中心成立后发表了一些关于休闲哲学与休闲文化的论文。至此，中国学界开始认识到休闲这一新的社会经济现象并引入西方休闲研究文献。1996

年于光远先生《论普遍有闲的社会》论述了社会进步与休闲之间具有非常大的关联，“闲”甚至是生产力发展的根本目的之一。

马惠娣作为我国休闲理论研究领域的开拓者，出版了多本休闲理论专著，并潜心把西方的休闲理论学说介绍到中国。她的专著《休闲：人类美丽的精神家园》《走向人文关怀的休闲经济》，合著《于光远马惠娣十年对话——关于休闲学研究的基本问题》，执行主编《中国学人休闲研究丛书》五本，主持翻译两套《西方休闲研究译丛》十本书，从哲学、社会、文化、经济、教育等多个角度对休闲问题进行了系统的研究。马惠娣女士认为：“休闲是指从职业工作的紧张状态中超脱出来，使个体能够以自己喜欢的、感到有价值的方式，去休息、放松和消遣，积极地、自发地参加社会活动和自由地安排个人生活状态的总称。其本质就是从事职业活动以外的恢复身心、发展自我、充实精神的生活体验。休闲的最大特点，是它的人文性、文化性、社会性、创造性，它对提高人的生活质量和生命质量，对人的全面发展具有十分重要的意义。旅游休闲、娱乐休闲、运动休闲、度假休闲、文化休闲等丰富多样的休闲生活方式，对促进社会进步、经济发展具有十分重要的作用。”①

刘晨晔、马惠娣、陆彦明、许斗斗等学者对马克思的休闲思想进行了系统的研究。刘晨晔指出：其实人们都一直忽视了马克思对人类三种生存状态的论述，这三种生存状态即为劳动、休闲和生理的不同状态，它们其实构成了人类生存与发展的整个体系。人类全部生活都是这三种基本存在状态的具体表现。② 李仲广、卢昌崇的《基础休闲学》，章海荣、方起东的《休闲学概论》则对休闲学的理论基础进行了探讨。

潘立勇、张玉勤、刘彦顺等学者则从审美的角度对休闲进行了探

① 马惠娣：《休闲：人类美丽的精神家园》，中国经济出版社 2004 年版，第 31 页。

② 刘晨晔：《休闲：解读马克思的一种新尝试》，社会科学文献出版社 2006 年版，第 25—39 页。

讨。潘立勇认为："休闲是人的理想生存状态，审美是人的理想体验方式。"也就是说，休闲与审美是在相同的前提下人的最高层次的状态与方式。在中国，儒家、道家有"曾点之乐"和"逍遥游"，佛家、理学家有"林下风流"和"无入而不自得"，这些思想都是对休闲理想的表述，也蕴含了对审美的理解；在西方，从亚里士多德、马克思直到海德格尔，无不把休闲和审美作为理想人性及生存状态的表征。"随着国民经济的发展、国民收入的提高、国人自由支配时间的日益充裕，休闲与审美将愈益成为人们的日常理想生存状态。而休闲较之审美，更是切入了人的直接生存领域，使审美境界普遍地指向现实生活。"①

王琪延、田松青、郭鲁芳、卿前龙等学者从经济学的角度对休闲进行了探讨。王琪延在《休闲经济》中对休闲经济、休闲消费、休闲产业给予了界定，认为休闲经济是体现着以人为本的人性化经济形态，是劳动型经济的变异性转型，它与传统经济理论中"经济人的理性"相矛盾。因为前者强调人是目的，后者强调人是工具。休闲经济的形成需要有高度的物质文明、休闲时代、科技进步和劳动生产率提高等条件支撑。② 卿前龙在《休闲服务与休闲服务业的发展》中对休闲服务的基础、消费特征、变动趋势等方面进行了探讨。他认为，"随着人们对休闲服务需求的快速增长，休闲服务业必将成为国民经济新的增长点"，其对经济增长的作用会越来越大，并最终会成长为国民经济的第一大产业。③

刘海春、陆彦明、孙林叶等学者从教育的角度对休闲问题进行了研究。刘海春在《生命与休闲教育》等著作中对休闲教育的现实基础、实践理想以及实现路径等进行了探讨，认为休闲教育是教导人们

① 潘立勇：《休闲与审美：自在生命的休闲体验》，《浙江大学学报》（人文社会科学版）2005 年第 6 期。

② 王琪延：《休闲经济》，中国人民大学出版社 2005 年版，第 3 页。

③ 卿前龙：《休闲服务与休闲服务业的发展》，经济科学出版社 2007 年版，第 34 页。

实现美满生活和完美人生的教育。[①]

其他还有刘慧梅、黄健、方青等学者从伦理学的角度分析休闲现象，对休闲伦理研究的重要性、国内外的休闲伦理思想、休闲伦理建设、休闲伦理基本原则和休闲伦理价值等方面作了阐述。庞学铨、鲍宗豪、徐明宏等学者从城市建设和发展的角度研究休闲，认为休闲对于城市发展有重要的文化意义，休闲对城市的影响不仅体现在生态环境、建筑样式、饮食习惯、服装样式、活动载体等物质形态上，更重要的是体现在城市的观念、形象、功能和境界这些精神层面上，并成为城市发展的原动力。刘德谦、宋瑞、楼嘉军、刘嘉龙等学者则从旅游的角度研究休闲，探究旅游与休闲的关系，研究休闲旅游的特性、内容以及发展状况等。另外，还有很多学者从体育、生活方式、休闲的社会功能、休闲与生活品质的关系等方面介入休闲研究。

综上所述，国内学者对休闲的研究所涉及的领域比较全面，不仅对国外的理论有了一定的述评和借鉴，还发表了很多有价值的论文和理论专著。

（三）文化传承研究综述

“文化传承”是在文化遗产保护理论中提出的一种保护性原则，即一种传承的特性。切合本课题主题，笔者对文化传承的理解是通过休闲实现少数民族民俗文化的非博物馆式的传承，“它强调的是鲜活的民间文化形态和活着的民间文化传承人；至少要考察其是否具有‘活的’文化形态和‘活的’文化传承人，二者缺一不可”[②]。由于文化传承中的“活态”对于非物质文化遗产保护的重要性，因而有一部分学者也建构了关于非物质文化遗产视野下的活态传承体系。

1. 文化传承理论

祁庆富先生认为“非物质文化遗产保护的根本目的在于存续‘活

① 刘海春：《生命与休闲教育》，人民出版社2008年版，第56页。

② 潘文竹、李萌：《胶州秧歌活态传承机制研究》，《东方论坛》2010年第2期。

态传承'，这是衡量非物质文化遗产保护方式合理性的基本准则"①。陈勤建先生认为非物质文化遗产是与民众的生活融合在一起的，非遗是服务于人类的后续发展的。② 因而在认识到活态传承的重要性后，有学者对文化传承中"活态"的概念进行了深入的研究。

乔晓光先生在十年前便认为非物质文化遗产就是活态文化，这一文化包含了以人为本以及约定俗成等一些特征。③ 关于"活态"（active state）一词，在生物界或物理界具有特定的含义，据"有道词典"，"活态"指的是"可钝化金属未形成钝态前或已钝化的金属表面由于电位降低而丧失钝态后所发生的活性溶解状态；也指非钝化金属的自然活性溶解状态"。在乔晓光先生提出了"活态文化"（living culture）之后，似乎学界才把"活态"与"文化"和"传承"联系了起来，于有是了"lively lineage"和"live transmission"的提法。2010年蒲娇提出了"活态保护"的概念并指出活态保护是让"民族民间文化在原生环境中得到保存和发展"④。刘清也提出了自己对活态传承的理解，认为"活态传承首先指的是相对静态保护而言的另一种传承方式"⑤。学者们在对概念的界定中，都提到了活态传承有其相应的文化空间，技艺与人是实现活态传承的关键。

关于文化传承与非物质文化遗产的关系，祁庆富先生做了大量的研究与论述。他认为非物质文化遗产的本质属性便是"世代相承"，而"活态性"是区分物质文化遗产与非物质文化遗产差异的关键。他

---

① 祁庆富：《存续"活态传承"是衡量非物质文化遗产保护方式合理性的基本准则》，《中南民族大学学报》（人文社会科学版）2009年第3期。

② 陈勤建：《让非物质文化遗产在民众生活中活态保护传承——再论现实生活与非物质文化遗产活态保护的关系》，《中日韩非物质文化遗产保护比较暨第三届中国高校文化遗产学学科建设学术研讨会论文集》，广州中山大学2011年版，第123—129页。

③ 李庆英：《田野调查关注活态文化传承》，《北京日报》2005年1月24日。

④ 蒲娇：《试论非物质文化遗产活态保护的内涵和原理》，《民族遗产》2010年第3期。

⑤ 刘清：《活态传承还是文化记忆？——山东民歌活态传承保护之惑》，《交响——西安音乐学院学报》2013年第4期。

以黄山西递、宏村、唐模等古村落的“祠祭”为例，说明了“活态传承”是非物质文化遗产的“真魂”，因非遗类型的不同，活态传承的方式也应不同，“具有神圣仪式性的民间信仰类民俗活动不能以纯粹的‘表演’方式存在”。“不是所有的非物质文化遗产都可以‘生产’‘表演’。打着文化遗产‘原生态’旗号进行商业性炒作是个误区。”①

自此，学界开始了对非物质文化遗产文化传承的分类研究。有从传承人本体视角的主观选择解读非物质文化传承方式的研究②，也有对文化传承机制的研究③。潘彬彬分析了民俗类专题博物馆民俗文化遗产活态传承对策。④ 黄燕阐述了打造群文品牌与非遗活态传承之间相辅相成、互相促进的关系，认为通过群文品牌，许多非遗项目能真正做到活态传承。⑤

另外，依据非物质文化遗产保护的分类，也有学者分别以各类遗产类别为例对文化传承作了分析。在音乐上，黄志豪以我国广西京族独弦琴文化传承的例子，倡导在“口传心授”单一传习模式的基础上，增添书本、乐谱本、学校、舞台、网络、音像等多样化的传承模式可有力证明民族器乐文化传承的可行性。⑥ 刘清通过对山东民歌文化传承、文化记忆等方面的考察，探讨了山东民歌的传承问题。⑦ 在体育上，朱毅然对当代非物质文化遗产视域下民间体育的文化传承问

① 祁庆富：《非物质文化遗产的真魂在于“活态传承”——由“徽州祠祭”引发的一点思考》，《重庆三峡学院学报》2009 年第 2 期。

② 余继平：《基于传承人本体视角的非物质文化遗产活态传承初探——以武陵民族地区为例》，《艺术研究》2012 年第 2 期。

③ 潘文竹、李萌：《胶州秧歌活态传承机制研究》，《东方论坛》2010 年第 2 期。

④ 潘彬彬：《南京市民俗博物馆民俗文化遗产活态传承研究》，《艺术百家》2013 年第 7 期。

⑤ 黄燕：《打造群文品牌与非遗活态传承》，《神州民俗》2011 年第 168 期。

⑥ 黄志豪：《民间乐器多样性的保护与开发——谈京族独弦琴的“活态传承”》，《中国音乐》2009 年第 3 期。

⑦ 刘清：《活态传承还是文化记忆？——山东民歌活态传承保护之惑》，《交响——西安音乐学院学报》2013 年第 4 期。

题进行了探讨，并分析了影响其传承的外因与内因，提出了传承发展的路径选择。[①] 翟会会认为民俗民间体育是民族传统文化不可或缺的重要组成部分，在高校中开设民俗体育的课程是其文化传承的理性选择。[②] 孙建对舞龙、龙舟、风筝三种典型的民族传统体育形式进行了探讨，认为三者的文化传承须建立以传承人和生产性保护为重点的动态保护机制。[③] 在舞蹈上，白童对民间舞蹈地盘子艺术的文化传承模式、经验及问题进行了介绍和探讨；[④] 在美术上，郝亚丽认为地方政府、保护政策、市场组织、民间团体、系统理论、外来文化等对当代民间美术的文化传承造成了影响。[⑤] 向丽以云南剑川张绍华的民间美术教育诠释了民间艺术的艺术法则与美学精神，认为这将是通过审美教育活态传承民族文化的一个重要途径。[⑥] 吴从瑞认为以视觉美术元素促进非物质文化遗产的创新，将是美术类非遗活态传承的有效途径。[⑦] 在服饰上，陈敬玉提出了民族服饰物质性的固态保护和非物质活态传承的观点。[⑧] 在美学上，高小康认为当代美学需要面向传统艺术活态传承研究的建设。这种理论追求的不是传统的独断论规律而是

① 朱毅然：《非物质文化遗产视域下民间体育的活态传承研究》，《商丘师范学院学报》2012 年 12 月。

② 翟会会：《民俗民间体育走进校园的活态传承选择研究》，《体育世界·学术》2010 年第 4 期。

③ 孙建：《从非物质文化遗产视角看传统体育的活态传承——以舞龙、龙舟和风筝为例》，《南京体育学院学报》2013 年第 6 期。

④ 白童：《咸丰县民间舞蹈“地盘子”活态传承的思考》，《青年文学家·艺术鉴赏》2013 年第 32 期。

⑤ 郝亚丽：《非物质文化遗产视域下民间美术的活态传承研究》，《凯里学院学报》2013 年第 4 期。

⑥ 向丽：《审美教育与民族文化的活态传承——以云南剑川张绍华民间美术教育为例》，《内蒙古大学艺术学院学报》2012 年第 3 期。

⑦ 吴从瑞：《论视觉美术元素与非物质文化遗产的活态传承——以阜阳剪纸、界首彩陶图案创新为例》，《淮南师范学院学报》2013 年第 4 期。

⑧ 陈敬玉：《民族服饰的固态保护与活态传承——以浙江景宁畲族为例》，《丝绸》2011 年第 5 期。

文化共享的需要。①

2. 文化传承途径

从实践视角来看，国内对民族文化实施文化传承的途径有如下几种：

第一，博物馆式的保护。国内在20世纪90年代初，挪威学者与国家博物馆的苏东海先生合作，在贵州梭嘎就创立了生态博物馆。这一开创性的举措在国内引起了文化保护的新发展，但由于体制上脱离当地社区的居民而独立于社区之外，该生态博物馆缺乏发展的活力与动力，逐渐淡出人们的视线之外。之后，1996年，云南省提出建设“云南文化大省”，云南大学尹绍亭教授提出并主导进行了云南民族文化生态村建设，云南民族文化生态村将生态博物馆理念深化并本土化，解决了两个重要的问题，其一是提出了动态保护的理念，发展与保护并行；其二是明确了当地居民的主导地位，理论上理顺了实践中复杂的专家、村民、政府以及社会各界的关系。

第二，家族、师徒传承式的保护。很多民俗文化都是通过父子相传、师徒相传而传承下来的。比如“扬武镇的乐器制作者张朝亮，其家族已经有五代人制作乐器，制作乐器的技能是通过父传子、子传孙的方式传承的”②。另外，便是拜师学艺，村子中的年轻人拜懂技艺的老人为师，学习方法。然而，由于现代化的冲击，现在的年轻人在没有认识到本民族文化价值的前提下多认为传统民俗文化是落后的，不愿学习而致使这样的保护方法受众较小。

第三，参与教育的保护。其中较为有影响的有杨福泉老师在丽江纳西族地区所做的培养民间文化精英，实施“参与式”教学传承乡土文化的项目，陈哲的少数民族“土风计划”，田丰创立的云南民族文化传习馆模式，以傣族传统的佛教教育为平台的贝叶经承袭模式等。

① 高小康：《传统艺术活态保护与当代美学建设》，《文艺研究》2013年第7期。

② 李永祥：《舞蹈人类学视野中的彝族烟盒舞》，云南民族出版社2009年版，第156—157页。

另外，还有以民俗文化事象进入大中小学校，开设相关课程，进行传承教育的模式。哈尼族的棕扇舞就进入了中小学的课间操，以在课间跳棕扇舞实现其传承。

第四，学术研究式的保护。有以介入现代学术研究和田野调查为标志的云南民族村模式，以刘尧汉为首创立的以田野调查为途径的楚雄彝族文化现代学术研究模式，宣科、杨曾烈等创立的用音乐艺术传承文化的大研古镇东巴艺术模式，以及通过民族典籍的收集整理出版为途径传承传统文化的丽江东巴文化研究所模式，[①] 闵庆文等在江浙进行的“农业文化生态系统保护”，张晓等在贵州进行的“西江项目”，杨庭硕等在贵州进行的石漠化以及传统知识整理项目，还有客家以及土家文化保护项目以及广西的民族生态博物馆建设等。

第五，文化产业的保护。云南立足于当地社会经济发展水平的实际，大力推进“文化大省”向“文化强省”迈进的战略，繁荣民族文化、发展文化产业，将云南得天独厚的文化资源优势转化为产业优势，率先在全国经济欠发达地区走出了一条独具特色的文化产业发展的道路，创造了文化产业发展的“云南模式”。现多以举办民族传统文化节日、成立民俗文化事象为主的公司或“公司+农户”的协会、创作舞台文艺演出、手工艺品制作销售等方法实现文化的市场化运作。

第六，政策支持的保护。国家层面也在不遗余力地推出各类保护非遗的方针政策，相关学者的努力都运用了人类学理念，提出了少数民族文化保护的理论，成为国家层面推行的文化保护政策的重要理论来源。早在 2005 年，国务院办公厅便下发了《关于加强我国非物质文化遗产保护工作的意见》，国务院则下发了《关于加强文化遗产保护的通知》。再加上对各地申遗的鼓励，不但可以收集整理以及挖掘民俗文化事象，也可以形成对传承人的保护。

---

① 黄泽：《神圣的解构——民族文化研究的多维审视》，广西教育出版社 1998 年版，第 68 页。

综合而言，我国现行的对文化传承的保护制度主要依据“政府主导、社会参与、明确职责、形成合力”的原则，在实践上做了大量的工作，也取得了较大的成效。但随之也引发很多传承中的问题，比如博物馆或生态村式的保护，一开始在政府的主导与输血下，使其民俗文化事象得以一时的兴盛与传播，但当其还未形成自给自足的经济循环系统前，因多方原因，项目输血停止后所带来的不仅是该项目的破败，更大的伤害是导致了该民俗事象的异化与媚俗。文化产业式的保护也是如此，如果仅仅以市场化的标准来打造民俗事象，不尊重其原始信仰而一味地商业化保护，那最后形成“四不像”的伪民俗，不但会被市场所摒弃，也会加速其濒危的毁灭。由于政府在保护进程中的主导位置，应思考如何把握其管理尺度，如何建立科学保护体系，如何引导公众参与，不让民俗变成官俗，都是如今面临的问题。

在笔者看来，真正的传承如果能够激发民俗文化生生不息的生命活力，有可供其生长壮大的民间土壤，使其充溢在民众的生产生活中，与人们的作息息息相关，成为附着在民众生命中不可或缺的习俗惯制，并在信仰、功能、结构上与原初民俗保持一致性的传承，那也就现实地满足了当代少数民族民俗文化保护的历史要求。如何破题，我们其实可以从休闲中寻找民俗文化的休闲因子与当代休闲需求的叠交界域，从而在休闲方式中实现民俗文化的传承。

三 休闲民俗与文化传承研究的理论与方法

（一）休闲民俗与文化传承的关系

生活在祖国西南边陲的云南各族人民在数千年的生产生活实践中，以其卓著的聪明才智和顽强的毅力，总结与提炼出了各具特色的民俗文化，不但体现着各民族的精神与性格，也以超越物质的力量影响着人们的思维和行为，影响着少数民族地区的发展。但是，随着时代的变迁，许多少数民族地区的民俗文化正濒临摧毁、消失的危险，急需有效地加以保护和传承。

董晓萍在《休闲民俗》一文中认为："休闲民俗，指休息日、节日和假日的民俗。"① 她比较了中西休闲文化的异同后，把中国的休闲文化划分为农业社会休闲民俗、人生成长休闲民俗、家庭休闲民俗和身体休闲民俗四类，这四类休闲民俗均植根于中国传统的休息观念。

的确，我国长期以来便"以农为本"，由此而形成的农业民俗范围十分广泛，它是人们在长期的农业生产实践中形成的，反映了农业生产的基本过程、生产经验等内容的模式化行为。无论是北方的旱田耕作方式，抑或是南方的水田生产技术，土地耕作表现形式上的差异性，并不能掩饰农业社会生产结构的趋同性，即"自然季节的转换成为农业生产时间和农闲时间划分的唯一条件"②，这一模式自然也使各个民族的休闲观念及休闲活动打上了农业文明的深深烙印。建立在中国古代特定的耕作文明基础之上的云南少数民族社会生产结构，因受各种条件的制约，从而使包含在农耕民俗中与生产、生活相关的工艺具有了二重性的特点，即对传统农业文化传承的同时也附加了休闲的价值。

一方面，少数民族由于受传统农业文化的浸染，遵循"日出而作，日落而息"的生活方式，这样一种生活方式使少数民族在农业生产中形成了勤劳善良、吃苦耐劳的精神。与中国传统文化相一致地在"一年之计在于春，一日之计在于晨"的理念下，珍惜时间，春耕秋收，按时间的节律来安排自己的劳作与生活。

另一方面，中国传统文化中的儒家精神强调的是要积极入世，以一种"天行健，君子以自强不息"的进取精神在群体中实现个人的价值感与自由感，这种超越实现了心理的自由，从而在休闲观念上显示的是崇高的意境与刚健的理念，在休闲行为上也就导致了一种正能量

① 董晓萍：《休闲民俗》，《中华文化画报》2006 年第 5 期。

② 楼嘉军：《休闲新论》，立信会计出版社 2005 年版，第 9 页。

的美。道家的思想强调的是思想与行为上的自由，天马行空、遗世独立。即使在繁华的人世间，依然秉持一种心灵的高度自在与独立的人格追求，这在休闲观念上体现的是一种自由的美。禅宗强调的是对生活的一种从容与淡定，是在遇到世间任何事时如何保持一颗平常心，这种有游戏意味的处世哲学，既不是出世的，也不是入世的，而是把儒家的入世与道家的出世融汇在一起，这在休闲观念与休闲行为上有了一种悟道之美。三者的思想境界都因对生命提出了自由与融圆，并贯穿于其行为之中，于是我们看到的依然是一种美，一种在休闲意义上的高、柔与雅的美。人们可以体验这样的美，得到心灵的浸润与感悟。[①] 故此，对《诗经》就有了“朝吟风雅颂，暮唱赋比兴。秋看鱼虫乐，春观草木情”的评价。《庄子·刻意》中有“就薮泽，处闲旷，此江海之士，避代之人，闲暇者之所好也”。休闲不仅是一种生活态度，更是一种“大知”者的境界。而李渔的《闲情偶寄》、曹雪芹的《红楼梦》和沈复的《浮生六记》，则让人提纲挈领地领略了花样繁复的古代中国娱乐休闲活动的奥妙。

云南少数民族的物质生产、生活民俗活动其实也蕴含了相同的休闲思想。一方面，在以生存需求为主要诉求的社会结构中其实用性是主要功能；另一方面，农耕社会中民俗的二重性也就决定了具有休闲意义的民俗附加于少数民族物质生产、生活的实用功能之上。

比如笔者在后文将要叙述的花腰傣竹编工艺中原本具有宗教色彩的小鱼和蒲扇，现如今已经成为孩子们手中把玩的玩具；本来用于参加节日或农耕时携带饭食的秧箩，如今也成为休闲艺术品。花腰傣竹编从开始仅具有实用功能到后来向休闲功能的转变正好说明了这一点。

其实，在对作为非物质文化遗产中民俗文化的价值讨论便与休闲对人类的价值有叠合的领域，非遗对人们幸福感的形成，对崇高的理解，对和谐的协调，都与休闲所推崇的理念相互印证。菅丰指出非物

① 胡伟希：《中国古代的休闲理论》，《湖南社会科学》2003 年第 6 期。

质文化遗产在社会发展中的各个领域都存在可以帮助人类实现幸福的可能性。[①] 刘锡诚认为由于非物质文化遗产具有身份认同和多元共存等基础因素，在个体、家族上表现出对生命意识的崇尚，在国家、民族层面则表现为对刚健奋进的推崇。[②] 刘魁立指出非物质文化遗产“能够满足人类的各种物质需要和精神需要……人们以其调整自己的精神世界，协调人同自然关系、家庭关系、族群关系、社会群体关系等，具有强大的凝聚力”[③]。这些概念都与笔者想表达与阐述的休闲概念在理念上达到叠合，因而笔者试图挖掘休闲与民俗之间千丝万缕的联系并寻找到传承民俗文化事象的途径，即如果这种文化事象本身便是休闲的，那么人们便可以在休闲中实现这种文化事象的传承。

（二）休闲民俗与文化传承研究的理论

民俗与休闲在笔者的研究中具有重要的关系意义，将两个部分结合起来思考，使休闲民俗得到文化传承，是本书的核心内容。另外，本书是基于艺术传承的艺术人类学研究，主要方法则摄取了艺术人类学的田野调查方法与其理论研究范式，其实质是采取一种什么样的民族志书写范式，是以何种理论作为民族志范式的指导思想。笔者在梳理艺术人类学相关民族志范式过程中，结合具体研究对象，认为实践理念、仪式理念以及表演理念均给予本书的写作以极大的启示。

1. 研究理论

（1）实践理论

法国学者布迪厄开创了自己的“建构的结构主义”研究模式，他对社会中存在的文化再生产、“生存心态”场域与社会结构动力、语言的象征性权力及其运作逻辑等方面进行了探讨。他提出了文化再生

① 菅丰：《何谓非物质文化遗产的价值》，《文化遗产》2009 年第 2 期。

② 刘锡诚：《非物质文化遗产的文化性质问题》，《西北民族研究》2005 年第 1 期。

③ 刘魁立：《关于非物质文化遗产保护的若干理论反思》，《民间文化论坛》2004 年第 4 期。

产理论并指出文化再生产的普遍性与象征性；他有关“生存心态”的双重结构及其双向运作的研究指出了“生存心态”的相对稳定性及其转化的可能性；他还指出社会场域中各种资本是可以转化的，语言是一种象征性权力并具有一定的运作逻辑。这些观点于本书针对艺术传承与休闲体验均具有诠释意义。

（2）仪式理论

关于仪式的研究，自20世纪80年代以来，随着西方不同流派的理论纷纷被翻译成中文，国内的研究者开始运用这些当中的人类学理论对本土文化现象进行研究。对于仪式的研究自然也就较多地倾向西方，其中以象征人类学理论为主，在这个主要理论方向之下，又主要有两种研究思路，一种倾向结合象征与社会结构进行研究，一种倾向将象征理论结合在仪式过程中进行研究。那么对于上文所提到的艺术形式的传承方式我们有了仪式理论的研究基础。

（3）表演理论

有“美国表演学派”之称的表演理论兴起于20世纪中后期，并于20世纪后期在西方的民俗学界得到了广泛的关注，许多学者认为表演理论为民间口头艺术以及语言人类学提供了新的研究思路和理论范式，特别是对于口承范围内的民族志演述来说。理查德·鲍曼作为表演理论重要的奠基人，其于1975年发表的学术论文《作为表演的口头艺术》以及1986年发表的《故事、表演和事件——从语境研究口头叙事》等一系列著作和论述为表演理论提供了详尽的理论框架，鲍曼将作为“材料的民俗”转向了“作为交流的民俗”，对于口头艺术的研究通过表演的框架进行了新的理论演绎。

艺术人类学研究虽然综合了人类学和艺术学研究，但主要的研究范围依然以人类学为主，而且其研究的重点在于通过研究对象的行为来解读艺术工艺或活动的内涵，并通过这样的解读来理解这样的艺术活动所隐藏的文化内质对人的生存与生活有何种生命形式上的意义。“在艺术人类学研究中，绝不应该仅仅停留于技术和艺术形式层面的讨论，而要努力由技术和形式了解艺术创造者们的文化理念，发现背后的概念系统和意义体系，认识与之相关的其他许多因素。与艺术学或研究艺术的其他学科不同的是，在研究某一特定艺术时，艺术人类学除了对其进行形式上的整理外，更主要的是对背后的文化观念和行为方式、对影响形式的各种因素发生兴趣。”①

本书的重点并不在于描述以工艺、舞蹈等艺术形式而存在的竹编、剪纸、舞蹈本身，而是通过探讨艺术形式如何从一种族群艺术，成为传承文化的载体，从而揭示其所赖以生存、发展的社会历史现实与休闲之间的有机联系，以及这一联系对艺术形式本身的影响，也就是休闲与艺术二者的互动、多维、融合关系。休闲与艺术的关系中，身份构建是二者内在的逻辑关系，而身份的表述是这一逻辑关系的外在表现。二者一道融入地方文化，共同构建了新的文化身份，这一文化身份是在不同历史阶段中不断交流、冲突、博弈、妥协、融合的复杂社会互动过程中逐渐形成的，这一过程中重新构建了新型文化身份，也就是达成了新型的身份认同，这种认同是通过共同的休闲诉求、审美认同与文化自觉等达成的深层认同。

2. 研究视角

西方知识体系主/客位研究在人类学的参照上反映了主题产生的文化情景或语汇情景。如较早进入中国少数民族地区做研究的学者 Stevan Harrell 等在中国的少数民族研究领域已经成为当代美国人类学的领军学者。他在《中国少数民族边疆的文化遭遇》以及《中国西南彝族研究的视角》中所运用的研究视角，从客位的角度对西南少数民族进行了研究和梳理。

20 世纪 60 年代，派克创造了在人类学研究中语言描写的主/客位理论，认为主位（emic）是“文化承当者本身的认知，代表着内部的世界观乃至其超自然的感知方式。它是内部的描写，亦是内部知识体

① 王建民：《艺术人类学理论范式的转换》，《民族艺术》2007 年第 1 期。

系的传承者，它应是一种文化持有者的唯一的谨慎的判断者和定名者”[①]。“客位（etic）则代表着一种外来的、客观的、‘科学的’观察，它代表着用外来的观念来认知、剖析异己的文化。”[②] 琳达·斯通曾经在尼泊尔的一个村子里调研，有一天她看到一个家庭里的小男孩在不断地辱骂他的奶奶，这个情景对于村子的外来者来说，似乎是一场家庭争吵，但对于族内人来说，其实这小男孩是在帮助他的奶奶，为他的奶奶治病。他的辱骂是针对让奶奶生病的住在奶奶身体里的恶魔，小男孩相信只要辱骂恶魔，让恶魔从奶奶的身体里出来，那奶奶的病也就会好了。[③] 因此，“在族外人客位视角下的家庭争吵，从主位立场来看，却是为了治疗疾病”[④]。可见，人们对派克主位/客位的理解，并没有在表层上来理解“族内人”和“外来者”。在某些场景下，“族内人”与“外来者”的身份是可以相互转化的，人们对自己角色的定位可以不固定在本身的身份上。也就是说，在一定的情境中，客位的视野也会变成主位的视野。[⑤] 由此，“外来者”可以获得一种“钻进土著人脑中”的视野，[⑥] 来获得“文化持有者内部的眼界”。同时，即便在“族内人”的内部结构中，他们既定的身份也不是固定的，与之前外来者的身份会滑动一样，他们依然也有可能从主位的身份上游离到客位的身份上，以一种客位的视角来打量外来者。也就是说，主、客位的身份是流动的。

---

① Litizinger, *Ralph*: *Other Chinas-The Yao and the Politics of National Belonging*, Duke University Press, 2000.

② Ibid. .

③ Harrell, Stevan, “*The History of the History of the Yi*”, in Stevan Harrell ed, Cultural Encounters on China's Ethnic Frontiers, Seattle: University of Washington Press, 1995, pp. 63-91.

④ Ibid..

⑤ Schein, *Louisa*: *Minority Rules-The Miao and the Feminine in China's Cultural Politics*, Duke University Press, 2000.

⑥ Notar, Beth, *Displacing Desire*: *Travel and Popular Culture in China*, Honolulu: University of Hawaii Press, 2006.

所以，主位和客位的视角可以作为本研究的一个视角。因为书中所涉及的本地艺术制作者和外来休闲者其实便是主位与客位的关系。笔者试图从主位对休闲的理解，客位对休闲的理解，以及当客位参与主位的休闲活动时，在特定的场景下主位与客位身份的变化进行描述。那么，当笔者在做人类学观察的时候，其实笔者持有了客位的视野，当笔者参与当地艺术制作过程时，当然也相应有了主位的视野，那么，在这样主、客位视角的流动中，也就打破了一个人类学研究者在田野中作为陌生人的距离，可以更清晰地对研究作出准确描述。

另外，如果能够以艺术人类学的身份与表述理论为本研究的另一个视角，以此为线索深入艺术形式的发展脉络，做出合理的分期，用休闲艺术与休闲认同事实探讨艺术主体与艺术作品之间的关系，梳理其生存活动的族群休闲生活网络的形成，比较其在不同时空的呈现，从而加深对休闲与艺术关系的理解，尤其是艺术形式不断失语、他者化语境下，本书的研究有益于还原艺术的休闲本质，同时，彰显艺术人类学对族群艺术世界的解读能力，探索艺术和休闲之间的深层关系是本课题的理论诉求。

当然，本书并不在于描述三个民族的民俗艺术形式本身，而是通过考察这些艺术形式的发展演变历史，揭示其在发展演变过程中所存在的休闲元素以及二者之间内在的互动与融合。主位与客位的表述存在不同文化语境、不同身份认知的差异，如果有差异的表述却共同指向休闲，那么这便是一种深层次的文化认同。基于这样的文化认同，对民俗文化进行有机联系的建构与延续，这是否就应是文化传承的切入口。

故而，结合艺术人类学，实践、仪式与表演理论以及休闲理论，笔者试图从主位与客位的视角出发，深入到民俗艺术的生活世界中，对少数民族艺术的传承主体因艺术活动而体验到的休闲的感受进行深描，也对外来休闲者的少数民族艺术文化的休闲体验进行白描，这样既可以呈现休闲元素在少数民族民俗艺术的历史与现实中的延续与发展，也可以对民俗文化与休闲体验的互动关系进行探讨，挖掘云南少数民族民俗文化丰富的休闲内涵，论证二者的叠交界域，科学地阐发其现代意义，这对于构建科学的民俗休闲价值观，推进西南民族地区民俗文化传承，保持少数民族地区民俗文化的可持续发展，无疑具有十分重要的现实意义和实践价值。另外，从理论层面来看，系统深入地发掘和整理少数民族民俗文化中的休闲思想及现代社会对民俗文化的休闲诉求，批判继承、大力弘扬少数民族传统民俗传承与当代休闲体验互动的精华部分，对于充实和丰富人类休闲思想的宝库，拓宽休闲学和民俗学的研究领域，也有着不可低估的应用价值与理论意义。

（三）休闲民俗与文化传承研究的方法

实现艺术人类学视野下休闲民俗的文化传承，需要历史学、民俗学、人类学以及多点民族志方法的共同参与观察、研究和分析。毕竟棕扇舞、剪纸、竹编作为传统的族群艺术，没有历史的视角，就无法理解什么是传统；没有民俗学的在场，就无法理解生活中什么是传统；没有人类学参与，就无法理解传统中的文化及生活的意义，无法深入到艺术—文化—人之间多维、互动、融合关系达成的文化场域与生活世界中；而多点民族志则从方法论角度强调了坚持民族志的强烈地方性视野。

1. 历史人类学

王明珂认为：“‘历史’，这个词，在中文里可有两个完全不同的含义：其一，真正曾发生的过去；其二，我们所记得、述说、书写的‘过去’。在英文里也一样，一个字词，history，代表两个意思——历史事实与历史记忆。为何有这样奇怪的现象？这是因为人类都生活在历史记忆造成的社会里，社会现实是如此真实，因此我们普遍将历史记忆当作历史事实。”① “历史并不是一些真伪史事集结而成的‘史实库’，而是一种‘社会记忆’。那是在不同的时代由不同的群体为符合

---

① 王明珂：《炎黄子孙是谁？——中华民族的历史记忆与民族认同》，《英雄祖先与弟兄民族：根基历史的文本与情境》，中华书局2009年版，第1页。

或诠释一个时代或体的所谓‘本质特征’而编撰记录当代或历史上的重要人物或事件。在某一特定的时代，有些人的编撰记录被认为更有权威或更真实，就在社会上制度化地推广或保存，如此这般，这种‘社会记忆’就成了我们今天所见的‘历史文献’。”①

这对本书所探讨的问题不无启示。任何艺术形式的研究，必然离不开这一族群艺术根植于其间的历史背景，具体来说这涉及花腰傣、花腰彝以及哈尼族的发展史，竹编、剪纸以及祭祀舞蹈的发展史，包括艺术史背景。但本书的重点不在于追求各类艺术形式的客观性与真理性，关键在于如何从这些相关历史记忆中，探析各种艺术形式的身份建构及表述在不同历史语境中与休闲的互动使传承成为可能，以及这种历史书写与身份表述不断“刷新”背后的历史动因，力求呈现其历史特有的丰富性和连续性，从而较为完整地把握其传承脉络。

2. 民俗学

董晓萍在《田野民俗志》一书中提出了田野阐释的知识增殖理论，该理论认为从三个角度来处理田野调查资料大多能形成对民俗资料理论层面的新认识，这三个角度是：民俗环境、民俗承担者和民俗标志物。它们又可以两两相互联系，构成田野点的社会组织变迁、政治经济变迁和文化变迁三个维度；两两联系又会形成宗教信仰叙述、岁时循环叙述、仪式叙述三种民俗叙事模式；此外，它们两两互动可以构成“社会体”“空间体”和“时间体”②。这是一种综合视角，可以从整体上对文化传承问题进行分析；同时又提供分析维度，对传承与体验之间的互动进行较为细致的分析。

3. 艺术人类学

如果说历史学研究方法主要是为了把握不同历史语境中族群艺术的变迁脉络，民俗学方法则对作为族群艺术的民俗性，即“民”与

① 王明珂：《华夏边缘：历史记忆与族群认同》，中国社会科学出版社2006年版，第28—56页。

② 董晓萍：《田野民俗志》，北京师范大学出版社2003年版，第418—443页。

“俗”的互文动态中理解其所蕴含的“生活世界”，前者是线，后者是面，但缺少点、线、面的交织，以及作为一个整体文化的厚重而精深的描述，而艺术人类学研究方法承担了这一重任。当下国内艺术人类学学科定义及研究重点存在着不同的理解，如艺术人类学是偏向于艺术本体研究还是文化人类学研究，其间也有着不同的区别，如偏向于审美艺术的审美人类学，偏向于社会文化的艺术人类学。但艺术人类学研究范式的转变是当下艺术人类学研究者共同关注的学科课题，其中的艺术实践、行为实践成为这一研究范式转变中的关注点。

艺术由艺术作品、艺术主体、艺术行为构成，在共同的艺术场域中有着互文性，其中艺术行为成为其间不可或缺的关键因素，它既是艺术作品与艺术主体的中介，社会与个人的焦点，也是艺术的文化意义的联结所在。对艺术行为的研究也成为艺术人类学关注的重点。王建民认为：把艺术视为行为，人类学家所从事的研究也就不仅仅只是描述性和共时性的了，而转变为一种过程。过去的人类学是把艺术当成物品来研究，是从描述的层面来强调它们的内部结构，而新的方法从本质上是具拓展意义的，它要求将社会科学和人文的分析技巧真正结合起来，而这种理论倾向正逐步显现在艺术人类学的研究之中。①

把艺术视为行为，从而凸显了艺术行为研究作为一种方法论在艺术人类学学科中的重要意义。“行为研究在总体上被接受为一种用较客观的经验实证方法动态地研究各种活动的理念。其被引入人类学界，不但在民族志实践中体现了其开掘文化事实、洞见文化意义的价值，而且其以经验论为认识论的特质为进入经验研究奠定了天然基础。应和于将艺术视为行为过程之特性的认识，在行为、过程、经验等概念基点上，行为研究具有了与艺术人类学相携手的可能和契机。通过对艺术行为研究之必要性及适用性的考辨认为，行为是艺术人类学研究适宜的方法维度之一。”② 行为是行动者在具体的场域中能动地

① 王建民：《艺术人类学理论范式的转换》，《民族艺术》2007 年第 1 期。

② 洪颖：《行为：艺术人类学研究的可能的方法维度》，《民族艺术》2007 年第 1 期。

达成的，它与作为文化整体的社会结构有着内在互文性，行为本身受到整体文化的制约，同时也参与到文化建构过程中。所以在艺术人类学视野下的行为研究更注重艺术行为在场域中的“体验”与“观察”。

不管是艺术人类学还是民族艺术学，或艺术人类学定位为美学与人类学的交叉学科，还是视为文化人类学的一个分支学科，[①] 都离不开一直作为人类学的研究利器——田野民族志。从艺术人类学民族志而言，“因为艺术行为研究的民族志实践中‘整体性’的认识及‘体验’内容的强调，使其与传统民族志结构模式处于不相适应的境地，所以，作为文本的艺术民族志书写将呈现为一系列的、调动多种手段的实验性写作”[②]。另外，对于多点民族志，乔治·E. 马库斯认为：“当民族志渐渐超越并且在这些定向合作资源的框架和地图中实际流动到其他位置时，它就成为多点的了。”[③] 这样一种流动并非遵循原来的田野程序，而是在田野调查者所建立的田野点与田野点之间的合作关系基础上而进行的流动，马库斯认为这种流动是在想象中进行的，故而民族志也就成为多点的。这对本课题的理论研究方法、田野点选择及文本书写有着重要的启发和借鉴意义。

四　田野点简介

城市化以前所未有的力量改变着城市和农村，不但重新组合着关系网络、开拓着区域边界、整合着交流方式，而且渗透到了少数民族的传统文化结构中，使其面临被替代被损毁的境地。这样一种现代文

① 王建民：《艺术人类学的学科定位》，《艺术人类学新探》，民族出版社 2008 年版，第 9—22 页。

② 洪颖：《艺术人类学研究的民族志方法讨论》，《清华大学学报》（哲学社会科学版）2007 年第 4 期。

③ ［美］乔治·E. 马库斯：《十五年后的多点民族志研究》，《西北民族研究》2011 年第 3 期。

化正在慢慢地侵蚀民族传统文化，挑战民族传统文化在原有乡村中的地位，使年轻的少数民族乡村居住者受其浸润，从而影响这些民族传统文化的传承者，或者让他们离开家乡，或者让他们选择一种与传统文化断裂的生活方式，接受、适应新的文化生活方式。这也就是我们所说的变异与涵化。当然，在这个过程中并非完全顺服地接纳与适应，其中也会有对现代文化的抗拒，不同地区的不同少数民族在其生活方式中对现代文化的抗拒都以不同程度的方式存在着。

一方面，人们在积极地追求城市化，以城市化进程作为发展的标志，这是无可非议的；另一方面，我们的城市化又给民族文化带来了危机，很多地方一味地追求城市化进程，忽视了民族文化的保护。如很多非物质文化遗产面临消失，民间艺人外流，少数民族人口随着打工的浪潮汇集到城市之中，农村基本上只有老年人，年轻人都已经涌入城市，他们居住在城市之中，不再回乡村定居，这些情况给民族文化传承带来了严重的问题。同时，城市中又没有良好的环境和条件让少数民族传承当地文化；更为严重的是，随着城市的扩大，很多城市周边的农村地区被列入城市规划中，这些地区有的是民族文化的活动区域，有的是民族建筑的密集地。事实证明，城市化建设给民族文化的传承和保护带来了前所未有的挑战。

（一）选点依据

如何破题？这关系到笔者对调研点的选择，如果选较为偏僻的村子，较少受到城市化影响的地方，那笔者关注到的只会有当地居民对民俗的休闲体验，而涉及不到外来休闲者对当地民俗的体验。如果选已被城市化严重侵袭过的村子，如昆明市阿拉乡、黑林铺镇的彝族村寨，或许会对笔者寻找村子中的民俗事象形成阻碍。经过认真考虑，笔者选择了位于玉溪市行政区划中的元江县羊街乡尼果上寨、峨山彝族自治县小街镇大棚租以及新平彝族傣族自治县戛洒镇平寨三个调研点，选点主要基于如下几个方面的考虑。

首先，由于笔者家乡位于玉溪市辖区内，对玉溪的行政区域和文化较为熟悉。加之近年来所接课题与项目让笔者有了进驻少数民族村寨潜心调研的机会，有利于“观察—体验”[①]：既对该区域的历史有较为明晰的沉淀，也参与式经历着该区域的文化变迁，这无疑形成了笔者一个具历史、文化、情感、认知、时空体验、记忆等相互交织的文化体系，通过对这样一个田野点的选择，再借助多种学科方法，从微小、具体的个案入手，将特殊的历史经验理论化，还原、回归生活本身，从中发现田野点中民俗艺术事象的传承经验，如何与休闲体验形成互动关系，发现它在艺术人类学所着力追求的全景式的人类艺术景观图的建构视野下实现其文化传承的可能性提供了现实基础。

其次，本书的选点拟聚焦于玉溪市辖区内较有代表性的艺术形式：棕扇舞、剪纸与竹编展开，三种艺术形式不仅是滇中非物质文化遗产保护的典型代表，还是在保护过程中与休闲体验互动较为突出的案例，呈现文化传承的各种因子。笔者认真思考之后，决定围绕元江县羊街乡尼果上寨哈尼族棕扇舞、峨山彝族自治县小街镇小棚租花腰彝剪纸、新平彝族傣族自治县戛洒镇平寨花腰傣竹编三种艺术事象展开调查和研究。

再次，从民族构成来看，哈尼族、彝族和傣族是云南境内非常具有代表性的民族，民族文化深厚而浓郁，民族历史悠久而绵长，以这三个民族的艺术形式作为实现文化传承研究的切入点，既有面上的延伸，也有点上的特殊，可对不同艺术形式的不同生存状态有“场域”的把握。

最后，从地理布局来看，三个调研点在玉溪市辖区内呈三角定位，它们都正在经历着城市化变迁，也保留着乡村文化的特点，而且

---

① “观察—体验”作为艺术人类学田野作业的方法论原则，对于体验的强调体现了基于研究对象的情感性特征而做出的凸显学科本色的努力，对于具体案例研究价值的贡献将通过两个层面实现：其一，研究者对作为研究对象的艺术活动的体验以及艺术行为主体/鉴赏参与群体对艺术活动的体验；其二，研究者对艺术行为主体/鉴赏参与群体在艺术活动中的体验。参见何明、洪颖《回到生活：关于艺术人类学学科发展问题的反思》，《文学评论》2006年第1期。

在历史上三地都是三种艺术形式的重要传承地，对它的变迁过程的考察，有利于整体把握传承与休闲的关系。

当然，这三个地点只是作为编织文化传承与休闲互动的艺术文化图景的典型联结点，通过对这三地的聚焦，辐射到整个云南少数民族文化传承与休闲体验的互动关系网络也是本书选点的考虑因素。

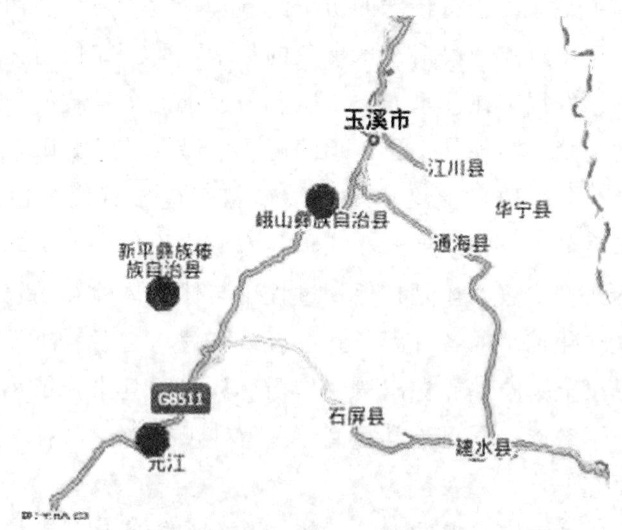

图 0–1　三个田野点位置

（二）进入田野

2012 年春季开始到 2013 年 10 月，笔者多次进入三个田野点进行调查。2012 年秋季，在排好时间后，笔者在 10 月从昆明到玉溪，乘坐一辆摇摇晃晃的中巴车再从玉溪到达元江。当时元江县人民政府正好组织了一个关于哈尼/阿卡文化的国际学术研讨会，有来自美国、日本、荷兰、俄罗斯、一些东南亚和南亚国家的学者以及国内研究哈尼族文化的学者参会。与元江县文产办联系后，文产办的李婷安排笔者先参会，之后再到羊街进行调查。于是在这个学术研讨会上，笔者学习了与会专家学者对哈尼族文化的独到见解，对于笔者将要展开调查的棕扇舞奠定了一定的文化背景基础。

会议结束后，笔者跟随参会专家的车一起去羊街乡。路途风景优美，看到了哈尼云海与梯田。羊街乡位于滇中南部哀牢山区、元江县东南部，全乡土地总面积202.05平方公里，乡政府驻地羊街村，距县城45公里，辖6个村民委员会，53个自然村，54个村民小组，总人口17912人。居住着哈尼族、彝族、拉祜族等少数民族，其中哈尼族占总人口的87%。笔者选择的调研点尼果上寨村民小组位于羊街乡境内元那公路沿线，隶属于羊街乡垤霞村委会，平均海拔近1700米，全村71户共278人。村庄距乡政府驻地11公里，距元江县城57公里，地处方位南接垤霞村委会，东靠那诺乡，北临红河县。村内自然风光优美，人文景观奇特，曾经是羊街、那诺两乡“金星九龙街”的活动中心，有着丰富而悠久的哈尼族民俗文化及棕扇舞历史文化。棕扇舞最初主要用于祭祀活动，舞姿不求统一，但每个动作均有象征性，男性模拟动物或鸟类，女性手持棕扇模拟白鹇鸟动作，各自起舞，表示对死者的尊敬和怀念，既庄重肃穆又感情真挚。随着社会发展，棕扇舞逐渐淡化祭祀成分，发展为今天既可用于祭祀仪式、更是自娱活动的舞蹈，不仅在祭祀、丧葬时歌舞，而且逢年过节、农事休闲时亦歌亦舞。棕扇舞以锉、鼓、钹和唢呐等为伴奏乐器，道具由内装谷子、苞谷、荞子、银链、铜币的一对竹筒及若干松枝组成，摆放在竹篾席上。棕扇则是舞者的道具。舞蹈动作有一定的难度，时而古朴，时而厚重，时而风趣，大部分有开胯的动作及手臂的旋转，配以脚步的颠颤。因是祭祀舞蹈，所以当欣赏舞蹈时，似乎能看到崖画上的动作。据介绍，有“老鹰拍翅膀”“老鹰叼小鸡”“猴子搂腰”“猴子作揖”“猴子抱瓜”“猴子掰苞谷”“公鸡斗架”“老熊穿裤”“老熊洗脸”“老熊走路”等十多套动作，形态逼真、民族特征鲜明。在调查中，羊街乡的王副乡长以及元江县文化馆办公室主任倪银权、传承人倪伟顺、垤霞村委会李金文以及喜欢跳棕扇舞的李奶奶、张奶奶都给予笔者调查非常大的帮助。

羊街乡的调查结束之后，元江文产办的王媛主任派车把笔者送到了新平。因为在新平事先联系好了县文产办，在与杨永岚主任碰了头后，她明白了笔者的来意与调查目的，就让宣传部的郝师傅把笔者直接送到了戛洒。戛洒镇的宣传干事杨虹是一位特别吃苦耐劳的小姑娘，在安置好住宿后又联系了平寨的传承人刀向梅。在平寨调查期间，笔者几乎跑遍了平寨的每家每户，两位姑娘都陪着笔者一起跑。杨虹说她是刚参加工作，和我一起调查有益于她尽快熟悉工作。有了她的帮助，在当地的人脉我便很快打通了，调查对象的范围从村民、工艺师、学校老师、协会管理人员到官方县级、镇级、乡级、小组干部，也便于开展社区讨论。

平寨小组位于新平县戛洒镇西北边，在戛洒江西岸，南恩河北岸，整个村子依山傍水，村内山泉水潺潺流淌，木棉树、古榕树常年繁茂，芒果树、荔枝树四季飘香，生态保存完好，环境优美。平寨村共有 134 户、600 余人，主要种植水稻和甘蔗，是戛洒镇最大的花腰傣（傣洒）聚居村，也是其民族文化的主要传承地。从唐代以来，史书上可见到把傣族称为“傣”。最早是到了清朝有了“花腰傣”的称谓，即说的红河中游的“花摆夷”。花腰傣主要居住于红河中上游的新平和元江两地，因其服饰典雅古朴，尤其是服饰腰部用彩带一层层地缠绕起来，并用挑花的方式刺绣出斑斓绚丽的精妙花纹，同时在腰间的刺绣上挂满颜色鲜艳的缨穗以及闪闪发光的银泡、银铃，从而称之为“花腰傣”。花腰傣有着非常独特的民间工艺，包括竹编、土陶、纹身、服饰等。无论是哪一种形式的民间工艺都体现了花腰傣人的审美意识。竹编竹制工艺包括竹帽、竹箩、竹床、竹凳、背箩、秧箩、黄鳝箩、泥鳅箩、鱼箩、箱笼等。傣族土陶以戛洒镇土锅寨的土陶艺术最为著名，制品有土锅、水壶、土碗、水杯、储米器等，全部为原始的手工制作。傣族纹身的图案有动植物和抽象的符号，意义深刻，有的是部落和氏族的图腾标志，有的表示自然和祖先崇拜。花腰傣建筑主要以土掌房为主，材料以土为主，兼用木料、竹料和石料，土箕墙、土层盖顶，冬暖夏凉。本书则主要以花腰傣的竹编为研究对象，以其具体工艺论述与休闲相结合的文化传承的可能性。

进入冬天后，笔者告别了新平新认识的朋友们，依然是郝师傅把我送到了峨山，峨山县宣传部张副部长和小街镇办事处棚租村委会的李主任接到我后，便把我送到了小棚租村民小组。笔者就在这个村民小组每天与刺绣的村民们一起，访谈、刺绣、聊天，充分理解她们关于美的诉求。

峨山彝族自治县小街镇距县城 6 公里，距玉溪市 22 公里，距昆明市 110 公里，位于东经 102°22″—102°37′，北纬 24°03′—24°12′，海拔 1400—2141 米，地势西高东低，年平均气温 16℃，年平均降雨量 939. 1 毫米，东与红塔区、通海县交界，南与石屏县相连，西面是本县双江镇，北与红塔区研河相连。有出神入化的彝族花腰妇女服饰制作、刺绣及剪纸。花腰彝是彝族尼（聂）苏支系的一部分，其剪纸艺术美轮美奂，花腰彝族妇女对她们身边美好的事物进行提炼，加以整合重新造型为独具特色的花腰彝族剪纸。同时它与当地民风民俗、历史题材、神话传说等紧密联系，具有浓郁的民族特色和地域特色。制作一套花腰彝的服饰，是先由一些精于剪纸的师傅根据山水风物用纸剪出花色后，贴于布料上，再用色彩丰富的丝线沿剪出的纸样刺绣，刺绣针法有数十种不同风格，最后再把精美的刺绣图案缝起来，一套颜色艳丽、花饰繁多的花腰彝服饰便制作好了。峨山花腰彝的服饰中，剪纸和刺绣差不多有七十多种图案，大多数是公鸡和火的形象。

（三）研究对象

本书的研究对象为极具艺术形式的哈尼族棕扇舞、花腰彝剪纸、花腰傣竹编。

1. 哈尼族棕扇舞

起源于古老的丧葬祭祀活动的棕扇舞，通过世代传承发展，现已发展成为哈尼族祭祀、庆典、娱乐等重要活动时的休闲方式。既是哈尼族展现自我、展现民族内在性格和追求自我的主要表现形式，也成为哈尼族与外界相交流的重要手段。

村寨自己组织的“迷都普思文艺队”成立于 1980 年。传习人员主要结合村子里哈尼族人民祭祀、丧葬、庆典、逢年过节及乡、县、市各级部门组织的重要活动组织村里的传习人员编排相应的节目，参加各类演出；农事休闲时带领全村人在广场上自娱自乐；偶尔收取一点误工补贴给来村里检查工作的领导或来观光旅游的嘉宾即兴表演。“迷都普思文艺队”棕扇舞的各类展演，深受群众喜爱，现已发展成为集歌、舞、乐、竞技和仿生表演于一体的综合性艺术。

但现实问题在于如今这热闹繁荣的景象是在政府集多个项目资金打造而成的艺术表演，如果撤离输血，这一传统艺术是否具备了自我造血功能？

2. 花腰彝服饰、剪纸与刺绣

云南峨山花腰彝服饰大多数以红色和黑色为主，其中配以绿色、蓝色和白色等布料装饰。其服饰大概由头饰、小褂（短衣）、长褂（长衣）、腰带、围带、兜肚、黑裤、绣花鞋和烟包、手帕、银饰等饰物组成。刺绣的花样仿照太阳、月亮、星星、火纹以及花鸟鱼蝶等动物绣成精美的图案。这些刺绣图案大多缝在衣服的袖口、后襟、背部、肩部、围裙、裤脚以及头饰等一些位置。刺绣色彩鲜艳、图饰繁多、工艺精巧，不但把剪纸的灵动性表现了出来，也承载了花腰彝奔放乐观的民族性格。“花腰姑娘满身花”，当地人叫彝族花腰妇女服饰“花口绳塔”，意为“满身都是花”，年轻花腰姑娘和婚服服饰更是显得格外突出，花饰图案较多，色彩鲜艳饱和。而剪纸是花腰彝服饰制作中的重要环节。

出生于1954年的传承人肖会玉自小喜欢观察生活，喜爱本民族花腰妇女服饰，对该服饰情有独钟，心灵手巧，经常观看大人们制作服饰，独自用废布和硬纸进行刺绣和剪花。14岁以后，为准备自己出嫁的吉服嫁妆开始向外婆和村里老一辈花腰服饰制作者学习制作技艺，在学习过程中，虚心向师傅请教，不懂就问，很快就全面系统地掌握了彝族花腰妇女服饰中剪花边、选布、选花、粘贴、刺绣、锁边、拼贴等工艺制作程序，在此基础上，加上自己对生活的观察和服饰制作工艺的理解，目前，她剪裁的纸花在花腰妇女的审美、工艺等方面独树一帜。

但现实问题在于，肖会玉精到的剪纸技艺连她女儿都未尽得其精髓，尽管也开办了一些传习班，但村民因天赋所限积极性不高，仅对较易学习的刺绣针法充满热情。随着传承人年纪越来越大，剪纸技艺能否代代相传？

3. 花腰傣竹编

新平是中国花腰傣之乡，而戛洒镇是花腰傣聚集的主要乡镇之一，花腰傣多姿多彩的民族文化成就了独具特色的民族工艺品生产。其中，花腰傣竹编不但体现了花腰傣民族的历史文化特色和魅力，也承载着花腰傣对自然界美的认识，是花腰傣人民勤劳、聪明、手巧的美德体现，寄托着花腰傣人民对丰衣足食、和平祥和美好生活的憧憬。

比如挂在花腰傣姑娘身上的秧箩，傣语叫“央”，用细如铜丝的竹篾皮编成。主要有四方口（傣洒人）、喇叭口（傣雅人）、圆形口三种，高10—30厘米，按照花腰傣独具特色的花纹编织。秧箩是花腰傣女性随身携带、十分流行的腰部饰物，又有很高的实用价值。妇女们跨出家门都要带上心爱的秧箩，里面装着针线、晌午饭或日用品。特别是妙龄卜少还在花秧箩上饰以缨穗、彩带和绒花，真可谓美不胜收，也为卜少们的俏丽身姿添色不少。

但现实问题在于，村中许多年轻人都外出打工，沿袭这一技艺的多为农闲时的老年人。如何夯实优秀民族传统文化后继发展的根基？

针对上文所提出的问题，本书以三个民族的民俗艺术为例分析了云南少数民族民俗文化与休闲体验互动中发生文化传承的当代启示，为民族地区少数民族民俗文化传承提供新的理论依据与实践途径。随着社会演进速度的空前加快，我国西南少数民族地区发生了巨大的变化，民族传统民俗文化不断地发生着变迁。事实上，在一些少数民族地区，民俗文化“传承两难”的状况非常普遍。在继续对其进行抢救与保存的同时，培育民俗休闲产业，也就成为当代少数民族民俗文化实现文化传承与发展的现实要求。

第一章

休闲民俗与文化传承的概念界定与理论分析

休闲在每一种文化中都有其概念，而且随着文化的发展都会对这一概念作出新的界定。“休”在《辞海》中有八种解释，第一种解释与本课题所要阐释的休闲相关：

> 休息、休养、休假。《诗·大雅·民劳》：“民亦劳止，汔可小休。”《礼记·月令》：“（季秋之月）霜始降，则百工休。”《后汉书·蔡邕传》：“长休百日。”①

其中也有关于“休闲”的词条：

> 农田在一定时间内不种作物，借以休养地力的措施。在地广人稀的地区以及受某些自然、经济条件限制的情况下常采用较长时期（一年左右）的休闲。休闲期间仍应进行土壤耕作，以清除田间杂草并使土壤中积蓄水分和养料。在复种指数较高的地区，也有采取短时期的休闲，如南方水稻田的冬季休闲（称“冬闲”）。②

这样的解释相对的是农耕社会对土地的闲置。而对“闲”的解释

---

① 辞海编辑委员会：《辞海》，上海辞书出版社 1979 年版，第 493 页。

② 同上。

从开始“闲（閑，閒）”所指代的物具到其引申的意思都有包含：

閑：木栏之类的遮拦物。《周礼·夏官·居虎贲氏》：“舍则守王闲。”郑玄注：“闲，梐枑。”也指马厩。《周礼·夏官·校人》：“天子十有二闲，马六种。”引申为范围。多指道德、法度。《论语·子张》：“大德不踰闲。”①

而“月”字底的“閒”较为接近我们今天对休闲的理解：

閒：①无事、空闲。左思《魏都赋》：“闲居隘巷，室迩心遐。”②安静。如：安闲、优闲。李白《独坐敬亭山》诗：“众鸟高飞尽，孤云独去闲。”③平常、不打紧。如：等闲。④与正事或自己无关的。如：闲人、闲话、闲事。⑤空虚。刘克庄《水调歌头·和西外判宗湖楼韵之三》词：“向来幻境安在，回首总成闲。”②

词条中有对“闲暇”的解释：

①空闲、暇时。《南史·刘穆之传》：“言谈赏笑，弥日亘时，未尝倦苦，裁有闲暇，手自写书。”②优闲自得貌。贾谊《鹏鸟赋》：“(鹏)止于坐隅，貌甚闲暇。”《后汉书·王符传》：“其民闲暇而力有余。”③

在英语中，“leisure”在《韦氏词典》中的释意较为详细：

---

① 辞海编辑委员会：《辞海》，上海辞书出版社1979年版，第2009页。

② 同上。

③ 同上。

> 中世纪英语用 leiser，leisure，laiser 表示，该词源于古法语 leisire，leisire 是其动词 leisir 的名词形式；leisir 来源于拉丁语 licere，有被允许之意，多指工作和职业以外的行为。①

追溯词源，也就是说西方一开始对 leisure 并没有“休闲”的含义，仅仅是相对于工作时间以外的行为。而社会的进步使休闲的意义发生了变化。汉语词典中的“休”：会意。从人、从木。人依傍大树休息。本义：休息。(《高级汉语大词典》)“闲”：①没有事情；没有活动；有空（跟“忙”相对）；②（房屋、器物等）不在使用中；③闲空儿；④与正事无关的。(《现代汉语词典》)“休闲”：①［rest and recreation at leisure］余暇时的休息和娱乐，如休闲度假。②［fallow（land）］可耕地闲着，在一段时间内不种庄稼，如休闲地。(《高级汉语大词典》)英语词典中的“leisure”：空闲、闲暇、悠闲、安逸。(《英汉简明词典》)“leisure”：当你不工作而且能放松做喜欢做的事情的时间。(《柯林斯英汉双解大辞典》)

在云南少数民族中，也有对休闲相近的理解。哈尼族的语言中没有直接对应的词，元江豪尼支系方言中表达为“休息一下”或“玩”：“ŋa^{31} na^{31} na^{31}”（昂那那）或“nio^{33} ŋa^{21}”（扭啊）；彝语中也没有与“休闲”一词完全对等的，但有同义词称为“ɭə↔^{21} ko^{55}”(勒果)；花腰傣语系中对休闲则称为“ku^{55} læ^{33} tshæ^{33}”（顾莱采）。少数民族对语意的称谓多为“玩”“闲一下”。那么，当民俗成为人们生活中的一种休闲方式时，我们是否就可以把这种民俗称为休闲民俗？

① Merriam Webster Dictionary，Merriam Webster，U. S.；Revised edition，2004.

一　休闲概念的梳理

对“休闲”的概念，我们可以从时间性和空间性来进行梳理。“随着人们工作时间和家务劳动时间的减少，休闲在日常生活中的重要性增大了。现代社会的组织方式正在发生一种转变，不仅提供大量的物质产品和服务，而且也提供着休闲的机会，让人们通过休闲使自己的生命更加丰富、更加多彩。”① 社会的进步使休闲的意义发生了多种变化。“人们的生产劳动以及为了生产劳动而结成的民俗活动，其最终的目的是为了人们更好地生活，其中包括更好地休闲。”② 即劳动时间的缩短和自由时间的增加，生活方式的改善和提高，目的都是更好地生活，“而休闲作为生活方式的一种，便相应成为生产活动提高后所追求的一个重要价值目标”③。因此，休闲从一开始被人们看作在紧张的工作后得到身心恢复的一个手段，到现在却变成了人们寻求快乐和身份地位的标志。其作为一种新的社会生活现象和社会文化现象，对人的行业方式、日常生活结构、社会结构、产业结构、社会关系以及民俗均产生着深刻的影响。

（一）出于生命本能的觅食与休憩

在原始社会时期，由于生产力水平低下，人类的生活主要依赖自然界，形成一个小而孤立、无文字的“面对面”社会，人们有较强的群体团结意识，没有阶级区别，社会结构僵化，社会活动缓慢、简单

---

① 刘婷：《灾害与休闲：一种新的灾害人类学研究视角》，《西南边疆民族研究》第13辑。

② 许斗斗：《马克思休闲价值思想探析 》，《学术研究》2006年第5期。

③ 许斗斗：《消费社会之休闲异化批判——波德里亚的休闲观评析》，《东南学术》2003年第8期。

并且很少。原始人类为了生存需要，利用极其简单的工具，终日辛苦劳作，以采集野果和捕鱼狩猎获得最基本的生活资料，每天都得想办法去获得食物，物质生产劳动占去了大部分生活时间。他们的全部时间除去生产时间外，大致上就是生理活动时间，觅食与休憩之间几乎没有界限。

我国民国时期出版的《中国风俗史》则从衣、食、住、生产、器物、贸易等角度，描绘了处于浑朴时代的初民生活：

> 昔者，先王未有宫室，冬则居营窟，夏则居罾巢。未有火化，食草木之实，鸟兽之肉。饮其血，茹其毛。未有麻丝，衣其羽皮。后圣有作，然后修火之利，盖巢穴为初民之居处。而其饮食则由果食时代，进而为鲜食时代，再进而为艰食，则神农氏时也。火化始于燧人，民间渐脱茹毛饮血之俗矣。太古之民，被发卉服，蔽前而不蔽后。其后辰放氏时，始知搴木茹皮以御风霜，绹发冒首以云灵雨，号曰衣皮之民。至神农时，纺织麻枲，则皮服之俗已变而为布服。不过至黄帝时，而衣裳冠冕始备耳……
>
> 太古之民，多取天然物以为食。禽兽亦天然物之一种也，狩猎时代，于焉仰足。然狩猎不可必得，得之也不胜劳苦。且今日得之，今日食之，明日苟不从事狩猎，则不得食也。于是积多少之经验，始知牛羊犬马鸡豕等类，易为我所生得者之易于驯服，遂定为家畜之种，常畜之于家。遇狩猎不足之时，取而用之。然后禽兽始为我所常有。种类孳息，不待狩猎而饶足，是为游牧时代。此时代始于庖牺氏时，绎庖牺之名义，而知庖牺固教民畜牧者也……
>
> 游牧之世，民随水草迁徙，土著绝少。至神农氏时，民始知播殖五谷，则行国变为居国。且畜牧必择善地，而农耕随地皆宜。肉食有时生病，谷食不惟不生病，并能养人而却病，非多经考验不克知此。畜牧成效易睹，农耕之收获，必历三时。非民智大开，不能确信而耐久。中国以农立国，而风气早开于是时，由

是安土重迁，井里酿成仁让之俗。五谷之食，利赖至今，非偶然也。

狩猎时代，全社会衣食相同，无所谓有无，即无所谓交易。至由狩猎而畜牧，由畜牧而耕稼。耕稼时代，不能遽废狩猎畜牧之事。狩猎畜牧者不必耕稼，则于粒食常不足。耕稼者不必狩猎畜牧，则于肉食常不足。既不足矣，于是有无不得不交通，而贸易之事以起。《易系辞》言：神农日中为市，致天下之民，集天下之货。交易而退，各得其所，是也。然当时货币未兴，除以物交易外，大概山居之民，交易以皮；水居之民，交易以贝。故皮贝即为当时之货币。观汉时尚以皮为币，而财贿宝贵等字皆从贝，可以知矣。

盖草昧初开，为防敌御兽而武器重。为渴饮饥食，而饮食之器、耕作之器起。饮食之器，由窪尊、抔饮、土簋、土铏易之以陶匏。而解剖牺牲，不能不借助于庖刀，刀固须金属也。耕作之器有耒耜，有锄耨，有斧斤。锄耨斧斤，亦须金属也。武器以防敌御兽，兼为狩猎之利技。民智未开，至燧人氏铸金作刃，其时必发五金之矿。故由用石时代，突入用金时代，至庖牺时遂有干戈，神农时遂有斤斧，而蚩尤之铠刀剑矛戟大弩，此其滥觞矣。①

《中国风俗史》对太古时期人类社会生活的描述，使我们能够透越历史的烽烟，约略地窥视到初民社会的生活风貌。其时的人类还不能从事真正的物质生产，只能靠大自然的施舍，以采集植物性食物和猎获动物性食物为生，显现出以天然资源为生活资料，直接向自然索取现有的生物性食物的基本特征。这一时期的人类对自然的认识尚处于一种懵懂的状态，与自然的关系还没有全面展开，主要表现就是人类力量还未对自然发生重要作用。在人类社会的漫长进化历史中，采集与狩猎的生活方式持续了200多万年。在如此浑朴而原始的人类生

① 张亮采：《中国风俗史》，东方出版社1996年版，第1—4页。

存图画中，初民的绝大部分活动都是以维持生存为主要目的，当时的休憩仅仅限于艰苦的劳动之后的休息和非常有限地对一些活动的参与。

原始时期的休憩行为是"传统的、本能的、高尚的、个人化的，是生活的组成部分，并同主要的生活组织交织在一起。其特点为本质上的一致性，是正在发生的各种过程必不可少的组成部分，是各种风俗习惯活动"①。"人类学家斯普顿和考恩斯（Stumpf & Cozens，1974）在研究毛利（Maori）文化的报告中说，毛利人任何层面的经济生活之中，都伴随有消遣娱乐的成分。"② "不管他们是捕鱼、捉鸟、耕田或是盖房子、造独木舟，在所有这些场合中，都能找到可以被认为是娱乐性的活动的痕迹"③，例如唱歌、高声谈笑等娱乐性的活动。

当时的打猎、采集、舞蹈与音乐、彩绘自己的身体和壁画等活动在今天看来都具有娱乐的性质和休闲的功能，但在当时，"这些活动的参加者并不把它们当作休闲或闲暇活动，而认为它们只是日常生活的一部分"④。

下文将要提到的棕扇舞，如果追溯其原初形态，其社会价值正如泰勒所说："跳舞对我们新时代的人来说可能是一种轻率的娱乐。但是在文化的童年时期，舞蹈却饱含着热情和庄严的意义。蒙昧人和野蛮人用舞蹈作为自己愉快和悲伤、热爱和暴怒的表现，甚至作为魔法和宗教的手段。"的确，舞蹈是原始初民的生命意识最强烈的体现，他们跳舞，"不是出于审美的需要，而是来自生存的欲望，是对生命

---

① 黄德兴等：《现代生活方式面面观》，上海社会科学院出版社1987年版，第151页。

② 杨正宇：《休闲理念辨析》，《浙江经济》2007年第3期。

③ 转引自李仲广、卢昌崇《基础休闲学》，社会科学文献出版社2004年版，第244页。

④ 张晓宁：《从人类文化学的角度看休闲体育的科学理论基础》，《沈阳大学学报》（社会科学版）2013年第4期。

的敬重”①。人类最初为了表达自己的情感和意识，便会通过最便捷的媒介——自己的身体来实现。而棕扇舞中的那些对动物的模仿、对器物的使用，其最直接的功能是取悦神灵、祈福禳灾，都与先民们的生命意识紧密相连。

那么，如果先民的舞蹈中有娱神的意味存在，自然也有娱人的成分存在，毕竟先民与其他动物的不同之处便在于思维与情感的存在。先民的情感也有其复杂之处。从人类生产工具的历程来看，从低级蒙昧时代到文明时代，人类采集狩猎、发明弓箭、学会制陶、饲养耕作和发明金属器具、发明音标字母和使用文字，在整个漫长的历程中，人们会因为狩猎、战争的胜利或失败、自然的恩赐或天灾而产生或喜悦或恐惧等各种情感，当要表达这些情感的时候，他们最有可能的方式就是叫喊或跳舞。对远古先民来说，舞蹈是一种强烈情感自然流露的行为方式，这正如毛亨所言：“情动于中而形于言，言之不足故嗟叹之；嗟叹之不足故咏歌之；咏歌之不足，不知手之舞之足之蹈之也。”② 18世纪法国舞蹈理论家诺维尔也说：“人类的感情达到了语言不足以表达的程度，情节舞蹈就会大大奏效，一个舞步，一个身段，一个动作，能够说出任何其他手段所不能表达的东西，要描绘的感情越强烈，就越难用语言来表达它，作为人类感情的顶峰的喊叫，也显得不够，于是喊叫就被动作所取代。”③ 先民们在狩猎的过程中目睹了各种动物的动作，也体验了狩猎成功的喜悦，当他们要表达这种情感时，常常以舞蹈来实现，如普列汉诺夫所说：他们“在自己的舞蹈中常常再现各种动物的动作。这怎样来解释呢？只能解释为想再度体验一种快乐的冲动，而这种快乐曾经由于狩猎时使用力气而体验过的，……因此，模仿动物的动作，是狩猎中极其重要的一部分。所以毫不足怪，当狩猎者有了想把由于狩猎时使用力气所引起的快乐再度体验一

① ［英］爱德华·泰勒：《原始文化》，广西师范大学出版社2005年版，第23页。

② （西汉）毛亨：《毛诗·大序》，中华书局2002年版。

③ 转引自《这一晚，青春在脚尖流动》，《浙江日报》2004年9月3日。

番的冲动，他就再度从事模仿动物的动作，创造自己独特的狩猎舞。”① 在发泄了自身的各种情感后，先民们其实也从各种舞蹈中得到了出于生命本能的一种休憩。当然，在当时先民们并不把其看作休憩。

“既然先民们在他们的狩猎活动、战争或其他生产活动中获得了各种情感体验，并需要表达出来”②，于是他们除了通过原始舞蹈，还通过雕刻、绘画等形式来达到目的。

以云南崖画为例。在沧源崖画中表现最多的就是舞蹈，而且舞蹈形象表现出了极强的集体性，不仅动作整齐划一，而且身上没有任何饰物，也无任何道具，属于典型的原始先民的自娱性舞蹈。从表现形式上看，有组舞蹈、横排舞、圆圈舞和拉手舞。这种自娱性舞蹈今天在云南各地仍能看到，如哈尼族的乐作，纳西族的哦热热、打跳、踏足舞，彝族的打歌，藏族和佤族的锅庄等。崖画上的猎首舞，即提着猎获的人头跳舞，虽显残酷，但在世界很多地区的原始民族中都曾有过猎首习俗；狩猎舞，这是原始先民在狩猎之前举行宗教仪式时跳的舞，表现出原始先民丰富的想象力，祭祀的对象有山神或兽神，是一种娱神活动，也是一种原始动物崇拜习俗的表现；羽舞，即在身上装饰羽毛跳舞，是一种模拟鸟兽动作的舞蹈，具有较原始的源头，这也是原始先民只有在宗教祭祀活动时才能跳的舞蹈；盾牌舞，这是一种表现战争场面的舞蹈，用于祭祀、感谢祖先和神灵保佑武士们战争胜利、平安归来的祭祀性舞蹈。

另外，1985 年在云南元江县东北它克发现一处崖画，画面有 54 个人物图像，多为蛙状舞人，在崖画左侧最高处，绘有一个光芒四射的太阳，舞人戴羽冠，中心人物身躯魁梧高大为正面。从舞人的姿态

① ［俄］普列汉诺夫：《论艺术——没有地址的信》，人民出版社 1964 年版，第 28 页。

② 陈正勇：《娱神与娱人的想象性情感表现——审美人类学视野中的东巴舞》，《云南民族大学学报》（哲学社会科学版）2007 年第 6 期。

分析，应为一幅表现先民以蛙人舞祭太阳神的原始舞蹈图。元江县境内有哈尼族、彝族、傣族、白族等民族，均崇拜太阳，认为太阳是永恒的神，有古老的太阳神话传说和祭拜太阳的民俗活动。

金子坡崖画位于云南弥勒县金子坡洞坡的断层石壁上，画面有60多个图像，有古彝文17个，经有关人员辨认，其中有“马、跑、炎热、月”等字，有3个字可译为“天天舞”或“天天耍”。其中有一幅杂技表演图，一人手执短棍，上抛圆状物15个；一人左手执一环，右腿“大射雁”舞姿的脚勾一环。有一个像围观舞蹈表演或跳圆舞的场面，画面有9个太阳，其中只有一个太阳有光芒，其余8个都是无光的圆体，应为表现天地、人类的起源神话。

许多学者认为崖画是当时人类一种施展魔术的手段，用以保证狩猎的成功。也有的学者认为这是对狩猎生活的记述的反映，是对某些活动场面的回忆，抑或用以传播狩猎经验。还有的学者认为是先民在闲暇时的游戏活动，用来满足某些精神上的需要。但从云南丰富的崖画资料看，应该包含了人类在远古时期对世界的理解，体现了人类把握世界的三种方式：宗教的、实践—精神的和艺术的方式。这几种关系和方式在初级阶段，相互交织在一起。这些崖画可以说留下了当时原始先民同客观世界最早的多种关系的痕迹，是原始先民当时智能和重要活动的综合体现。

原始先民把绘制崖画作为一种巫术活动，反映出他们同世界之间开始了准宗教关系，同时也说明，他们已经开始用宗教方式来把握客观世界了。具备了一定意识和思维能力的原始先民，在崖画中必然传达出他们在生产和生活中的认识和感受，这些认识和感受既同他们的实践活动直接联系着，又成为他们头脑中的观念。如他们对动物形态的记忆和摹写，说明了他们对动物形体各部分比例的认识和掌握。他们的现实活动同其主观意识具有同一性。这是原始人类同世界的又一种关系，就是被马克思称作“实践—精神”的掌握世界的方式。至于说这些崖画是用来满足他们一定审美及休憩的需要，则是依据他们当时建立起来的同世界的审美关系——人类早期艺术地把握世界的方式。

因此，在原始社会不可能存在有意识的休闲和选择性的休闲，只有出于生命本能的觅食与休憩。

（二）作为劳动力再产生环节的休息

所谓“休息”，在《现代汉语词典》中，是指“暂时停止工作、学习或活动”；在《高级汉语词典》中，是指“暂停活动，以恢复精神体力”。从根本意义上讲，休息的产生是“持续进行劳作后的补充需要，即人们经过一段时间的劳动和工作以后，心理和体力上都出现一种相当疲惫的状态，需要暂时中止劳动过程，以便恢复生理和心理常态的行为”①。对劳动者来说，“没有间隙，便不能持久”② 地工作。这个间隙，就是休息。所以，劳作之后是休息，休息之后是工作，如此循环往复，成为千百年来历史上各时期劳动者的基本生活规律。因此，在生产力低下的农业耕作时代，休息只是对劳动力再生产的准备状态。

在自给自足的封建社会，农民的大量时间因落后的耕作方式主要花费在土地上。人们“日出而作，日落而息，凿井而饮，耕田而食”，或是终日在田里劳作，或是终日在家操持家务。当时的社会由不同阶层组成，形成由农业人口为底层、有文化的人为中层、政治机构为高层的金字塔结构。在职业上的分工则呈现多元化的特征，如贸易和商业等职化也有了一定的发展。

先秦的统治者开始有意地运用休养生息政策。商鞅变法中有“奖励耕织，给田宅，免徭役兵役”的制度。由此，秦国因变法的成果，从原来势小力弱的地位而成为七国中的强国。西汉则采取了“与民休息”的政策，包括后来的“贞观之治”“开元盛世”，都为国力的繁荣昌盛做出了贡献。

---

① 楼嘉军：《休闲初探》，《桂林旅游高等专科学校学报》2000 年第 6 期。

② 楼嘉军：《休闲新论》，立信会计出版社 2005 年版，第 48 页。

汉代以后，封建社会经三国、两晋、南北朝，至隋唐达到了高度繁荣。此间，发生了长达几百年的民族战争和大规模的民族流动，无论是南方还是北方，民族杂居的地方都扩大了，由此导致汉族与周边民族的融合。北方的匈奴、乌桓、鲜卑、氐、羌等，南方的蛮、僚、越、爨，西南的巴人、濮人等，大量吸收汉族文化，其风俗也传入汉地。这时，中国的文化因吸收了各部族文化呈现繁盛的态势。对文人而言，在满足了其对辽阔疆域及域外见闻所产生的探索和猎奇欲望的基础上，休息被逐渐提升至休闲的层面。士子应试、游学活动十分频繁，行旅不绝于途，旅游文学开始兴起。

元、明、清是中国封建社会从繁荣至衰弱的时期，士大夫阶层中崇尚理性的生活，而休闲生活则是被鄙夷的。明太祖主张复古后，提出“修身齐家，治国平天下”，并把“存天理，灭人欲”作为一切行为准则，不但限制了个性的发展，更磨灭了人性的自由。文人们表面上唯唯诺诺，大谈仁义道德，私底下却精神糜烂。到了明代晚期，时局动荡，人们对前途失去信心，包括皇帝也开始贪恋生的乐趣。此时的休闲受到阶级的限制，成为统治集团的象征。人民大众依然终日劳作，仅有宗教仪式、庆典礼仪与日常劳作结合在一起，作为恢复身心的补充。“在漫长的封建社会中，人们过着封闭、隔绝、愚昧的生活，闲暇时间极少，预期寿命也很短。”① 有数据说明：“农业社会中人们平均一生的生命周期为35岁，劳动时间占29%，闲暇时间占22.9%。”②

从休息和工作的关系上看，一个人工作中的片断休息，不论是1小时、1天或是1周，都仍旧是“工作”这一完整程序中的组成部分。从这个意义上讲，休息的现实作用和潜在的功能是工作实用功能链条中的一个环节，休息的目的是工作。因此，一个人通过休息恢复体力，从根本上讲不是为了离开工作，而是为了更好地工作。当人们

---

① 张晓宁：《从人类文化学的角度看休闲体育的科学理论基础》，《沈阳大学学报》（社会科学版）2013年第4期。

② 李仲广、卢昌崇：《基础休闲学》，社会科学文献出版社2004年版，第32页。

整天为工作而忙碌，精神极度耗损，体力倍感不支时，利用休息日增加适度的睡眠时间，抑或缓和一下绷紧的精神之弦，确实能够维持身心的相对平衡，并能够恢复和保持充沛的体力。然而，休息的功能也就仅此而已，这是因为从休息的本质功能讲，休息并非用来享受生活。从古代农业社会一直到近代的工业化社会初期，每个社会阶段的生产力结构、思想意识和传统观念都决定着休息是为了更好地工作这一绵延千百年的生活方式。从人们的意识角度而论，传统意义上的休息活动无论是主动的还被动的，都是一种较低层次的休闲活动。

（三）休闲消费成为社会生产的动力

工业革命后，“社会生产力达到空前的发展水平，社会必要劳动时间不断缩短，工作时间相对缩短，闲暇时间相应增加。工业社会中人们一生中劳动时间占 10.4%，闲暇时间占 38.6%”①。例如，从1850—1972 年的 122 年，美国工人周工作时间从 69.7 小时减少到 37.6 小时，共减少了 32.1 小时，接近于减少了一半。闲暇时间的日益延长是历史发展的总趋势。这是因为，工业技术突飞猛进的发展、机器的广泛采用、劳动力素质的提高，促进了劳动生产率的改善。正是在这样一种历史背景下，劳动者阶级通过斗争，终于争取到了每周的固定休息日，这完全可以视为工业革命奠定休闲生活基础的最初里程碑。

社会生产过程包括生产、分配、交换、消费四个环节。马克思在《政治经济学批判》导言中曾经对此作过精辟阐述：“生产创造出适合需要的对象；分配依照社会规律把它们分配；交换依照个人需要把已经分配的东西再分配；最后，在消费中，产品脱离这种社会运动，直接变成个人需要的对象和仆役，被享受而满足个人需要。因而，生产

① 孙玫贞、赵建岭：《从社会政治学的视角论休闲》，《山东省工会管理干部学院学报》2011 年第 7 期。

表现为起点，消费表现为终止，分配和交换表现为中间环节。"①故而在社会运行中，从生产开始，中间经过分配和交换后以消费为最后一个环节，四个节点密不可分，相互依存也相互制约。如果对生产与消费之间的关系进行剖析，就不难发现，生产对消费的决定作用表现在生产为消费提供对象，最主要的前提是生产，只有生产了相应的产品才能产生消费，没有生产是无法消费的。反之，有了消费可以促进生产的发展，没有消费，只是一味地生产的话，那只能使社会停滞不前，甚至产生副作用。那么，必要劳动时间缩短，闲暇时间增多，可以促进消费，而消费又可以反过来促进生产的发展。

进入工业社会以后，特别是20世纪开始，人类休闲生活消费随着经济的巨大发展，逐步由匮乏单一向丰富多彩的阶段过渡，并且表现为休闲消费支出的显著递增。以美国为例，在20世纪30年代左右，大多数的美国人把低于10%的收入用来消费、娱乐、旅游，总的消费支出约为40亿美元；到了60年代，美国人的消费水平有了提高，用于娱乐与休闲的消费超过了总收入的10%，总的消费支出达到400亿美元；到了90年代，全美国人一年的休闲娱乐消费居然达到了4000亿美元。从这逐年递升的态势中可以发现，美国社会休闲生活消费支出大致每隔30年增加10倍，也就在这一段时期，美国的经济得到了强而有力的发展。

在我国，根据刘新平的研究，晚清时期，民众的休闲活动主要有赌博、泡茶馆、体育、旅游和逛公园。这时一些传统习俗走向灭亡，而外来文化的入侵带来了新的思想。20世纪初期世道不安，民众在混乱的生活中谋求生计让自己生存下去，同时内心的压抑与烦恼也在激增，故而对一些具有诱惑和刺激性的休闲活动趋之若鹜。赌博在当时可以说是风靡全城，不论贵族还是平民，都对各种花样繁复的赌博方式了熟于胸。除了传统的麻将赌博外，还有一些西洋的赌博方式传入中国，如彩票、纸牌以及轮盘等。刘新平是这样描述晚清的休闲的：

① 《马克思恩格斯选集》第2卷，人民出版社1972年版，第91页。

"休闲奢靡成风，土洋杂错。"

到了民国时期，中国社会动荡，经历了战争、运动。但人们的休闲生活并没有就此衰落，反而越发繁盛。上海滩的"大上海"歌舞厅每天晚上人潮汹涌，梅兰芳在上海的首演也依然火爆异常。同期的休闲方式还有逛游艺场、游商业街、看电影、集邮、茶馆聚赌等。

1949—1966 年，旧时代如吸毒、赌博等休闲方式被取缔，戏院和茶馆也进行了新的修缮。这 17 年中，人们把时间放在对家园的重建上，基本没有时间专门进行娱乐。休闲生活通常以一些健康简单的方式组成，如进行羽毛球、乒乓球、排球等体育运动，集邮、看电影等消遣活动。然而"文化大革命"的到来直接把人们的休闲时间与休闲方式击打粉碎，人们在这十年中压抑自我，根本不可能有任何的休闲活动。在这段特殊的历史中，看样板戏、唱语录歌、跳"忠字舞"为当时的人们留下了些许苦涩中的欢乐。

20 世纪最后的 20 多年里，改革开放在人们面前展现了一个越来越精彩的世界。高压后释放的人们需要的是放松和宣泄。卡拉 OK 在当时成为民众街头巷尾最流行的娱乐方式，同时人们也在舞厅蹦迪、摇滚；健身则历经了从弯腰伸腿到家庭器械再到健身房的发展过程；泡吧、收藏、旅游、探险也逐渐成为寻常的休闲方式。

当然，这一阶段的消费主要还是由民众的收入决定。收入水平的高低决定了可以选择的娱乐方式的种类。工业化前期，人们的主要精力放在了应付生活最基本的需求上，故而所选择的休闲方式往往是即时性的。工业化后期，在人们解决了温饱问题后，最大的改变便是收入水平的增高以及闲暇时间的增多。那么相应就出现了满足人们对休闲持续性要求的如旅游等新的娱乐形式。

所以，闲暇时间作为工作时间的替代，不仅能够使劳动者恢复体力精力，再生劳动力，提高生产效率，而且还有其自身积极的一面：一方面通过闲暇时间的消费扩大，刺激着生产增长；另一方面通过在闲暇时间内有收入的活动，提高了人们的非工资性收入，从而也促进了消费增长。故而，休闲其实在一定程度上一直在刺激着消费的增长，也相应促进了经济的进一步繁荣。

（四）以休闲为目的的生活方式

据英国《经济学家报》预测，随着经济和社会的发展及科学技术的进步，先进的运算工具、通信工具、运载工具等的变革，使人类的工作时间已经缩短，而闲暇时间不断增加。必要劳动时间缩短有利于更好地保护劳动者的健康，避免高度紧张状态下脑力和体力的透支；闲暇时间增多有利于让人们从事更多的个性化活动，获得全面发展。

进入21世纪，我国经济的发展正由供给主导的短缺经济，转向需求主导的过剩经济，即民众的生活从温饱向享受转变。中国家庭开始拥有电视机、电冰箱、洗衣机、收录机、照相机、摩托车等，前些年则以拥有空调器、影碟机、摄像机、组合音响、手机、电脑、小汽车等为时尚。随着收入的提高，现代家用设备的性能和科技含量不断更新换代，近年来在城镇已基本普及，富裕家庭拥有摄像机、钢琴、汽车等。在休闲设备不断发展的同时，新的休闲活动也不断涌现。从原来只收集邮票到现在发展成各种各样的收藏，如钟表、粮票、陶瓷、钱币……此外，文化事业和文化产业蓬勃发展，满足了不同层次居民的精神文化需求。无论是卡拉OK还是蹦迪，无论是健身还是泡吧，无论是旅游还是探险，它们都更侧重于发挥个性，实现自我。个人无须依附群体才能得到休闲，随时都能以自娱达到休闲的目的。由于出现了全新的休闲观念和休闲方式，民众已经开始把休闲本身看作一种目的，而不再从属于工作了。

以往，工作对人的重要意义表现在：人们通过工作获得生存的基础，工作是人获得生存与发展的唯一渠道；工作将人划分为不同的等级，为人提供不同的社会资源，赋予不同的社会地位，作为授予荣誉的资格；人的能力强弱通过工作成就表现出来，工作帮助人实现自身价值。而如今，劳动生产率极大提高，通过拼命工作以满足物质生活需要的手段价值大大降低，人们开始更多地追求生活本身的价值和意义，人们的价值观发生了变化，从工作本位向休闲本位转变。西方学者认为，人类即将进入“以休闲为中心的社会，工作不是社会性中心”[①]。

在休闲平民化、民主化的社会中，每个人都有能力充分享受到休闲，人们通过不同的渠道互相结交，以不同的兴趣与技艺相划分，而社会的等级化秩序则将逐步弱化。美国宾夕法尼亚大学文学教授、文化批评家保罗·福赛尔也认为：“正是人的生活品位和格调决定了人们所属的社会阶层，在今天的社会中，社会等级已经由更多的文化标准来确定，而不是简单地以有产和无产、剥削与被剥削、压迫等标准来划分。人们可以经由提高自己的生活品位来改变社会地位。另外，仅仅有钱并不能代表一个人的社会地位，还必须提高文化品位与生活格调。”“从显示人的社会地位的角度看，几乎没有哪一个单个的场合能比鸡尾酒时间表现得更加充分。”[②] 可见，丰富文化意味的休闲已成为衡量人的社会资源、社会地位与社会价值的有效指标。法国后现代大师罗兰·巴特在接受记者采访时谈到他所希望的理想生活时说：“有点钱，不要太多；有点权力，不要太大；但要有大量的闲暇……从而可以用来读书、写作、和朋友交往、喝酒等”[③]，即过一种有品位的生活。通过休闲提高自身修养与品位，一个人不需要拥有太多的金钱，也可以达到较高的社会地位。

随着科技的不断进步，社会的持续发展，互联网的出现，人们观念的改变，个体工作条件的日益改善，工作和休闲之间的界限变得越来越模糊了，工作像休闲，而休闲也像工作，休闲与工作的一体化已初见端倪。尤其是信息化社会的来临，生产方式的大变革，开始改变以往的工作与休闲割裂的局面。信息时代“时间界限的模糊性，时间结构的弹性化与时间制度的即时化”[④]，都使工作与休闲之间相互融

---

① 转引自刘红玉、粘忠友《工作与休闲关系的嬗变》，《泉州师范学院学报》2008年第1期。

② ［法］保罗·福赛尔：《格调》，广西人民出版社2002年版，第4页。

③ 同上书，第6页。

④ 赵建岭：《试论休闲与工作的辩证关系》，《中国科技信息》2005年第9期。

合。这种融合将更能体现工作人性化的一面，人们从繁重的体力操作中解脱出来，以自己喜爱的方式参与工作。例如，比尔·盖茨在《未来之路》中写道："所有这些电子新发明——共享屏幕、电视会议和电视电话——这是我克服物理性隔离的办法。等到这些东西变得十分普及时，我们的工作方式会改变。"① 工作不仅创造了丰富的物质财富和精神财富，使休闲这种大多表现为消费活动的行为成为可能，而且科学技术的进步缩短了人们的工作时间，相应地增加了人们自由支配的时间，个人可以有更多的机会寻找自己感兴趣的活动，使个人全面发展的目的得以实现。

工作本身不再是目的，而成为达到其他目的的手段，如为了持家、偿还贷款、购取游憩、体验闲适等。沃尔芬斯坦（Wolfenstein）指出：工作与游戏是相互渗透的。工作与游戏也正在变得越来越像，在某种意义上，它们甚至融为一体。现在，工作之中越来越充满了以前只有在工作之外才有的那些行为，而游戏也渐渐地由那些以前只被用于工作的成就标准所判定或衡量。一个人在工作中往往会自省今天的工作表现自己是否满意了，别人是否满意了，是否给了别人一个好的印象。不仅是在工作中，在参与游戏时，人们会问："我是不是正在做我应该做的事情？"② 这样的自省说明了不管是工作还是休闲，人们注重的往往是当中的体验，如果体验能够给予自己肯定和正面信息，娱乐了自己，那么是否可以说休闲已经成为体验的目的。

从休闲发展的历程来看，休闲实际上经历了人类社会中从生存手段到生活目的的过程。在此基础上，笔者在这里提出自己对休闲的理解：休闲是使人之为人的一种生活方式，人们在休闲活动中感受愉悦与畅爽，宣泄自己的情感，同时达到实现个体自我价值的构想。所以，当我们评判个体或活动是否是休闲的，那就看其是否是愉悦的，

① ［美］比尔·盖茨：《未来之路》，北京大学出版社1999年版，第36页。

② Wolfenstein，Martha：*The Emergence of Fun Morality*，*In Eric Larrabee and Rolf Meyersohn* (ed.)，Mass Leisure. Glencoe，Lllinois：The Free Press，1959，p. 93.

是否有情感的宣泄，是否实现了自我价值。

二 民俗概念的梳理

（一）民俗初源的艺术人类学分析

19世纪末期，赫伯特·斯宾塞对原始民族的民俗进行了探究，他发现“对于原始民族来说，风俗无处不在，风俗的指导是最初唯一可能的指导”①。那么民俗是什么时候起源的，又是怎么形成并对先民有什么样的作用呢？斯宾塞强调了先民的本能活动，他提出：

> 既然总有相应的活动先于风俗，那么，我们就应该探讨风俗是怎样源于最初的活动的，但是，由于这是不可能的，所以，后于风俗的活动的过程成了我们的研究对象，因为当活动开始时，人们绝没有意识到什么是历史性活动，或者说绝没有意识到他们所作所为的历史意义。当他们意识到他们的行为的历史重要性时，它们的源起已经淹没在浩渺的历史烟波之中了。②

斯宾塞的困惑道出了探索民俗源起的问题。但是，循着“后于风俗的活动的过程”向前追溯，我们还是可以大体探究到民俗文化演进的概貌。

美国社会学家威廉·格拉汉·萨姆纳认为，人类在意识形态和法律制度形成之前，民俗就已经存在了。民俗从一开始便由先民们继承了祖先的心理素质和身体技能，“动物祖先的行为方式塑造了形成人

---

① ［英］赫伯特·斯宾塞：《社会学原理》，纽约，1905年版，第529节。转引自高丙中《民俗文化与民俗生活》，中国社会科学出版社2001年版，第178页。

② 同上。

类习惯与好恶的渠道，通过这些渠道，诸事右手当先的习惯以及其他身心活动才得以发展起来”①。

在远古时期，先民们在强大的自然面前所能做的便是顺应自然并模拟自然。萨姆纳认为民俗并非理性生成的，而是先民们在对抗自然或是顺应自然的过程中对某种经验的释放，而这种经验像是一种动物的本能可以代代相传。同时，这种经验又是在生活当中不断重复的，可以重复的行为方式才是合宜的，才是在与大自然的相处过程中协调而均衡的行为方式。那么，这些方式因为得到了自然与人类的共同认可而成为民俗。② 因此，在这一时期，人类开始使用石器，学会用火，并形成熟食习惯，从动物界逐渐脱离出来。“农业的出现与陶器的发明，奠定了中华民族沿袭了几千年的饮食民俗的基本结构。”“在中国辽阔的土地上，逐渐形成了以黄河流域为中心的旱地农业区，以长江流域为中心的稻作农业区，以东北、内蒙和西北为主的渔猎、游牧区，并形成了相应的物质生产与消费的民俗体系。”③

在人类的精神生活方面，语言在劳动和生活中逐渐产生，初民们开始创作神话和诗歌。“陶器上的绘画、图像、陶塑、骨雕、木雕、岩画等原始艺术，反映了初民审美意识的生长。出土的骨哨、木鼓、陶埙等乐器，以及陶器和岩画上的舞蹈图像，再现了原始歌舞的热烈场面。”④ 这些造型虽然粗糙，但再现了先民对美的理解，从这些造型的对称与平衡、整齐与统一来看原始艺术的构思已经趋于和谐美的表现方式。“由于农业和畜牧业皆是季节性较强的劳动，因此史前时期可能已有自然历，并有与之相应的节日风俗，原始宗教从逐渐产生到繁荣，各种自然崇拜、图腾崇拜、灵魂崇拜、祖先崇拜的观念与仪式

① 转引自高丙中《民俗文化与民俗生活》，中国社会科学出版社 2001 年版，第 83 页。

② 高丙中：《民俗文化与民俗生活》，中国社会科学出版社 2001 年版，第 84 页。

③ 钟敬文主编：《民俗学概论》，上海文艺出版社 2002 年版，第 33 页。

④ 同上书，第 34 页。

在初民社会中盛行。山顶洞人的尸体上撒有赤铁矿粉，并有简单的生产工具（石器）陪葬，说明当时已有灵魂观念。不少墓葬中死者的头向一致，并陪葬有工具与生活用品，反映了某种回归彼岸世界的观念。巫术活动盛行，后来甚至分化出专门的巫师与祭司。”①

在先民的头脑中，所有的审美都源于宗教。不管是表现自然运行规律还是社会角色演变，他们的装饰都以他们相信的宗教为主题，无不体现他们的巫术思维。那些冒着生命危险被镌刻在悬崖峭壁上的岩画和崖刻，绝不是为了欣赏他们作品的美，而是以一种标志性的符号来期许达到繁殖或丰收的巫术愿望。考古学家们从新石器时代的陶器碎片上发现了太阳和月亮和纹路，这是先民原始宗教思想中的自然崇拜；半坡遗址发现的人面鱼纹以及河姆渡遗址雕有鸟形的象牙都有可能是某一氏族的图腾。在《中国原始艺术符号的文化破译》一书中，孙新周先生谈到了马家窑文化，在一个高低耳深腹罐的表面有非常清晰的网格纹样，孙先生认为这样的网格纹样是从鲵鱼的鳞纹演变而来的，这样的演变过程其实包含了先民的装饰观念，他说：

> 由于鱼是多产的水中动物，因此凡与鱼为伴的民族，不论中外，大多把鱼作为丰产与繁衍的象征。……初民们基于原始思维中的互渗律，从巫术心理出发，认为只要把作为鱼的主要部分和特征的鱼鳞加以表现和移植，它的多产法力也就会随之生效。据此，他们将网格纹大量涂绘于各种彩陶纹饰之中，其动机也就不言而喻了。……在初民们看来，几何形网格纹不仅是多产的鱼的象征，而且也具备了多产的巫术功能，所以它已经成了高产的符号和法力无边的符咒。②

通过在器物上刻鱼纹样的图形来表达先民对丰产与繁衍的期望，

① 钟敬文主编：《民俗学概论》，上海文艺出版社2002年版，第34页。

② 转引自李砚祖《装饰之道》，中国人民大学出版社1993年版，第48页。

可见先民们的艺术作品饱蕴了他们对生命的理解，对自然的崇畏。可以说，这形成先民精神民俗的基础力量。

民俗的实质就在于其是人们在生产生活中所共同遵循的行为模式，它由民众共同创造，而且对环境极具适应能力。“具有观照民众集体心理和生存需要的特点。”① 纵观原始社会以来的历史发展，可以清楚地看到，物质民俗与精神民俗两个领域相依并存，而又互为消长，具有复杂关系。在现实中碰到的困难越多、越难以克服，对精神世界的依赖就越强，所有的祷告都带有功利性。人既是精神世界的主体，又是现实世界的主体。在精神世界中，作为主体的人，其所见所闻以及他的意识活动，都与超自然神秘力量分不开，时时用虚幻意识填补自己的软弱；在现实世界中，人又走着相反的道路，永不衰竭地从事着认识自然、改造自然的具体行动，并在改造自然的行动中改造人类自身。精神信仰民俗就在这样戏剧性的矛盾冲突中整合与发展，约定俗成地成为民众寄托自我意识的功利性表现，以得到心理和环境的协调和平衡。

比如，在图腾柱的木刻图像上，可以看到人们对祖先的特殊感情；在象征性的或写实性的男根女阴的雕像上，可以感受到人们对于繁衍后代的强烈愿望；在出土的青铜器的圆雕、浮雕上，可以看到先民对生命力量的赞美，对生活的热爱，同时也看到奴隶主对暴力的炫耀，看到奴隶遭受残酷践踏的历史真实；在祭坛的泥塑神像、神路图、原始木雕、课牌、甲马及多种多样的象征器物图案上，可以读出人们祈福禳灾的愿望和他们宗教信仰的内容；在节庆活动的饰物画牌上，可以读到民族的历史，可以感受到人们对祖先的怀念和本民族英雄人物的崇拜；在服饰上，可以读到该民族的活的历史，可以看到该民族崇尚的色彩、丰富的个性和迷人的特色；在民居的外部形态、建筑结构、内部陈设和装饰图案上，可以读到该民族的文化传统、伦理观念、民族心态和审美情趣……这些自我意识的外在表现形式，其功利性往往重于审美需要。

---

① 钟敬文主编：《民俗学概论》，上海文艺出版社 2002 年版，第 23 页。

随着生产力的发展，民众生活水平的提高，当生存不再是生命的第一需要时，民俗的功利性特征开始转向对人性力量即人的内在情感力量的开掘和观照。

（二）民俗的娱乐风习

民俗作为非物质文化遗产的组成部分，是“一个国家、民族的特定地区、社会群体中的大众，在一定生态环境中所创造、享用和传承的物质文化事象”①。早期的民俗学家将民俗学的研究对象定位在民众的精神禀赋方面，并不重视物质生产生活和工艺技术本身。在这方面，英国民俗学家博尔尼的观点最有代表性，她说：“引起民俗学家所注意的，不是耕犁的形状，而是耕田者推犁入土时所举行的仪式；不是鱼网和鱼叉的构造，而是渔夫入海时所遵守的禁忌；不是桥梁和房屋的建筑术，而是施工时的祭祀以及建筑物使用者的社会生活。民俗实际上是古人的心理表现。不管是在哲学、宗教、科学和医药等领域，在社会组织或礼仪方面，还是在历史、诗歌和其他文学部门等更严格意义上的知识领域方面。”② 随着民俗学的发展，学者们越来越认识到物质生产生活与民俗的关系，认识到生计方式、工艺技术等同样是民间社会所传承的知识，是民众智慧的结晶，对于研究人类文化发展的轨迹具有重要的意义。“一切社会的性质和结构，都是由占统治地位的生产方式所决定的，物质资料的生产是决定社会民俗构造及其发展的力量。”③ 因此，物质生产生活民俗的研究须从物质生产生活条件中去探求各种社会思想、观点以及习俗惯制形成的根源，而非仅囿限于对民俗事象的探讨，还应有其象征意义。

在这样的探求过程中，由于自然季节转换，而导致生产时间与闲暇时间的划分，决定了在各种物质民俗活动中，休闲占有了一席之

① 钟敬文主编：《民俗学概论》，上海文艺出版社 2002 年版，第 40 页。

② ［英］查·索·博尔尼：《民俗学手册》，上海文艺出版社 1995 年版，第 2 页。

③ 江帆：《生态民俗学》，黑龙江人民出版社 2003 年版，第 59 页。

地。并且随着社会的发展，很多物质生产生活民俗具有了一种附加于实用价值之上的象征意义。这是因为农耕社会中的物质生产生活事象本身就具有二重性的特点，在物质生产生活的过程中就具有休闲价值，到了今天生产的过程还向休闲的过程转化，很多地区的生产过程中都能够体现出休闲的意义，并通过多种方式向休闲转化。

因为受农业耕作结构的制约，所以当时人们的娱乐活动时间主要以农业生产的时令与节气的转换为基础来编排，这就决定了少数民族民众休闲活动时间的长短。在这样的时间划分下，出现了在农闲或农作时的节日民俗，这些节日或习俗与少数民族民众的农业生产息息相关，或是表达对丰收的美好愿望，或是依据节气庆祝生产，这样的节日其实在各个民族的早期都有相同的特点，其蕴含着巫术与宗教的意味，根据人们的愿望来活动。但随着时间的推移，科技水平的发展，一些农事节日的目的已经发生了根本的变化，有的节日仅仅成了习惯，有的节日只留下了形式，有的节日剩下的是其象征性事象，更多的内涵指向了娱乐休闲。

云南丰富的25个少数民族均有这样的娱乐风习。有的是为了庆祝丰收，有的是在农业过程中祈福，有的是依据节气的农闲娱乐，琳琅满目、多姿多彩。比如：

> 每年农历正月十五，是丽江纳西族的“棒棒会”。届时，丽江城内人流如潮，街道上摆满了交易的竹、木农具和果树、花卉等。“棒棒会”标志着春节活动的结束和春耕生产的开始。该会由“弥老会”演变而来，原是在寺院举行的庙会，后来在清朝初期把地点移到了丽江古城内，并逐步发展成为准备春耕的竹木农具交易会。近年，又增加了果树苗木、花卉盆景交易内容，赶会地点也从古城内移到新城区。[①]

① 中国网：《农历正月十五“棒棒会”》，http：//www.china.com.cn/aboutchina/zhuanti/2009-07/28/content_ 18222192.htm。

白族的“绕三灵”则属于农闲季节民间的自娱性迎神盛会，会期为每年农历四月二十三至二十五，这一盛会是从南诏时期就开始了。“绕三灵”也就是“逛三都”的意思，“三灵”是指圣源寺、金奎寺和崇圣寺。民众以村为单位，边唱调子、边打霸王鞭等，第一天从大理城到圣源寺，第二天到金奎寺，第三天到崇圣寺。原来是白族宗教祭祀的仪式，祈福风调雨顺；现在则成了白族的春游活动，吸引了很多外地的休闲者参加，人数有数万人，成为真正意义上的“狂欢节”。

其实，少数民族民众许多类似的民俗活动，都与民众盼望生产丰收、农事耕作顺利和身体健壮的心理有关。这样的娱乐风习大体可分为三类。

1. 敬天祭神的娱乐风习

在很多少数民族民众的心目中，不只是人有永生不灭的灵魂，即便是世间万事万物也同样是各有灵魂的，人只不过是从属于自然界各种力量控制之下的一种“动物”，人的生、老、病、死等无不受到各种“神灵”，包括逝去祖先那不灭的灵魂的影响。为了谋生而开展的一切生产活动，同样都受到那些神秘的超自然存在物和超自然力量的控制。是神灵，而不是人，主宰着农作物的生长和年终的收成。因此，在农耕生产活动中，必须时时与各种神灵进行沟通，人们奉献上美酒佳肴作为贡品，以讨好具有超凡能力的神灵们，同时把自己需要得到神灵们佑护的愿望，通过神秘的祈祷语和体态语传递给众神，以保佑生产能够顺利进行，农作物能够健康成长。在这样一种思想认识的基础上，各种敬天祭神的祭祀活动几乎贯穿于农作物种植过程的每一个环节。无论是耕地的选择，还是农作物的收割和谷物的归仓，甚至送旧迎新的喜庆年节中，都离不开与农业生产有关的祭祀仪式。适时举行这些仪式，几乎成为他们一年生产、生活中的主旋律，也成为他们在劳作之余的放松与休闲方式。

除了笔者调查的哈尼族棕扇舞之外，生活在西双版纳景洪基诺山的基诺族的每个村寨传统上都有七位村寨长老：卓巴、卓生、巴糯、色糯、可补、补糯、乃奴，他们除了自己从事农业生产外，还要负责全村寨的集体宗教仪式的主持工作。在农业生产方面，他们要主持刀耕火种的砍树、烧地和播种三大仪式。每年白花树开花后，人们就准备着过“特莫克”年（纪念“打铁的日子”），具体日子由各村寨的卓巴确定。节日第一天一大早，卓巴和卓生就要代表村寨到村外的林地中举行砍伐仪式，他们象征性地砍几棵树，然后，卓巴奋力敲响供奉在他家里的大木鼓。村里的人们听到后，便穿上节日盛装聚集到剽牛场，举行剽牛仪式（牛由各家各户筹钱购买）。中午，各户的男性家长要带上自家备办的酒、肉等菜肴，到卓巴家参加祭祀供奉在那里的大木鼓的仪式。第二天，各家各户还要送礼物给铁匠，与铁匠一起到卓生家举行“打铁”仪式，并由铁匠及其徒弟进行一次象征性的打铁活动，寓意打好农具，为即将开始的新的一年的农耕做好一切准备工作。第三天傍晚，各家各户的男人们先到卓巴家的晒台上举行仪式，然后到村寨的东西两头，挥舞砍刀作砍伐状进行“号地”仪式。第四天早晨，各户家长到村寨边的神房“东木”四周栽芋头和姜各三窝，并宰鸡、杀狗作为祭献的牺牲，以驱除可能对农耕不利的各种鬼魂，并象征农耕活动的开始。第五天全村寨杀猪宰鸡祭神，祈求神灵保佑风调雨顺。第六天进行号地活动。春耕前的集体宗教仪式完成后，便开始烧地、播种，包括作物生长期间，卓巴和卓生的作用都非常大。到了收割前的“尝新米饭”仪式是非常重要的一项活动，人们通过举行尝新仪式以感谢各种自然神祇和祖先神灵的“保佑”。尝新活动一般是以大家庭为单位独自举行。例如亚诺寨基诺族的尝新仪式，由每个“玛”的家长主持，首先从作物已经成熟的地里摘取一些谷穗回来，由家长亲自蒸煮新米饭和瓜菜，祭祀祖先，并将新米饭分给各家火塘（即各个个体小家庭），然后才开始全面的收割工作。在收割和脱粒完成后，还必须举行稻谷进仓仪式，卓生和卓巴担负着为本族各家谷物入仓进行祝福的责任，他们要参加各家在谷仓里举行的庆祝丰收的祭祀酒宴。[1] 这个酒宴成为辛苦一年的基诺民众娱乐休闲

① 王东昕：《衣食之源——云南民族农耕》，云南教育出版社2000年版，第94页。

的途径，他们在其中享受丰收的喜悦与成就感，释放生活压力，宣泄情绪，使体力得到恢复，精神得到放松。

2. 农耕祭祀的节日风习

由于神灵主宰世间万事万物的观念极大地影响着少数民族民众，以至于在日常生活和生产中，产生了一系列试图通过举行祭祀仪式以达到与诸神灵沟通，进而实现人畜平安、风调雨顺、五谷丰登为目的的与农耕生产周期相关联的活动。人们辛勤劳动，同时也积极地、虔诚地向所有他们认为与农业生产关系密切而且愿意关心、帮助他们的神祇祈求，通过举行祭祀仪式请各方神灵保佑农作物丰收。这些宗教祭祀仪式产生于长期的农耕活动中，并逐渐模式化，其中很大一部分发展成为固定的民俗节祭。

除了我们熟知的花腰傣“花街”节之外，在笔者的家乡澂江县的立夏节也有民俗祭祀的内容。立夏节通常在西龙潭举行，旁边有一西浦公园，公园中有龙潭。传说是龙潭中的龙王非常灵验，如果遇到干旱向龙王祈祷，都会得到应验。于是每年立夏的时候，村民们都会演戏来酬谢龙王，同时也是为庆祝龙王圣诞，或唱花灯和滇戏，或要龙、颠毛驴、舞贝壳、舞狮等，澂江旁边的晋宁、呈贡的百姓也都会赶来参加。到时男女老少都会相约到西龙潭看戏，在靠近西龙潭的路两旁，摆满了各类食品摊点，可以说是人山人海，热闹非凡。

3. 自然节气的农事谚语

当然，最有趣的还是从少数民族民众琳琅满目的农事谚语中体味其对一年季节的变化和耕作、生活情景的描绘。从中既可以判断寒暑更迭信息、农耕的时令，以及在生产、生活中如何适应的要求，又可以满足民众对民俗文化娱乐审美的精神需要。

这些农事谚语都非常生动、简练，有的概括了庄稼的生长过程，有的反映了节气，有的解释了天气与农事的关系。民众往往依靠从老辈流传下来的农事谚语来预测收成或是农作物受天气影响的结果。比如说：“立春晴一日，农夫不用力（耕田）。”“好雨下三场，粮食没处藏。”“立春三场雨，遍地都是米。”“一阵太阳一阵雨，栽下黄秧吃白米。”“立秋三场雨，秕稻变成米。”“立秋三场雨，遍地出黄金。”“立了秋，那里下雨那里收。”“处暑里的雨，谷仓里的米。”“黄梅天，十八变。”“黑夜下雨白天晴，打的粮食没处盛。”还有一些农事谚语说的是怎么处理农事的技巧：“积肥无他巧，十字诀记牢。烧熏挖换扫，割沤堆拾捞。”“要想多打粮，积肥要经常。”“猪要圈养，有肥有粮。”等等。有说土地和人的关系的：“地靠人来养，苗靠肥来长。”“庄稼百样巧，地是无价宝。”“人养地，地养人。”“人糊田，田糊人。”这些押韵上口的农事谚语都是休闲附加功能的最好体现：既应合了农事生产的主要目的，也满足了人性对娱乐审美的需要。因为这些谚语其实是民众从生活中总结出来的农事经验，然后经过上百年的检验，形成了朗朗上口的平仄相当、押韵形象的谚语，就这样流传坊间。故而这其实是满足了民众对语言和生产之间关系的认同，从而上升到审美的情感，以体验农事生产之余的休闲与乐趣。

（三）仪式功能与情感宣泄的休闲认同

拉德克里夫·布朗将象征和社会结构关系相结合的研究思路融入仪式研究中，通过图腾仪式及相关神话中包含的有关自然和人类社会的观念，探讨了宗教的基本功能。他提出这些仪式的意义在于维护自然法则，并认为神话和礼仪所表达的宇宙观和社会功能在于维护社会结构。从功能主义角度出发，他认为宗教不但包含了其对个体的需要，还包含了集体在维护社会制度中对其情感的需要。

在前人关于仪式与象征的研究中，杜尔干最早将二者加以联系分析。杜尔干认为，仪式在早期社会中泛指仪式的行为与意义，并且将仪式集中指示范围界定在宗教范畴当中。[①] 他将澳大利亚土著居民的图腾信仰及其象征物作为宗教生活的初期形式，将崇拜对象和献祭仪

① ［法］E. 杜尔干：《宗教生活的初级形式》，林宗锦、彭守义译，中央民族大学出版社 1999 年版，第 14 页。

式作为宗教生活初级形式的两个要素。对于仪式中的“物”（this object）与“物的特殊意义”（the special nature of this object），杜尔干给予了较为粗放的表述，他认为宗教信仰的维持是由于周期性的仪式与聚会导致的。而维克多·特纳则认为，仪式是动态的，具有交流和变化（transition）相关联的特点，并将仪式定义为：“适合于与神秘物质与力量相关的信仰和特殊场合的，不运用技术程序的规定性正式行为。”① 在特纳的著作《象征之林》中，仪式的理论主要包括如下几个特点，即对仪式过程中象征符号的高度注意，当中不仅有仪式语境的内容，还有象征符号所指向的物品之外的社会存在基本要求以及人们共享的价值观念。在罗兰·巴特尔（Roland Barthes）将索绪尔对于符号的分析加以扩大之后，特纳在此基础上将象征符号发展到更为广泛的范围当中，认为象征符号“不但具有解释以及操作的意义，同时也具有地位上的意义”②。特纳根据仪式的专业人员所提供的解释，合并外行人所提供的解释，并基于仪式的外在形式以及可以被观察等特点，结合了人类学家所特有的一种对深远语境的领悟与解读，来推断仪式象征符号的结构与特点，并将以上三类材料作为推断结果的主要材料。对于为什么宗教仪式可以解决社会文化中的矛盾，特纳进一步发展了仪式象征理论，这个理论主要从象征系统和象征的结构来理解，并被描述为图 1-1 所示的结构图：

特纳理论中的仪式象征结构③在他的观点中，象征符号是仪式中最小、最基本的单元，这种单元不但具有独特的属性和结构，也是用来在仪式中处理自然与社会的方式。象征符号的解释应在名义基础、

① Turner，V.，*The Forest of Symbols*：*Aspect of Ndembu Ritual*，Ithaca：Cornell University Press，1967，p. 19. 转引自特纳《象征之林——恩登布人仪式散论》，赵玉燕等译，商务印书馆 2006 年版，第 3 页。

② 王建民：《维克多·特纳与象征符号和仪式过程研究——写在〈象征之林〉中文版出版之际》，《中南民族大学学报》（人文社会科学版）2007 年第 3 期。

③ 黄应贵：《返景入深林：人类学的观照、理论与实践》，商务印书馆 2010 年版，第 258 页。

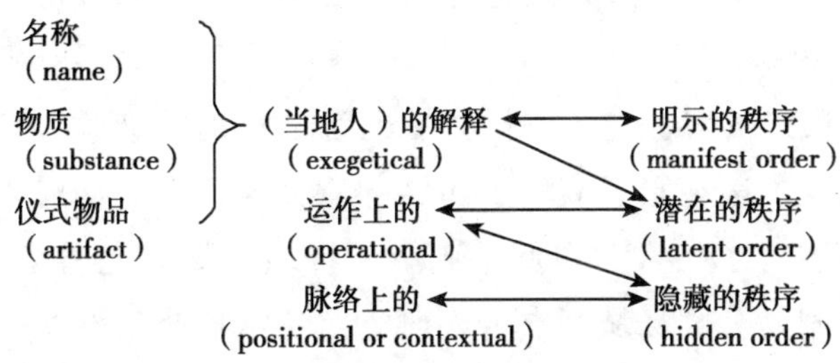

图 1-1　特纳的仪式象征结构

人为基础、地位意义三个不同层面进行分析和理解，其中对于在地位意义层面的对象征符号的分析，是指在某些特定仪式中，把一个象征符号放置在整个仪式中所包含的由其他象征符号共同构成的关系体系中，根据这个象征符号与不同仪式表演的其他象征符号的关系，去理解、分析和揭示仪式背后隐藏的意义。不同于杜尔干把象征符号看作单个的、各具意义体系的符号，特纳将仪式符号看作整体结构中的组成成分，并且把这些符号看作可能成为既定仪式中为实现的目的，或为实现目的而具有的或隐或显的手段，在此基础之上，他非常在意仪式过程与其他相关事件之间的关系，并借以说明文化整体之间存在的互动与关联。在他的观点中，仪式符号本是与社会过程紧密连接在一起的，如在《象征之林》中，特纳将恩登布人仪式中奶树的意义与当地土著居民的社会组织关系进行了关联性分析，并借此讨论了奶树所包含的社会组织原则、社会美德以及母系继嗣制度象征。特纳的研究，在列维·施特劳斯（Claud Lévi-Strauss）结构主义分析方法的基础之上，结合了仪式过程和仪式结构的分析，并且强化了对仪式结构、仪式行为的分析，以支配性象征符号作为相互作用的核心，从而引发行动。"仪式表演标志着社会过程中明显不同的阶段，实践仪式的族群用仪式来调整内部的变化，适应外部的环境"。[①] 他还认为，

① ［英］维克多·特纳：《象征之林——恩登布人仪式散论》，赵玉燕等译，商务印书馆 2006 年版，第 6 页。

“仪式中的象征符号是构成社会行动的因素之一，并且对人们的行动发挥着作用”①。

在对于仪式的看法上，格拉克曼也就是特纳的老师，认为仪式不但通过象征性的表演形式表达了团结的意义与概要，同时也把一种社会性的规则进行了扩大。在此基础上，特纳发扬并完善了这一观点，他将社会戏剧与公共场域观点带入研究，从结构与反结构的角度来分析仪式的过程，从而仪式在社会结构中更具有了一种平衡与结合的作用。仪式不仅有力地将内在的凝聚力量传递给社会中的个体，对社会情感与社会的价值观念也起到了传送作用。仪式能够夸大社会统治中存在的实际冲突，但是仪式同样也能够缓和社会结构中的冲突。在对恩登布人仪式的分类上，他将其分为困扰仪式和生命困扰仪式。前一种仪式与人生礼仪有关，后一种则更倾向于不幸与灾难，归类为由祖先或者神灵降灾所致。其中生命困扰仪式主要针对狩猎受挫、女性生殖困扰以及与治疗有关的仪式。② 针对某一种困扰仪式，特纳从参与仪式者在仪式中的情感，仪式中社会成员之间的相互合作，以及仪式对仪式主持人社会地位的影响，仪式中社会价值观的强化几个方面体现仪式在社会中所起到的调整作用。通过对仪式过程的分析，得出了仪式是如何调整恩登布人的社会冲突的，由此得出，定期的仪式对社会内部的冲突矛盾能够起到遏制作用，将仪式赋予了一种维持社会平衡与稳定的政治手段含义。③

通过图 1-1 的理论结构，特纳以仪式的象征为例，至少将仪式本身所含的意义分为了三个层次以及三个解释架构，并更系统和细致地对象征本身的各种类别与性质进行讨论。在他理论的象征符号中包含

① ［英］维克多·特纳：《象征之林——恩登布人仪式散论》，赵玉燕等译，商务印书馆 2006 年版，第 7 页。

② 夏建中：《文化人类学理论学派 ——文化研究的历史》，中国人民大学出版社 2003 年版，第 8 页。

③ ［英］维克多·特纳：《象征之林——恩登布人仪式散论》，赵玉燕等译，商务印书馆 2006 年版，第 7 页。

了支配性象征（dominant symbol）和工具性象征（instrument symbol）的区别，并强调前者是浓缩多重甚至两种极端相反意义在内的一种符号，意义的两极化包含了理性极与感性极。结合对特纳其他著作和相关理论的认识，由此我们也将知道仪式象征是怎样产生效果的，可以更加了解到仪式象征机制是如何能够超越各种社会内部的矛盾，甚至在此之外，与外在的大社会进行结合的。他认为同一个支配性象征符号在不同的仪式中代表不同的社会群体或社会组织的原则，所以必须将这些符号放置在更加广阔的语境里，在某种意义上，就是将其放置在组成了某一特定仪式的整个象征系统内，才可以对其进行理解。

下文将提到的棕扇舞源于仪式的功能，到今天虽然有了一定程度上的变化，但基于仪式功能理论其表达个体有关自然与社会的观念以及集体对社会结构归属情感的需要并未改变。从时间角度来说，棕扇舞是在不受约束时间内按自己的意愿去做的事情，不受约束的时间指的是工作与维持生存之外的自由时间，也是杰弗瑞·戈比理解中的休闲："在生存问题解决以后剩下来的时间。"① 从社会活动的角度来说，棕扇舞是民众在尽到职业、家庭与社会职责之后，让自由意志得以尽情发挥的事情，是人们依自己的意志选择从事的。"它可以是休息，可以是自娱，可以是非功利性的增长知识、提高技能，也可以是对社团活动的主动参与。"② 从生存状态来说，棕扇舞是一种亚里士多德口中"不需要考虑生存问题的心无羁绊"的状态。人们处于这种状态时会忘却时光流逝，与休闲是人们摆脱"必需"后的享受自由如出一辙。从心态的角度来说，棕扇舞在仪式中的表现是驾驭自我的内在力量，是不被外界环境所控制的自由。而休闲即是"无拘无束的，不受压抑的，投身于自己所选择的某一项活动之中"③。用马惠娣的话

① ［美］杰弗瑞·戈比：《你生命中的休闲》，康筝译，云南人民出版社2000年版，第4页。

② 同上书，第5页。

③ 同上书，第6页。

说，即以欣然之态做心爱之事。民众在棕扇舞仪式中忘我的舞蹈正是其处于一种愉悦的状态中，而这种状态即为休闲。故而，仪式功能与情感宣泄在休闲上达成了一致。

（四）以艺术事象为符号的乐生性表演

在表演理论中，理查德·鲍曼将口述史诗作为一种口头艺术，而这种口头艺术的演绎被看作一种“表演”，但这里所说的表演并非单单是指舞台上的表演，这里的表演指的是一个完整的阐释性的框架，“从根本上说，作为一种口头语言交流的模式，表演存在于表演者对观众承担展示自己交流能力（communicative competence）的责任”[①]。表演被看成是一种交流与互动，并不是形式上的单纯的语言的应用与表达。元交流性的框架中包含着许多形式性和传统性的手段，例如特殊的符码、平行关系、比喻性的语言以及特殊的套语和求诸传统等，在这样的框架阐释中，表演就将不存在好与坏之分，存在的仅仅是表演的强烈程度的问题。表演者的表演行为或者艺术行为被界定为民俗的实践，而这个表演的艺术事件指代了一个完整的表演的社会情境，这其中不单涉及表演者自身，也涉及受众以及表演场景，等等。

另外一个需要注意与考量的是文化表演模式的存在问题，诸如节日、典礼与仪式中的表演被定义为文化表演，这种文化表演不存在连续性的特征，在这种有特定时间跨度与组织有序的表演事件中，表演成为一种复合型的情景存在。这种文化表演也被看成神圣与世俗的转换，是一种神秘的社会结构的外在演绎，在表演中将日常中的符码与神秘性的符码相转换，让受众感受到的是一个系统性的社会结构与宇宙观的展现。社区中的文化表演由特定的场景及其构成、表达性的形式与文类以及大量的符码所组成，在这样一个有特定组织的表演框架中，表演的时间、表演内容，甚至是食物与饮料以及服装这些都被标

① ［美］理查德·鲍曼：《作为表演的口头艺术》，杨利慧、安德明译，广西师范大学出版社 2008 年版，第 12 页。

定成了特殊的符码，它们整体构成了一个特定社区文化表演的框架。这些结合了历史与特殊社会结构的语境，所体现的是一个群体的社会经验的表达，文化表演成为一个特殊的社会结构性的意义系统。当然，这里的文化表演与尼果上寨的棕扇舞展演并非同一概念，这里的表演是囿于仪式中的表演，是在哈尼族祭祀中归属真正意义上的娱神娱人的表演。这样的表演以棕扇为符码，以文化空间为载体，构成了哈尼族村寨特定社区的表演框架。

鲍曼的表演理论为我们呈现的是一个立体性的表演事件，他将关注点放在了正在发生中的表演事件，用最为生动的演绎形式研究艺术的互动性表达，通过对于表演的框架性解读来探讨这种表演性质的民族艺术传统对于社会结构的潜在的改变性功能，甚至是社会结构的重新的架构。这对于各种艺术范式为体验提供休闲的承载作了理论上的借鉴。因为这样的框架的形成是“属于生活方式的范畴，它与谋生性的生产劳动不同，是一种维生性和乐生性的活动方式，即休闲的生活方式。在经济学的意义上，它与生产相对，具有消费的功能，只是这种消费主要不是对生活资料的消费，而是对享受和发展资料的消费；在伦理学的意义上，它与奉献相对，具有索取和享受的功能，这种索取主要是对社会公共文化资源的索取，这种享受也是对其所创造的文明成果的享受，从享受中获得自我完善和发展”①。所以，棕扇舞的乐生性表演形成了其休闲的社区生活框架，民众在表演中享受休闲，在休闲中倾诉表演。那么，当表演成为一种休闲诉求的时候，承载表演的棕扇舞也就成为民众生活中不可分离的民俗事象，与民众的生活方式息息相关，这就为“进入”式的文化传承铺就了土壤。

① 张雅静：《和谐社会语境下的休闲文化生活》，《黄海学术论坛》2010 年第 7 期。

三 休闲与云南各民族物质生产民俗的契合

随着社会的发展，物质生产民俗中的各类休闲活动已不再是农耕时代仅仅表现为生活资料的消耗和个人物质财富的享受这一特征，而是在更大的程度上具有了相对独立的精神意识，休闲活动已被看作实现个人自我价值的手段。尽管这种意识还只是刚刚萌芽，但已有了极大的社会意义。随着科学技术知识的普及和提高，人类战胜自然灾害的愿望逐步实现，一些物质生产民俗活动已经开始逐渐淡化，并朝娱乐休闲的方向发生转变。于是，这样的物质生产民俗成了真正意义上的休闲。这样的休闲在得到大多数人的认同与体验后，成为一种社会交往的表现，人们在这样的体验中不但“独乐乐”，同时也“众乐乐”，在当前民俗活动呈大众化、商业化和多样化的发展趋势下，一些生产民俗自然也就实现了其生生不息的文化传承。在本书中，笔者便把这样在休闲活动中的民俗或是在民俗活动中的休闲称为“休闲民俗”。

从民俗的分类而言，可以分为物质生产民俗、物质生活民俗、社会生活民俗、人生礼仪民俗、精神生活民俗以及节庆和游艺竞技民俗等，因限于篇幅与笔者所调查田野点的对象（物质生产民俗），笔者以物质生产民俗中最有休闲意味、休闲倾向与休闲潜在因素的民俗作为分析对象。从物质生产民俗的分类上看，其实很多物质生产民俗都或多或少地实现并完成了其向休闲的转变。其中一些物质生产民俗曾濒临灭亡，但就因为有了休闲的载体与转向，实现了其文化传承。

（一）休闲与狩猎采集民俗的契合

在人类古老的生存技能中，狩猎可以说首当其冲成为人类生产的基础。采集也相伴其左右，在人类历史发展的长河中成为人类初级阶段的生存技能。这样的生产能力虽然非常低下，但却是人类从原始性走向社会性的载体。人类通过这样古老的生存能力得以从动物向人类迈出了关键的一步。在这样的过程中，人类积累起自己的文化，也发生了文化的变迁与民族的形成。现存的各种文化有其多样性特征，就是因为当初人类古老的生存技能提供了不同物质资料作为生存基础，满足了不同地域间人类生存的需要。在现代社会看来，狩猎和采集文化是原始的，不发达的。但是，当代的民族志田野考察表明，狩猎和采集民族的生活完全是另外一种状况，人们耗费在获取食物上的时间并不如想象的那么多，劳动强度也并不高，而且还有较多的闲暇时间。更重要的是，“持这一生计方式的人类群体在精神上并未感到太多的缺憾与失落，其日常生活常常是其乐融融的”①。可见，尽管狩猎与采集是作为一种原始的生产方式而存在，但其中人们力量与智慧对大自然的竞技已初步显示出闲适的端倪。

在云南，居住在怒江旁的傈僳族从古至今都非常喜欢狩猎。在他们的传统生存技能中，狩猎成为支撑他们存活的基础。因为地理和区位的原因，古代的傈僳族生活在深山与丛林中，在与自然相处的过程中，他们学会制作弓箭与猎网，并利用一些有毒植物的汁液涂在箭头上以提高命中猎物的概率。在年复一年的狩猎中，勇敢聪明的傈僳族熟知了猎物的生活习性与出行规律，并练就了非常高超的狩猎技能，使其在捕猎过程中能够箭无虚发，从而满足自己的生存需要。比如野牛喜欢吃碱性食物，成群觅食，随着季节更替而四处游动。在北风呼啸、大雪纷飞的冬季，它们会成群结队，由北向南，到气候温和、植物茂盛的原始森林过冬；在夏日炎炎的盛夏时节，它们又会避开蚊虫、牛虻，从南向北，迁移到多碱场、凉爽宜人的高黎贡山山林中去度夏。野牛的嗅觉特别灵敏，能在较远的地方闻出猎人身上发出的气味，当人们还未靠近，它们就已拔腿远遁了。猎人们在发现野牛群后，先燃一根香或抓一把灰土抛向空中，测一个风向，然后再从逆风一方向牛群逼近。或者是事先探明牛群常到的碱场，设下埋伏，等它

① 江帆：《生态民俗学》，黑龙江人民出版社2003年版，第64页。

们前来自投罗网。熊主要分布在高山密林之中，夏天常跑到竹林或庄稼地里找吃的，冬天则钻进树洞或岩洞中长眠。傈僳族猎手在夏天守候在竹林或地边围捕黑熊，而到了冬天，则上山去寻找它们冬眠的地方，只要一发现，这只黑熊就成为猎手们的囊中之物了。在山坝和河谷地带丛林间的麂子，是一种受人欢迎的野味。但这种小兽听觉敏锐，奔跑速度极快。猎人们利用它喜欢找伙伴和好奇心重的习性，吹起“麂哨”，以引诱它上钩，或者在它可能经过的路口支起捕兽网，往往能不费大力就有收获。总之，傈僳族猎手是名副其实的好猎手。他们认为能不能打到猎物，完全取决于山神、猎神等神灵的保佑，因此对这些神灵抱着深深的敬畏，在狩猎活动开始前、结束后以及重要的年节，都要举行隆重的祭祀仪式。

在出猎前的仪式上，他们要恭恭敬敬地诵念起《猎神调》：“嘘——喂！江头的猎神，江尾的猎神，请你到这架山头上来！请你到这条山谷中来！祈求你赐给野兽，祈求你赐给山味。让猎狗一走进山林，就闻到野兽的气息。让猎犬一进入山谷，就看见动物的足迹。把山林中该死的野兽追出、把山谷里该死的动物撵出，把最大的公鹿赶出来，把最大的公獐吓出来。追到我的弩弓前，撵到我的毒箭下；让我射中公鹿的心窝，让我射中公獐的肋下。七个伙伴背着七背肉，九个同伴背着九背肉。嘘——喏！江那边的猎神，江这边的猎神。请你到我的弩弓前面，请你到我的毒箭前面；让我打猎打着野兽，让我撵山捕到动物。早上去打猎时，就用兽肉作早饭；夜晚去撵山时，就用野味当晚餐。”当他们捕到野兽之后，不会马上享用，而是先举行祭祀猎神的仪式，然后再分享猎物。

随着时代的发展，傈僳族的狩猎形式和意识也发生了变化，狩猎已不再作为摄取食物的全部依赖，对国家规定的珍稀保护动物不再猎杀。这一生产习俗逐渐演变成为节日或婚礼上的休闲项目，比如射弩比赛时，射手以能将竹箭射在刀刃上劈为两半者为胜；举行婚礼时，新娘要带着猎枪，新郎要手拎一只大红公鸡，在客人们的簇拥下，来到村外由新娘做射鸡表演。通常，他们把鸡悬挂于一根长竹竿上，然后让新娘在离鸡30米以外的地方，向活鸡连射三枪。如果三枪之内鸡中弹而死，新娘可以免除在席间被客人灌得酩酊大醉的狼狈。

而采集则可以说是更为原始的古俗。在旧石期时代前期，先民们就已经开始了范围广泛的采集活动，主要是各种植物的果实、块根、茎叶及菌类。作为人们的一种“天然”谋食方式，采集在农业社会初期仍占有非常大的比重。如云南景颇族在20世纪50年代初期，一些人家的采集收入仍占全年收入的26%，采集的植物多达94种。[①] 居住在云南怒江峡谷中的独龙族，在每年的3—8月粮食青黄不接时，都要采集大量的野生动植物作为食物来源，主要有董棕、野山药、葛根、野芋、大百合、板栗、野蒜、各种竹笋、各类蘑菇、各种野蜂的蜂蜜和蜂蛹等。而今，采集这一古老的习俗已经演变为现代的一种休闲方式，并向大众化发展。各地纷纷兴建了杨梅、葡萄、梨、桃、草莓等水果种植园区，吸引休闲者前来体验采摘的乐趣。

（二）休闲与渔业民俗的契合

渔业民俗在“捕鱼文化”中处于重要地位。在母系社会渔猎时代，它是人类获取食物、赖以生存的主要方式之一。不论哪一类渔业区，都有一个共同的特点，那就是他们的民俗活动与经济生产融为一体，具有明显的实用功能，即一切渔业民俗都以有利于这种生产的进行和提高收益为目的。因而，许多渔民出海时，都要举行祭祀，以请求海神和渔民行业的神祇，保佑捕鱼获得丰收，人们平安归来。

据史载，早在夏商周时期，帝王就对大海祭礼。公元前219—前210年，秦始皇统一华夏大地后，曾三次巡抚胶东半岛，并派徐福出海寻三神山，觅求长生不老药，出海时“清得斋戒，与童男女求之”，以祭海神，故在胶南琅琊山留下祭海坛遗址。渔民崇信龙王、水神、妈祖、海神、河伯，认为他们可以使自己得福免祸，因而沿海一带在

① 汪宁生：《文化人类学调查——正确认识社会的方法》，文物出版社1996年版，第63页。

春季开始之时都会举办盛大的祭海。主要就是祭祀海神，向海神祈祷出海的船只能够平安归来，同时在渔猎的时候能够满载而归。在科技不发达的古代，虽然已经有关于气象与海洋的观测体系，但面对变幻未知的大海，人们依然习惯于把生死祸福寄托在“神灵”的身上，海神也就当之无愧成为人们每年正月间必要祭拜之神。一般祭海神地点都会选在沙滩上，人们在沙滩上摆上祭坛，再把海神从庙中请出来，在出海之前为海神奉上祭品，通常会在祭台上摆上“三牲”和糕点，再点上香火，由渔村里德高望重的老人率领村民一起拜祭。先放鞭炮，由小男孩点上香烛后，老者就开始念读祭文，祭文读毕后向大海放生各类鱼虾。然后众人就开始了祭海的狂欢性表演，有踩高跷的、舞狮的、耍龙的，还有唱大戏的，各类演出轮番上演，民众乐意陶陶，摩肩接踵，热闹非凡。在正月的祭海后，到了农历六月的时候，夏季捕鱼结束，依然要再次举行祭海，一是为了庆祝丰收，二是为了感谢海神的庇护。如果当年没有丰收的话，也要向海神祈祷，希望得到海神的庇护，以在来年的出海中能够满载而归。总之，海神在渔民心中已经实体化为一位有思想、有灵性、有神力的人，这样的祭祀是为了让海神能够看到听到并得到他的恩惠。这样的祭海活动通常会热闹三天，不但渔民们表达了自己的愿望，商贩们也在这样的活动中得到实惠。到了今天，这样的狂欢已不再是一种单纯的祭祀活动，祭海的内容也由祭神变成欢送渔民出海，预祝渔业丰收的盛大节日——开渔节。云南江川县在每年年底都要举行“千人竞帆、万人捕鱼”的开渔节。持续 20 天的开渔节，每天清晨渔民们家家户户扶老携幼来到河边，焦急地等待捕鱼时间的到来。看到开湖的信号弹在空中划过，围聚在湖边的上千条船如箭一般驶出，渔民们奋力划桨，抢占最佳的捕鱼位置。一时间，星云湖上布满大大小小各种渔船，远远望去，景象颇为壮观。在这期间，每天大概有 8 万人到这里买鱼，因而除了在鲜鱼市场，星云湖一带延伸至县城及主要公路干道的两边都摆放着各种鲜鱼供人挑选。同时，按照习俗，当地人不论贫富，这几天都要吃鱼，以表示庆祝。除此之外，诸如垂钓、赏鱼、水上运动等与古老渔业民俗有关的多种休闲活动方式也正在发展起来。

（三）休闲与游牧民俗的契合

畜牧生产模式与习俗的形成主要是由特定的畜牧群体所处的栖息地的自然环境条件所决定的。在游牧地区，牧民们经常逐水草而居，他们对牲畜的饲养特别用心，并积累了相当丰富的饲养经验，因为牲畜就是他们的食物和财产的主要基础。在农耕地区，牲畜则是耕作、运输中重要的动力资源。在云贵高原与青藏高原之间，自古便存在一条让人心生敬意的崎岖驿道，这条驿道曲折于高山深谷中，随着马铃声在今天得到人们的关注。每次走在这条驿道上，都会看到当年马帮走过的蹄印，不但印证着历史，也印证着那段商务运输的传奇。这条驿道便是现在家喻户晓的茶马古道，一条由牲畜动力资源所创造的奇迹之路。

茶马古道涉及中国最初的茶马交易。最早是在南北朝，用茶叶在蒙古边境交换马匹。这项交易不但形成了一种贸易方式，也成为当时的治边政策。自隋唐始，中国的茶叶便经过这样的贸易手段，从蒙古的回纥地区走向了亚洲、俄罗斯与欧洲。这样繁盛的边贸集市同时也孕育出了一条充满传奇色彩的马帮之路。马帮成为这条传奇驿道的主要运输方式，畜牧生产模式到了今天则变迁成为一条吸引各方休闲者玩味体验的休闲之旅。

围绕这条古道，人们发掘了其商贸因素，也发现了其文化因素。当时古道主要走两条线路，一条是从四川到尼泊乐和印度，一条是从云南普洱到西藏再到缅甸、尼泊尔和印度。两条线路都长达三千多公里，沿途则分布着或长或短的边贸支线，连接了云南、西藏和四川。马帮每次驮上茶叶，便走上了一条创造文化之旅。在这条线路上，融合了纳西文化、白族文化与藏族文化，不但有虔诚的信徒沿路绘制了精美的玛尼堆和各类雕刻，也有马帮作为媒介传播了藏传佛教的要义，这样的民族文化大融合使这条历经沧桑的驿道有了不同于其他驿道的历史沉淀与文化内涵。1000多年的时光中，这条传奇的驿道不但促进了边贸集市的发展，也使沿途的宗教艺术文化得以繁荣。如今走在这条驿道上，似乎置身一条文化大走廊，尽管不见了马帮，但石阶上的马蹄印依然诉说着牲畜资源的游牧习俗。

如今，这样古老的记忆已经成为一种休闲体验资源，吸引着无数人的眼眸，因为在这里，可以体验到一种绝世的沧桑、惊喜、刺激和生生不息的荣耀与光辉。

（四）休闲与农业民俗的契合

农业与狩猎与渔猎不同，后两者虽然都会有收获，但更多地依靠天时，如果民族迁徙的话，也就相应带来了收成的不稳定；前者虽然也依天时而作，但因为有地利的优势而具有了相对稳定的特点。当然，农业耕作也会遇到来自大自然的各类灾荒，而且要依据季节的变换来进行劳作，但其稳定的优势依然非常显著，所以农业耕作方式也就成为中国主要的物质生产方式。这样的生产方式同时也就决定了先民的生活方式，而生活方式也就随之决定了人们的饮食需求与体性特征，而所有这些因素最终形成的是在这个区域先民的文化，所以各类区域有不同的生产特质，也有不同的人种特征。文化随之带来的是这个区域人们的惯常的行为方式和思维方式，而其中又蕴含着民众的各类价值取向。这是一种环环相扣的关系。农业生产在耕作方式上经历了火耕①—锄耕—犁耕的不同阶段，在制度上也经历了不同的耕作阶段，在这漫长的历史发展过程中，农事休闲民俗总是依附在靠天吃饭的农事信仰祭祀活动中，使人们的精神得以安慰，身心得以松弛。早在19世纪，农业民俗休闲活动成为现代人逃避工业城市污染和快节奏生活方式的一个途径，而在西方发达国家开始发展起来。中国的现代农业民俗休闲活动发展较晚，始于20世纪90年代后期，其不仅为

① 所谓“火耕”，是水稻收割后，秋冬时节将留在田间的稻秆以及杂草放火焚烧，化作灰肥。“水耨”，是在水稻生长到一定程度后适时除掉伴随而生的杂草，并灌水将耨断的杂草沤腐，化作肥料。经过这种改革，水稻产量有了提高。

城市居民提供了新的休闲活动方式，而且对促进农业产业结构调整、增加农民收入、充分利用农村剩余劳动力资源、推进农村经济社会可持续发展，都具有重要意义。

昆明是云南境内最早开展“农家乐”的地方，从当初仅仅在昆明一个城市，到今天昆明周边区县的“农家乐”遍地开花用了16年时间。这些农家乐各具特色，不但提高了农户的经济收益，也为休闲者提供了一个可以度假休闲的所在。“农家乐”开辟了一条传统农业与休闲产业相结合的效益性农业发展之路，已成为昆明各县（市）区新的经济增长点，拉动了农户增产增收，调整了农村的产业结构，也繁荣了休闲产品。

如今，有不少人大声疾呼“回归自然”，寻求有此种意义的现代休闲度假场所。可人们感受到的所谓“自然”，其实最多只能称为一块“压缩饼干”。相比之下，昆明周郊的“农家乐”休闲度假地，却无疑是货真价实的回归自然的生态休闲，是对自然生态的良性消费。它的山水、村庄和田园，特别是那些活生生的人，所有这一切在整体上构成了真实而生动的环境。正是由于它是整体意义上的自然，是绝少做作之嫌的乡村生活的一部分，很适合现代城市居民的心理回归和休闲活动的需求。

（五）休闲与工艺民俗的契合

工艺民俗是应和着人们的生产和生活而形成的，传统工艺的创造一开始都是为实用服务的。在传统农耕社会，工艺民俗通常都摄取了大自然的各类形象作为其修饰的纹样，传达着民众对自然的审美与欣赏，通常都蕴涵着一种乐观、向上、积极的休闲精神。

云南工艺民俗资源中有花腰傣竹编、剑川木雕、大理石浮雕、鹤庆银器、铜锡制工艺品、建水紫陶、阿昌刀具、彝族漆器、白族扎染、傣锦、景颇锦、佤锦、壮锦、羽毛画、瓦猫、吹鸡①等，它们早

① 吹鸡是主要流行于彝族、白族地区的一种能吹出“咕咕”声的泥土玩具。

已经转化为民俗休闲商品，只是生产规模较小，产品数量较少。

比如，阿昌族人锻造的背刀、砍刀、腰刀、匕首、宝剑等刀具，以“柔能绕指，利能削铁”而远近闻名。阿昌刀历史悠久，相传明初明军屯垦德宏陇川县阿昌族聚居区户撒坝，阿昌人向屯军学得锻造技术。多少年以来，不少阿昌人以锻造刀具为生。现在，阿昌刀已发展出长刀、短刀、佩剑、生活用刀和生产用刀等类，拥有100多种规模型号的刀具。陇川县从事刀具锻造的，除县及户撒乡两个刀具厂外，还有十几个刀具专业村，400余户800多个个体手工业者。在户撒，无论走进哪个村寨，都可以听到“叮叮当当”的打铁声。各村寨都有个体或集体办的铁匠炉，他们都有自己的一种或两种名优产品，例如来福寨的黑长刀、芒东寨的背刀、芒派寨的刀鞘等，都各具特色。阿昌刀向来以选料考究、淬火超群、锋利无比而著称。现在的阿昌刀已从以前的生产和生活的必需品，更多地转化为一种艺术装饰品了。许多人到了户撒，都会带上一把阿昌刀回家，或摆在案头，或挂在墙上，作为一种艺术装饰品。

在云南，织锦中最具特色的景颇锦也是这样。它色彩艳丽、端庄华贵，看一次就忘不了。景颇锦用途比较广泛，除用于缝制筒裙外，还可制作挎包、被面、枕头、腿套和挂饰等。景颇锦主要有两大类型，一种是黑底红纹锦，这是产量最大的一种。另一种是底为蓝或黑色。景颇锦大多采用几何纹、波浪纹、连续纹等穿插组成的构图方式。常用的纹样有蕨菜芽纹、南瓜藤纹、大棉花纹、牛角弯纹、牛尾纹、虎尾纹、猫爪纹、孔雀纹、蝴蝶纹、鱼纹、彩虹纹、月亮纹、眼睛纹、手掌纹、梭子纹、篾子纹等。景颇锦包罗万象，正如景颇族谚语所说：“筒裙上织着天下的事”，这就是景颇锦的艺术价值和文化价值。

另外，先民们以往制作土陶器也是以实用为先，原料采用特有的红、黄、青、白、紫五色陶土，经过沉淀、半干晒、成型、绘图、雕嵌、烧制而成。制作时，先将所饰山水、花卉等图案绘在陶器泥坯上，再雕刻，并嵌上其他颜色的陶土，然后再烧炼、打磨，使之与陶器完全融为一体后即为成品。现在，出现了许多名号“玩泥巴”“陶巴”“泥巴”的休闲产业商铺，将传统的陶器制作工艺作为商品进行销售，从而使人们在传承传统民间工艺的同时，也享受到了休闲体验的乐趣。

综上所述，物质生产民俗因为与休闲有了互动的体验，故而也有了文化传承的载体。下文笔者将以花腰傣竹编为例辐射整个物质生产民俗的传承与培育，希望在某一物质生产民俗生存维艰时能给予一定的启发，借助休闲实现其文化传承。

四　文化传承是休闲与民俗的结合体

作为非物质文化遗产组成部分的民俗活动，其不仅仅活动本身具有休闲的烙印，在民俗的各种事象中也都具有休闲的象征意义以及在活动中所表现出来的休闲意识。这样一种意识是随着时代的进步而发展的，尤其当休闲成为一种生活态度与生活方式时，其在民俗活动中就更加凸显出来。

在远古时代，先民为了生存，劳作时间便成为先民生活中占绝大部分的重头分配，只有在满足了可以维持生存的劳作时间后，剩下的时光才能用于休憩。但那时的休憩还不是有意义和有意识的休闲活动，只是在维持人们的生存和生活方面发挥着辅助性作用。在那个时代，“生产资料归氏族所有，氏族成员共同劳动，共同消费。在这种生活环境中，自然形成人们的原始共产观念，表现在日常生活中，就是生产中的‘共耕制’和分配中的‘共享制’。民间信仰更是如此。人类早期的自然崇拜、图腾崇拜、巫术占卜等，在氏族和部落社会几乎是每个成员的事。图腾制的一些规范，包括观念和行为规定是十分严格的。从某种意义上讲，图腾制就是氏族社会的社会结构，人们的行为通过信仰观念受到约束。在崇拜图腾的氏族中，大家的共同观念，是图腾物与自己的氏族生存和生活的种种联系，包括血缘联系。

这一观念引申出许多行为禁忌，如图腾物是神圣不可侵犯的，不可有亵渎的行为，万一不小心触犯和伤害了图腾物，要举行一系列赎罪仪式；男子长到一定年龄要举行成年仪式，通过考验仪礼，被接纳为氏族的正式成员；氏族内部严禁通婚；图腾是氏族的保护神，也是氏族的族徽和标志；等等。这一系列禁忌成为氏族社会每个成员的自觉行为规范"①。在这样的规范下，先民们终日劳作，所以，那时的民俗活动还不存在明确的休闲意识。

在古代，私有制的出现让民俗发生了一些形式和内容上的变化，而国家的产生则让民俗变得更加复杂。例如对天象的观测，可以预知自然对农业的影响，再融合平时的农事经验，便形成了农业方面的民俗。就像二十四节气的形成，也是基于农事活动而制定的。在确定了二十四节气之后，在农事活动中融合当地的信仰习俗与民间艺术，于是便形成了一年一度的岁时节日。人们在形成节日的过程中，也慢慢有了关于休闲的意识，这种休闲意识植根于节日文化自由与愉快的土壤中，也让节日民俗成了反映休闲意识存在的最佳载体。

到了工业文明时代，科学技术成为第一生产力，人们以科学技术为手段创造了工业文明的辉煌成就，也膨大了人类的自信心。这个时代人们把自然看作进步的阶梯，而不是与之和谐相处的对象，人类无节制地从自然摄取其想要的任何元素，认为人是可以征服自然的。这也就弱化了自然的神秘力量，也弱化了民俗中的精神信仰力量，甚至这种信仰心理在一定时期消失殆尽。但由原初的信仰所创造出的艺术形式却在文化长河中给予人以美的享受，让人在体味这些美的同时，感受到了身心的愉悦与休息。如春节时贴的门神最早缘于趋吉避邪的桃符，今天演化为木板雕刻神像——神荼、郁垒等，窗花和年画中的习俗寓意也都体现了民众的审美意识和创造智慧。这使休闲成为生活和劳动的媒介，虽然可以从劳动和生活中相对独立出来，但作为劳动力再生产的手段，最终还是为劳动服务。人类创造文化，目的是享

① 钟敬文主编：《民俗学概论》，上海文艺出版社2002年版，第12页。

用。人不可能一直劳动，人在劳动之后有休息的需求，在休息中还有娱乐的需求。在放松身心、休养精神的时候，就可以享受人类自己创造的文化成果。诸如依节令而产生的节日、游戏、文艺、体育等活动，成为生活的调节剂。在这个重视生产、重视物质的劳动支配型社会，“民俗活动中的娱乐、宣泄、补偿等方式使人类社会生活和心理本能得到调节”①，民俗活动在劳动间隙开始在精神领域与休闲需求相叠合。

步入后工业社会，休闲需要开始“内生”于人类的需要体系，休闲成为劳动之外的人的心理需求，它包括了对文化的欣赏、体验、创造与建构。实现休闲的价值，不在于其实用目的，而在于附加于休闲活动或休闲行为之中的精神体验，一种关于审美的体验，一种关于道德的体验，一种关于超越的体验。休闲的非实用性是人们精神超越的基础。因此，在这个时代，休闲被誉为“一种文化基础”，“一种精神状态，是灵魂存在的条件”，“它是一种对社会发展的进程具有校正、平衡、弥补功能的文化精神力量”②。所以，休闲包含了精神世界的所有要素，也包括了对价值与世界的解读。民俗活动“本身便与休闲生活有着千丝万缕的联系，当人作为民俗体验的主体时，从各种民俗活动中享受到一种自然状态的快乐后，民俗活动在精神领域即成为一种自觉的、主动的和积极的休闲方式。无论是物质民俗活动还是精神民俗活动，在人类的精神体验领域中都可以成为一种自觉的休闲体验方式，人们通过体验自身社会或异域民族的民俗来获取新知与经历，愉悦心情，从而使身心得到放松，最终达到实现自我需求的目的”③。

马斯洛认为，“人类的发展取向与动机都可经由人的种种需求来寻出踪迹，这些需求通常可从其活动与作为中去探寻，不管它是显而

① 钟敬文主编：《民俗学概论》，上海文艺出版社 2002 年版，第 32 页。

② ［美］约翰·凯利：《走向自由——休闲社会学新论》，云南人民出版社 2000 年版，第 24 页。

③ 刘婷：《民俗休闲文化论》，云南人民出版社 2009 年版，第 65 页。

易见的还是隐藏的"[①]。这种推论成为了解民俗活动与休闲生活在精神领域叠合的基础。马斯洛认为人的需求可以分成生理需求、安全需求、社交需求、尊重需求和自我实现需求五类，依次由较低层次到较高层次。[②] 生理需求主要为了满足人类对衣食住行等方面的要求。安全需求则是人类对自身、财产等方面的安全要求。社交需求是对友情的需求以及归属群体的情感需求。尊重需求是对人内心自信与外在尊重的需求。自我实现需求则指实现理想的需求，以在实现理想的基础上完成对自我价值的认同，从而使人感觉到快乐。

当人类的"生理、安全、爱、自尊等基本需求得到满足时，成长的需求也将逐渐增强，这些都是人性的本质。自我实现是心理健康者的表现，是适度满足匮乏需求之后，进展到更高层次的动机状态"[③]。由此，休闲需要开始"内生"于人类的自我实现需要系统中，成为人类需求层次中的最高需求层次。当民俗活动成为这种需求的载体时，也就为人们提供了一个体验自身或他人文化、重新评价和发现自我的机会，回归到一种简单而古朴的人文环境中，追求个性的成长与发展的途径，追求成长中的真善美等存在价值，充分展现潜能，发扬个性，实现自我追求。

事实上，有的民俗活动就是应这种需要而产生的，如古希腊罗马的酒神节，人们在节日里饮酒狂欢，日常生活中的种种禁忌全被打破。有机会把自己放置于不同的情境中，就能更加准确、全面、清晰地了解自己，在没有任何压力的情况下，使自己有机会发现自己的内在能量，以及这种能量所能创造的奇迹。这便导致了对于现存自我身份感知的修订，提高自我价值的感觉，重新评价自己的生活方式。这样的狂欢节日，在许多民族的历史上和现实中都存在。中国古代的上

---

① ［美］弗兰克·G. 戈布尔：《第三思潮——马斯洛心理学》，上海译文出版社2001年版，第42页。

② 同上书，第43页。

③ 同上书，第44页。

巳节，也属于类似性质。《周礼》载：“仲春之月，令会男女，于是时也，奔者不禁。”现代一些少数民族的节日，如傣族的泼水节、蒙古族的那达慕等，也有这种作用。在健康、积极的休闲生活中，主体是自由的，也不存在异化现象，成为人实现自我认同与全面发展的自由的时空存在。在这样的时空范围中，人受到的束缚相对较少，而可以充分发挥自己的爱好，在享受爱好所带来的愉悦情感中感知自我价值的实现。这是在另一种意义上的精神飞跃与愉悦性体验，也是休闲与民俗所相互交融的境界。

总而言之，综观国内的文化遗产保护实践，政府在民族文化保护的进程中是处于主导地位的，一些智库机构或是学术团体在文化保护进程中充当了执行或是指导的角色。但从属于民族文化的民众对保护的参与度总体来说是不高的。因此，文化的保护与传承，如果建立在休闲基础之上由全体社会公众共同参与的话，那也就在田间地头无形中重塑了少数民族的文化自觉并实现最具可持续性发展的文化传承。作为广义的民族文化资源的拥有者，民众也应该在休闲体验中自觉保护民族文化多样性，参与到保护与传承文化的进程中。只有这样，才能真正实现休闲认同下民俗的文化传承。

五　小结

本章对各民族的生产民俗与休闲转向之间的关系，对从手段到目的的休闲、从生存到休闲的民俗、休闲与民俗相互交融而实现的文化传承作了理论上的探讨，厘清了三者之间的关系并提出了笔者自己对休闲的理解以及休闲与民俗叠合交融的观点：在健康、积极的休闲生活中，主体是自由的，也不存在异化现象，成为人实现自我认同与全面发展的自由的时空存在。在这样的时空范围中，人受到的束缚相对较少，而可以充分发挥自己的爱好，在享受爱好所带来的愉悦情感中感知自我价值的实现。这是在另一种意义上的精神飞跃与愉悦性体验，也是休闲与民俗所相互交融的境界。

基于以上背景，如何用休闲艺术与休闲认同事实探讨艺术主体与艺术作品之间的休闲关系，梳理其生存活动的族群休闲生活网络的形成，比较其在不同时空的呈现，从而加深对休闲与民俗艺术关系的理解，尤其是在艺术形式不断失语、他者化的语境下，如何还原艺术的休闲本质，同时，彰显艺术人类学对民俗艺术的解读能力，探索艺术和休闲之间的深层关系，正是本书所要探讨的理论诉求。

第二章

文化自觉下元江羊街哈尼族棕扇舞的休闲传承

节庆民俗是一种文化，它在一定的文化环境中生成，带有鲜明的历史和文化烙印，不同文化环境下生成的节庆民俗具有不同的特点，少数民族的节庆民俗就有其独特的风貌。需要特别强调的是，节庆民俗与休闲生活具有密切的联系：首先，从节庆与休闲的关系看，休闲本是节庆民俗活动的重要内容之一，许多节庆本来就带有休闲活动的内容；同时，节庆以其特殊的有利条件和多姿多彩的民俗内容吸引休闲者，使其成为最佳的休闲时段。其次，从休闲对节庆的影响来说，对休闲和体验的向往能吸引更多的人参加节庆活动，使传统民俗节庆焕发新的活力，促使节庆方式不断创新和新的节庆民俗不断发展，二者之间是互相依赖、互相促进的关系。

本章以元江羊街乡垤霞村委会尼果上寨村民小组的棕扇舞为例，探讨少数民族舞蹈是怎样在休闲活动中实现文化传承的。棕扇舞从原本的祭祀舞蹈转变为如今的节庆舞蹈，其动力有文化变迁的原因，也有时代的推力。哈尼棕扇舞从传承培育到如今的兴盛，已经形成一个较为成熟的传承体系。当然，笔者在调研中也发现，棕扇舞的传承也存在着资金输血的问题。如果民俗文化的传承过分依赖外来的经济支持，在没有形成可以支撑自我传承体系循环运作的功能时，一旦资金链断裂，那会使这一民俗事象失传甚至毁灭。如何解决这些问题，实现棕扇舞真正的文化传承？笔者认为，文化自觉下的休闲是一种重要的传承方式，即使在所有输血功能撤出以后，该传承方式仍然可以实现民俗的文化传承。

一 羊街乡尼果上寨的哈尼族民俗文化背景

云南省元江哈尼族彝族傣族自治县位于云南省中南部，地处红河流域元江中上游，是以哈尼族居多、多个少数民族和睦共处的少数民族自治县。元江县2000多年前新石器时期的它克崖画说明，早在原始社会时期就有人类在这里繁衍生息。羊街乡位于元江县东南部的哀牢山区，全乡土地总面积202.05平方公里，乡政府驻地羊街村，距县城45公里，辖6个村民委员会，53个自然村，54个村民小组，总人口17912人。居住着哈尼族、彝族、拉祜族等少数民族，其中哈尼族（糯比支系）占总人口的87%。

笔者选择的调研点尼果上寨村民小组位于羊街乡境内元那公路沿线，隶属于羊街乡垤霞村委会，平均海拔近1700米，全村71户、278人。村庄距乡政府驻地11公里，距元江县城57公里，地处方位南接垤霞村委会，东靠那诺乡，北邻红河县。村内自然风光优美，人文景观奇特，曾经是羊街、那诺两乡“金星九龙街”的活动中心。羊街乡境内哈尼族的居住、生产、生活等方式均有其传统底蕴。虽无哈尼族文字，但有哈尼族语言和口头文学。现在这些口头文学被记录下来并镌刻在了村民房屋的墙壁上，以润物细无声的方式浸润着哈尼族人民的自信与自豪。在漫漫历史长河中，哈尼族先民不仅开创了享誉世界的梯田稻作文化，并在其不断地繁衍生息的年代和赖以生存的环境中，孕育了丰富多彩的哈尼民族文化，传承至今。

哈尼族的风俗由于其支系繁多，所以也相应繁杂。各个支系间的风俗并不相同，笔者在田野中仅仅以羊街哈尼族的习俗为主。而羊街乡尼果上寨的民族文化资源均包蕴于其思想、生产、生活及居住当中，笔者仅在其中选择了生态思想、居住、饮食、服饰等与休闲相关的民族文化资源进行阐述，因为这些民族文化资源与哈尼族的棕扇舞息息相关，不但是培育其成长的温床，也是休闲条件得以成熟的因素。

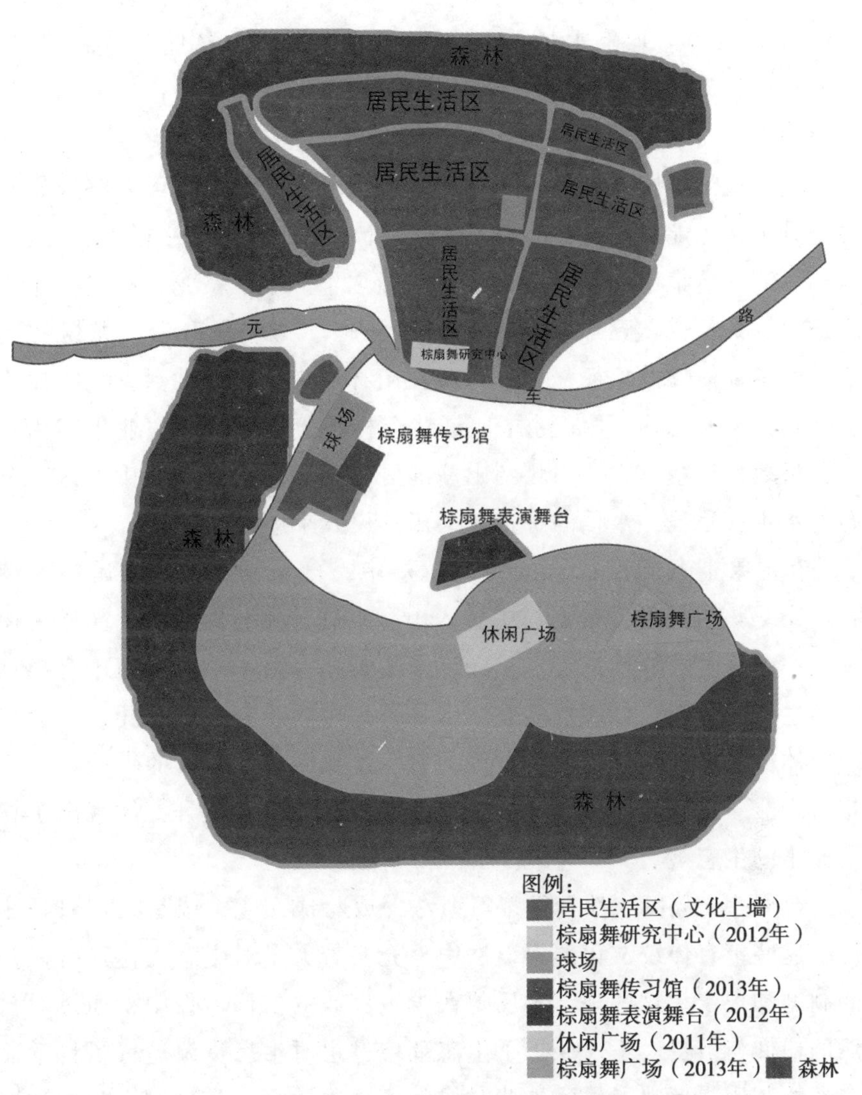

图 2-1　元江县羊街乡尼果上寨自然资源及文化空间图

（一）生态思想和知识

尼果上寨村民小组位于“迷都普思”（“迷都”在哈尼语中是

“美女”之意，“普思”是广场）半山腰处，平均海拔1700米，年均气温18.5℃，年均降水量1459毫米，植被众多，林地覆盖面积广。主要种植杉木、松树、柏树等温寒带植物，形成颇具特色的原始森林植被景观。而且至今尚未被开发，其间树林绵长，种类繁多，山高坡陡，垂直植被鲜明，极具特色。路旁各色草木繁盛，近可领略原始森林的景观，远能品味梯田云雾缭绕的情趣。村后有一片杉木、栎树、棕榈、灌木丛集中的茂密山林，是“哈尼十月年”祭龙日村民一年一度祭祀牲畜长成、五谷丰登的“祭祀圣地”，被村民奉为“龙树林”，是村民精神信仰的象征，严禁村民在山林中进行破坏性活动，不然将会受到神灵的惩罚。“龙树林”是整个村寨生活用水和农业生产用水的源泉地。村寨下方、山腰到山麓地区是村民的主要农业生产区，分布着水田和旱地，水稻的种植以梯田的模式来进行。

在尼果上寨哈尼群众的传统思想中，自先辈始就把村后“龙树林”奉为该村的神，禁止村民进入山林中进行破坏性活动，如砍伐树木、在山林中放养牲畜等。只允许采集野菜、菌子等取之而不会损坏山林生态的活动。如果发生破坏山林行为则会受到神的惩罚，如会出现山体滑坡、山洪暴发、雷击等灾害，这就需要在族长的带领之下祭祀、告罪、祈求原谅才能消灾。这种对山林的顶礼膜拜，体现出了村民原生的生态观。

云南的少数民族都有很多习惯法，或写成文字，或是人们口耳相传，这些带有传统文化的习惯法中，充实着大量对生态文化进行保护的制度和规定。这些规定多反映在少数民族的信仰习俗中，通过对自然的信仰与敬畏，不仅保护了生态环境，也对生态资源进行了科学而合理的利用。反映了村民先辈时候就已注重权衡人与自然之间的和谐关系，以自然宗教的形式要求人们保护大自然，达到生态调节的功能。

尼果上寨村民的生态思想使其周围的山脉郁郁葱葱，不仅没有砍伐树木的行为，而且把森林作为了其所崇拜的对象，这一思想成为维系哈尼族社会传统社会关系以及与自然之间和谐共存的法则。只有对自己所居住的环境有着思想深处的敬畏，才能深刻理解人与自然的关系，也才能够在行为中真正地保护与爱惜环境。这样，人与自然之间形成良好的可持续循环系统，不但利于人类的生生不息，也利于环境的合理再生。因此，尼果上寨哈尼族的生态思想在人类处理其与自然的关系过程中起着非常重要的作用。

从哈尼族本身来说，这样的环境承载着他们的信仰、他们的神灵。大山的灵气浸泽着哈尼族民众，也护卫着他们家园的安全。安全与安心的环境便成为哈尼族民众可以尽情休闲的保障。同时，也正因为这样的生态思想为哈尼族的聚居地营造了非常美丽的外部环境，仅在自然上就成为外来休闲者的首选地。在这样的环境中，外来休闲者不但可以放松身心呼吸新鲜空气，也能在美景中体验到感悟自然的愉悦。

（二）建筑文化和居住方式

哈尼族建寨时喜欢选择向阳的山坡，依靠着坚实的山脉与茂盛的森林，村前则是层层叠叠的梯田。哈尼族不同的支系有不同的建筑样式和居室摆设。一般的住房是土木结构，偶尔也会有用泥巴敷出来的篱笆墙。有的屋顶是平坦的“土掌房”用来作农作物的晒场，也有的用茅草覆盖在屋顶的斜面上。当地民众把用泥土封顶后再覆盖上一些茅草的房子叫作“封火房”，其最大的作用便是防止火灾的蔓延。如果遇到火灾，封火房最多把屋顶的茅草烧掉，室内则因为用泥土封好隔绝了可燃烧的材质而安然无恙。这是哈尼族民众在长久的居住与建筑历史中摸索出来的防火经验。

羊街哈尼族的住房一般是土木结构，多用土基砌墙，使用木柱和平梁的“人字形”茅草房为典型。大部分盖三间两层，底层养牲畜，二楼住人，三楼堆放粮食等杂物。屋顶是四斜面，包括正房、两边耳房或毛草房。正房一般高出一层，耳房要低一层。

房屋正间的门朝阳开设，入内便是“奎朗”，是招待客人吃饭的地方。笔者到村民家中调研时，常看到串门的亲朋好友们坐在“奎

图 2-2 尼果上寨的哈尼族房屋

朗”门口吸着烟筒大话家常。正厅正方是一张供桌，哈尼语称为“邦勾”，是供奉祖先的地方。但桌上并没有祖先的牌位，只是在“邦勾”上方楼板与墙壁的夹缝中插了三块小篱笆，篱笆旁边有几根黑色的谷穗和芦苇，很忌讳旁人碰触，说是预备给祖先歇脚的。每逢节日，男主人会将饭菜准备好放入一个小簸箕里敬献给祖先，祈求祖先的福佑。“奎朗”的右边用来存放家里需要的一些物品，如米、食物、衣服、家具等，哈尼语叫作“巴罗”。“奎朗”的左边则是做饭的地方，并排着三个火塘，一个有铁三脚架的用来做菜和烤火，一个支着蒸锅的用来蒸饭，一个用来煮猪食，各有各的功能。火塘上方还挂着一层用竹篾编出来的“火课”，用来熏烤食物。由于长期的火塘熏烤，靠近火塘周围的墙壁和柱子上都蒙上了厚厚的黑色烟灰。由于通气的窗子和气孔不多，所以室内非常温暖，但也导致光线昏暗。

哈尼族的火塘是家中一个神圣的地方，很忌讳别人跨过或用脚蹬，作为家里最温暖的地方，火塘从不熄灭。哈尼族民众在结束了一天的劳作后坐在火塘边，和至亲至爱的亲人谈笑聊天，听老人讲述宗族的历史或是有趣的民间故事，孩子们则跟着老一辈学习永远也唱不完的歌谣，其乐融融，一天的劳累也就烟消云散了。故而，围聚在火塘周围的闲适让人们身心放松，成为哈尼族民众休闲文化中的组成因素。

正房外稍低的小耳房则是预备给儿子住的。儿女成年后就得搬出

图 2-3　哈尼族房屋中的火塘

正房，到耳房居住。羊街的耳房有呈斜顶样式的，也有可以用作晒场的平顶的“土掌房”。

特别值得注意是，羊街的住房外墙壁都被粉刷成白色，有的画上哈尼族男女正在跳棕扇舞的姿态，有的用蓝色边框写上了哈尼族的历史、棕扇舞的来历以及一些哈尼族的民间故事。这让住房的墙壁成为文化传承的一个载体。羊街的王副乡长这样说：“有的年轻人长大后便出外打工，回来后都不知道自己民族的历史和文化，现在把自己民族的历史和文化画在墙上，不但可以让人们铭记自己的历史，也可以把文化以孩童喜闻乐见的形式传授给他们。这样哈尼族的文化不会断，哈尼族的人们都以自己是哈尼族为骄傲。”这就是一个民族的文化自豪感，在意识到自己文化的价值之后从文化自觉转向了文化自豪。这样的自豪感让民众有了把自己文化传承下去的强烈意愿。

图 2-4　尼果上寨建筑物的墙壁上画着棕扇舞的舞蹈套路

"'莫搓搓'是哈尼人的一种隆重的丧葬仪式，只为正常死亡的高龄老人举行，一般无儿无女或非正常死亡的人不举行'莫搓搓'。过去凡举行'莫搓搓'的，灵柩要在家中留置三五个月。留置灵柩期间，每天早晚饭前要放三响土炮，每十二天举行一次隆重的守灵仪式，称为'莫伤'。'莫伤'当天，午餐要杀鸡宰羊，请村里长辈男子和外村近亲到丧家吃喝，唱送葬酒歌。当晚，本村和外村的青年男女聚集在丧家的房前屋后，吹拉弹唱，举行'莫搓搓'。'莫'为老者，'搓'为跳，意思是：为死去的老人跳舞蹈。以棕扇舞为主的哈尼族舞蹈活动是'莫搓搓'的主要内容。舞蹈场上，人们竞相展示舞技，以博得赞赏。平时，哈尼习俗严禁青年男女在公开场合演唱情歌，尤其当本家族的异性在场时，更是严格禁止。而此时，各种禁忌都被推翻，尤其是未婚的年轻人，特别地被允许狂欢。深夜，模拟动物交配的舞蹈动作逐渐上场。棕扇舞使人心情愉悦、亢奋、情绪激昂。对身体的展示不仅是情感的催化剂，也能促进异性选择，人种改良。舞蹈场上的哈尼男女公开地谈情说爱，选择对象，酝酿结合，尽情享受男欢女爱。鼓声响起来，舞蹈场上热闹非凡，人们陷入狂放的欢乐中通宵达旦，不能自拔。"

"'开秧门'。阳春三月，按照哈尼人的传统习俗，歌手和老者们开始唱'春耕歌'了，人们听到后，都忙着下田做活。田做好以后，人们在观测天象，推测吉日，准备开秧门了。'秧门'一开，全寨子就开始栽秧了。哈尼山寨的栽秧是最热闹的，男男女女，老老少少全部出动，从梯田头栽到梯田尾。不管栽哪家的田，人们都相互帮助，各尽其能，若在相帮的人群中有歌手，主人家便请他在田边为栽秧的人唱歌，以此增进友谊、增强活力、鼓足干劲解除疲劳。'开秧门'这种传统习俗，现在更加发扬光大了，使鳏寡孤独，从春耕到秋收，均有人无偿相帮，将金黄的谷子收进仓房，表现出哈尼族团结互助、仁义道德的高尚风格。"

阅读文字，虽有一些错别字，语法也偶有不通顺的地方，但可以把自己民族节日的渊源、表现以及文化含义直接写在墙上展示给村民和外来休闲者观摩，应该说也是一种文化传承的方式。

除此之外，还有涉及民间故事、哈尼族史诗以及服饰的文字也写到了墙壁上。比如“哈尼族人何以尚黑”“哈尼宽筒裤的内涵”“哈尼族绣花色尖鞋的来源”等。

而且村里的厕所也由于文化发展的带动做了修缮，用青砖盖起了具有古典造型的房子，房顶用青瓦铺上，置于村子的入口处。既显眼也方便了村民和休闲者。这其实成为休闲资源中的硬件配套设施，提升了村子整体的文化素养。

羊街乡尼果上寨棕扇舞传承人倪伟顺老人的住宅也做了对哈尼族文化方面的改造。倪伟顺现任羊街乡文化事业管理服务中心主任，玉溪师院聂耳音乐学院终身客座教授，并历任元江县政协第二届至第七届委员。倪伟顺被命名为市级非物质文化遗产代表性传承人。

乡党委让倪伟顺把住宅专门腾出几间，在住宅外墙以图片形式彩绘哈尼族游牧迁徙过程，室内着力打造哈尼族民族民间文化及棕扇舞文化发掘、整理、传承展览室。展览主要分为四个板块，一是哈尼文化传承人倪伟顺个人成就展览，包括倪伟顺个人简介、工作开展经历(棕扇舞的发掘、整理、传承及推广展演)、哈尼族文化研究方面取得的成就（图片资料及文艺书籍作品展览）、获得的荣誉（各类奖状、证书)；二是哈尼族服装服饰展览，主要收集哈尼族人民在各种节庆及红白事之际不同的穿着服装、服饰，分哈尼族各支系展览，服装服饰展览配以简单的文字说明；三是哈尼族生产生活用具展览，收集展示哈尼族梯田稻作农耕用具、社会生活中的祭祀用具、棕扇舞表演乐器及道具、日常生活用具等；四是棕扇舞活体展演，由倪伟顺带领“棕扇舞”文艺队现场为参观、游览的嘉宾边歌边舞，让到场嘉宾切身体验一场哈尼族棕扇舞盛宴，以达到通过嘉宾口耳相传来免费宣传哈尼族民族民间文化及棕扇舞文化的目的。

（三）食物与饮食文化

杰弗瑞·戈比认为：“我们大部分饮食常常不是出于生理需要，

而是为了获得愉悦的感受。”“吃饭并不是仅仅为了活着，而是一种休闲形式，所以我们大多数人的食用量早已超过了生存所需。”① 饮食可以成为有意义的休闲体验，甚至可以从中获得“畅爽”② 的体验。关于吃，奇克森特米哈伊发现：“要把吃从纯粹的生理需求转换成一种畅爽的体验，人们必须从关注吃的内容开始……培养对饮食的独特兴趣，同培养其他一样，需要投入相当的精力。但是这些投入的精力将以一种更丰富的体验使你感到有数倍的回报。真正喜爱吃的人会随时间的增加对某一种特定的烹饪风格发生兴趣，并希望探求其历史渊源，了解其独特的性质……与其他与身体技能相关的畅资源（flow resource），如体育、性和视觉体验一样，一旦掌握了其中的奥秘，味觉的培养也将使人感到快乐。”③ 可见，“吃”成了有意义的事情，成为休闲中不可或缺的要素，人们能够从中获得更为丰富的体验。

羊街乡哈尼族主要以大米或苞谷为主食，逢年过节家家要吃汤圆、糯米饭或用糯米舂成的粑粑，这种粑粑在哈尼族中广受欢迎。一般做成圆形，再用芭蕉叶包起，吃起来有糯米的香糯，也有苦荞的清香。常有哈尼族妇女在家做好后挑到节日的街子（云南方言，指集市）上卖，两块钱一个，生意非常好。

过年时，哈尼族喜欢烤小猪、习惯腌腊肉，味道香脆可口。在杀猪或宰羊时，哈尼族喜欢吃血旺（也就是用瘦肉炒了后加作料，再用猪血搅拌而做成的菜品）。用黄豆做原料晒干后腌制成特别风味的豆豉。哈尼族还喜欢吃酸辣的食品，擅长腌青菜、萝卜、牛排骨，味道非常鲜美。腌制食品是为备蔬菜淡季时补充维生素食用。男人一般嗜酒、烟、茶，少部分妇女也会抽烟喝酒，有的自己会酿制白酒，尤其

---

① ［美］杰弗瑞·戈比：《你生命中的休闲》，云南人民出版社 2000 年版，第 334 页。

② 依据李仲广、卢昌崇《基础休闲学》，社会科学文献出版社 2004 年版。文中把英文术语“flow”译为“畅爽”。也有学者译之为畅、心流、神迷或沉浸、快感等。

③ Csikszentmihalyi Mihaly：*Flow：The Psychology of Optimal Experience*，New York：Harper And Row，1990.

是“小焖锅酒”，自饮或招待亲朋好友。

羊街乡尼果上寨自古就有哈尼族人民自行烤制的“哈尼焖锅酒”，每逢节庆及婚丧嫁娶，都以哈尼焖锅酒为宴席上的主要饮品。“哈尼焖锅酒”主要是纯粮食酒，以稻谷、玉米、荞子、麦子、高粱等粮食作物为原料，分为两类，一类是单独的一种粮食烤制，一类是几种粮食混合在一起烤制的粮食杂酒。“哈尼焖锅酒”烤制工艺简单粗放，但也已形成了其独特的流程，哈尼焖锅烤制的粮食酒浓郁醇香，品饮过后满嘴余香，且因纯粮食纯手工烤制，饮后对人体的伤害较少，酒醉人舒心，别有一番妙趣。羊街乡尼果上寨“哈尼焖锅酒”烤制属于家庭作坊式，零散不集中，没有形成统一规模，达不到统一的市场监管规格，但酒度、纯度、味道都各有千秋。

云南山区民族一般自酿水酒、米酒，坝区民族一般是烤玉米酒、高粱酒。饮酒适量，除了可以养生之外，最大的作用可能是可以让人获得一种兴奋愉悦的感觉。韩愈有《酒趣》一诗，说的是酒能令人体验陶冶心情之乐，畅人胸襟，兴人文思，似醉非醉，身心放松。这确实表达了人性中彻底解放了的畅爽的一面，这样的休闲状态是一种放松自如、畅然悠游的生命本真状态。哈尼族也不例外，在羊街，哈尼族或豪放地大碗喝酒，或围坐火塘小口品酒谈天说地，古朴而豪爽，自然而和谐，这样的豪爽与畅快便有了精神闲适的价值。

除了饮酒以外，羊街哈尼族还喜欢饮茶。茶树在山中分布极广，听村中老人说，哈尼族应是我国最早种植茶叶的民族之一。羊街的哈尼族主要用土罐来烤茶，把茶叶放在土罐里放火塘上不停炒焙变黄后，放入清水煨煮。煮出来的茶很酽，颜色深褐，味道浓烈，非常提神解暑。

随着羊街乡生猪、牛、羊、马等畜牧养殖业日渐壮大，不但满足乡内供给，还能销往外地，特别是该乡养殖的“小耳朵猪”（当地人俗称“小冬瓜猪”）个子小，长得慢，单猪体重最多只能达到200多斤左右，但这种猪的肉丝细腻，肉质鲜嫩滑口，于是便成了哈尼族传统风味——烤小乳猪、煮整只小乳猪等宴席上款待贵客必不可少的佳肴。就是以“小耳朵猪”为主料变换各种烹饪方法，深得当地哈尼族人民的喜爱，也获得外来嘉宾的诸多赞誉。羊街乡“小耳朵猪”生猪养殖几乎遍及村村寨寨、家家户户，也有形成了一定规模的，即羊街乡马鞍山“郑氏企业”生猪养殖场，占地 20 多亩，前期投入 200 多万元，目前存栏 800 多头生猪，其中有 100 多头“小耳朵猪”（主要是“小耳朵猪”种猪）。

“工业化的迅速发展，推动着社会进步，但也给人们的生存环境甚至食物带来污染。大量化肥、农药、激素的施用，对人们的健康造成了威胁。呼唤绿色食物，成为注重健康的现代人新的追求。”① 深处哀牢山的羊街几乎没有工业污染，所出产的食物基本上是天然绿色食品。这样的食品也保证了人们身体的健康。

尼果哈尼族有传统的“长街宴”，新鲜生态的食物非常可口。笔者参加了尼果上寨的“十月年”，不但品尝到美味的食物，也看到了节日给人们带来的快乐与愉悦。一桌桌篾筛上摆着黄糯米、鸡蛋、腊肉、鸡、冬瓜排骨、白肉、豆腐、花生龙爪菜、魔芋，配以米酒。亲朋好友身着盛装，摩肩接踵，坐在人山人海的席间，瞬间便被哈尼的歌、哈尼的舞淹没，美景美食美舞，谈笑风生、酣畅淋漓。

（四）服饰文化

尼果上寨的哈尼族一般喜欢用织布机自己织出土布，再用自己染织的藏青色土布做衣服。他们男子多穿对襟上衣和宽腰长裤，有的内穿白色、外套藏青上衣；一般男子用黑布裹衣，也有戴圆帽和瓜皮小帽的。妇女多穿右襟无领上衣，下穿长裤或裙子，也有的穿长衣短裤和长衣长裤，还有的穿几层拼配的长衣和裙子；胸前有挂成串的银饰，头戴镶有银泡的圆帽或用青蓝布缠绕的包头。哈尼族妇女喜欢戴耳环、耳坠、手镯和大项圈，有的在小腿上套有类似袜子的布套，并用花边相配。哈尼族小孩的穿着男女就没有多大的差别，一般戴圆帽

① 刘婷：《休闲与和谐文化建设》，《学术探索》2007 年第 6 期。

或四角帽。尼果村以“糯比支”为主的哈尼族（女性）服饰共6种。这种多元服饰文化的特征是：人们只要看一看“糯比支”（女性）着装，便可以判断她是哪个年龄段或已婚、未婚或已生育、未生育的女人。

因服饰本身便具有审美性，休闲的最终体验也将指向对美的愉悦感，故而二者应合了对美的需求，对美的体验。这点笔者已在上面的章节有详细阐述，这里就不赘述了。

除此以外，尼果上寨的文化资源还有传统音乐，如打击乐、民族情歌、山歌、儿歌、四季歌、酒歌、生产劳动歌等；尼果哈尼母语保持完整，尤其是自创自编自演的哈尼族歌舞，如传统音乐《棕扇舞古歌》，婚俗礼仪《对情、当哭》，民间竞技《熊掰树桩》《腾云驾雾》等非物质文化遗产；尼果上寨哈尼族体育有荡秋、转秋、射弩、打陀螺等项目，多在节庆期开展，以增添节日的喜庆和欢乐气氛，是一种群众性、普遍性、社会性及民族性十分明显的体育文化；以哈尼族“糯比支”为代表的节庆习俗，如新米节、苦扎扎、十月年等重大节庆活动及婚丧礼仪等民俗文化，名目繁多，异彩纷呈。

聪明勤劳的尼果上寨哈尼族人民就这样世世代代生活在这个云雾缭绕的山顶，满足而幸福地遵循传统生态思想，享受绿色生态食品，穿着朴实清素的服装。在平时的祭祀、丧葬、庆典、逢年过节时则以棕扇舞蹈追寻祖先的脚步，娱神娱人的同时也让人看到棕扇舞的巨大魅力。

二　休闲节庆中棕扇舞的文化传承内容与方式

（一）哈尼族棕扇舞的历史和文化象征意义

尼果上寨哈尼族无本族文字，其语言属于汉藏语系藏缅语族彝语支，民族文化历史传承主要以口传方式传教和通过各种民俗活动传承授教。在哈尼族长诗《啊波仰者》《创世诗》《阿波吉德》等史诗中，充溢着哈尼族先民朴素的习俗与精彩的生活。其中都提到了哈尼族棕扇舞，意为棕扇是哈尼族腾飞的翅膀，棕扇舞是民族文化历史的重要传承载体。清乾隆《开化通志》卷九载："窝尼丧无棺，吊者击锣鼓摇铃，头插鸡尾跳舞，名曰洗鬼，忽饮忽泣三日，采松为架，焚而葬其骨，祭用牛羊，挥扇环歌。"[①] 根据历史考证，其中的窝尼就是如今的哈尼族的一个支系，这是对哈尼族丧葬祭祀和棕扇舞较早的文献记载。这一哈尼族传统而古老的祭祀舞蹈，伴随着哈尼族游牧迁徙的历史和梯田稻作农耕文化的发展，与哈尼族民俗习性相互交融，互相结合传承至今，是哈尼族民族文化的重要载体和流传形式。

关于哈尼族棕扇舞，大家都认为是哈尼族民众的一种民间传统舞蹈，广泛流传在哈尼族的聚居地。然而，人们对于棕扇舞的发祥地却常各执一词，有认为元江哈尼族彝族傣族自治县是哈尼棕扇舞的发祥地，标志性以羊街乡尼果上寨糯比支系的棕扇舞为代表；有的认为起源于红河哈尼族彝族自治州红河县哈尼族支系豪尼支系，常在春节时举行棕扇舞盛典。在这样一种文化起源地的争议上，包含了多方力量的博弈。[②] 调查显示，关于哈尼族棕扇舞的起源在哈尼族不同支系中有多种不同的传说，但一致肯定的都是从祭祀中发展而来。相传由于一次灾难，哈尼族只剩下一个男孩，是白鹇鸟用嘴衔来药和水救活了小孩，哈尼族才得以生息繁衍下来，又传说是白鹇鸟扯下身上的一根

---

① 转引自倪伟顺老人对棕扇舞渊源考究的调查报告。

② 如此的争论就像之前关于"香格里拉"的品牌之争，到底是在云南迪庆、四川稻城还是西藏昌都？各有说法，一些文化和旅游界人士也在20世纪90年代对此进行了火热的讨论。2001年12月17日，云南迪庆州经国务院批准直接以"香格里拉"更名了原"中甸县"的县域名称，这样的冠名权争夺战，既归属了"香格里拉"在《消失的地平线》中的指征，也向世界做了一次呐喊："我是香格里拉，香格里拉就是我。"这样的广告效应所拉动的政治、经济、文化的发展是不可以估量的，迪庆也因此成为世界心目中真正的香格里拉。故而，以各种考究证明冠名权或发祥地的归属，不但可以拉动文化自觉地快速觉醒，也是推动社会经济文化发展的策略。

羽毛，为哈尼族在迁徙途中引路。另一个传说是白鹇鸟为哈尼族带来了谷种。所以哈尼族相信万物有神，信仰各种自然崇拜，同时也把白鹇鸟、蜜蜂、燕子等当作神的使者，是哈尼族的吉祥物。可以肯定的是，棕扇舞起源于民族漫长的游牧迁徙历史和狩猎采集生活，通过丧葬祭祀活动得以巩固和发展传承。在祭祀活动中的哈尼族棕扇舞，舞姿不求统一，但每个动作均有象征性，一般由哈尼族的长者或主持祭祀活动的“摩批”指挥和表演，男性模拟动物或鸟类，女性手持棕扇模拟白鹇鸟的动作，各自起舞，表示对死者的尊敬和怀念。因此哈尼族棕扇舞的动作套路从模仿吉祥物的动作开始，一直到模仿狩猎生活中禽兽飞跃奔跑和表达猎人凯旋的心情，在不断的社会生产生活实践中，哈尼族棕扇舞又体现了生产劳动中的内在情感和节奏韵律，并融入梯田稻作农耕文化。

（二）棕扇舞的文化传承内容

1. 棕扇舞的主要动作及套路的传承

棕扇舞是哈尼族最传统而古老的祭祀舞蹈，棕扇舞模拟各种动物形态，及生产劳动过程的动律。舞姿多变，有其特定的技巧。舞蹈动作古朴幽默，大多数是利用脚、胯和手臂的颠、颤、甩来完成。舞蹈动作模拟“老熊走路”“公鸡斗架”“猴子掰苞谷”“老鹰拍翅膀”等动作形态及生产劳动过程的动律，在这一点上，与彝族烟盒舞有相似之处。由此也可看出，棕扇舞来源于长期的生产和生活实践，哈尼族棕扇舞具体动作和套路达100多种，较为常用的60多种，有些动作在特殊的祭祀场合里才用，流传较广泛的主要有以下几种。

动作1：哈母骂则（老熊洗脸）

左腿向前抬25度，上身后仰，一拍一次，原地往下颤动。手持棕扇靠身旁做绕提襟。在左右侧各做四拍，脚位可随之调换，身体随着手势摆动。

动作2：哈莫年都塔（猴子作揖）

上身稍前倾，眼随手上下斜视。右脚靠左，做踮步，逆时针转一圈，双手抱扇，两拍一次，先上后下在小腹前，往上推扇。

动作3：哈莫搭伙巴（猴子抱瓜）

面对圆心，上身稍前斜。左脚抬25度，一拍一次，先下后上颤动。左手上，右手下，弯曲，掌心相对，从胸前由左划至右上侧。四拍一次，对称后反复。

动作4：哈怎还呀巴（老鹰叼小鸡）

左肩对圆心，前俯。起左脚走两步，第三步面对圆心，左脚退半步落地，手由大臂带动，手持棕扇做绕提襟甩出的动作。

动作5：哈母阿拉嘟（老熊穿裤）

身体微往后仰，右脚尖一拍一次做踮地颤动，肩部自然前后摆。双手随节奏在身旁上下从地面做绕提襟。动作与"老熊洗脸"相似。

动作6：哈莫多泽巴态（猴子搂腰）共八拍

弓步（左弓右弯）一至四拍交叉相对，双手做右斜旁搂腰。五拍至八拍，停四拍。脚位不变，转向左做一拍至八拍对称动作。

动作7：欧松乌都必须塔（鹭鸶寻鱼）

右脚半蹲。左脚模仿山羊腿掸在右膝盖，两拍一次胸前作揖开扇动作。（第一拍身体前俯），第二拍开扇，面向前。

这些动作和套路大多数由倪伟顺收集总结，他说："这些动作其实都经过了哈尼族人民不断地理解与修改，以更适合于人体的协调与音乐的韵律。"笔者在对羊街乡老年协会的访谈中也问及棕扇舞动作与套路的习惯名称，其中一位老人说："我们只是跟着上一辈的老人学的棕扇舞，他们怎么跳我们就学着怎么跳。动作的名称我们不清楚。"也有一部分哈尼族学者认为倪伟顺总结的棕扇舞动作和套路是加入了自己的理解，与原生祭祀时的棕扇舞蹈动作其实有很大的区别。但现在由于倪伟顺首先总结了棕扇舞的套路，所以官方均以倪伟顺的版本为宣传样板。

2. 棕扇舞古歌内容的传承

羊街乡糯比支系的棕扇舞有独到之处，从死者入棺后，摩批算算死者的生辰八字决定何时发丧。出殡前的第三天夜晚，请摩批持棕扇在灵柩前手舞足蹈跳棕扇舞（哈尼语为“莫搓搓”）。然后由村中的部分妇女跟随摩批一齐跳。随之配以棕扇舞古歌。笔者根据摩批张莫者和白阿者的演唱，在倪伟顺老人的帮助下试录了一些：

Caoq qiul ngaq deeq yonmLei
亲亲的兄弟姐妹，
Gaq li caoljol ngal xiaq ei deiq
兄弟好似鱼水亲。
Keiq ssiiq holmeeq aljia uiul deiq qilhoq e
大吉的牛年，
Al pyaq mol yuq neeq neel al jiaq xiq deiq qiq neeq
大利的日子。
Gaq liq col jol ngaq deeq nmq ssal laoq deiq
兄弟姐妹手足亲，
Hol meeq al ba eiq tal deeq laq
好友相逢谈古经。
Bama eel yul hao taq xiaq la ya
好比江水流进我家中，
Coq qiul ngal deeq qil jol laoq dei
人逢喜事论古道。
Caol jol ngag deeq ngal xiaq laoq dei
水清鱼儿跃，
Qiq neeq fuq boq fa pei daqma caol zheel ya dei
眼前长辈满堂。
Qil miq fug boq ful til yilmoqtanlhoqnei jiaba
我是刚结果的南瓜，
Keiq ssiiq moldoq naq ba hlol mal ngeljolyil
好言向长辈学。

古歌曲调浑厚低沉，唱到祖上的古经，棕榈树的撒种、“叶德”向天神祈祷、对五谷丰登的祈望、哈尼人的幸福生活等，修辞丰富，辞藻华丽。人们手持棕扇随之舞蹈，如身临歌中情境。

3. 舞步韵律、服饰与道具

哈尼族棕扇舞主要步法和基本动律包括忍步、左右忍步、原地忍步等，跳起哈尼族棕扇舞蹈时，人们通常会模仿动物界中的动物，或是白鹇，或是蝴蝶，或是蜜蜂，或是人们在农作时的动作等，都寄予了哈尼族民众对美好生活的向往与对丰收的期许，舞蹈中也包含了对自身民族的祝福，跳起棕扇舞祈祷哈尼子孙世代幸福安康。

在棕扇舞的服饰中，男性上身主要戴一块自家织就的青色的包头，穿着有领对襟短衣，内衣穿白色的，在青色的短衣下露出白边，显得非常干练与精神。女性的内衣也一样穿着白色的衬衣，然后套上无领剪口的短衣，在胸前挂一串银链，裤子则穿着宽大的青色裤裙，小腿缠绑腿，原来赤足，现在都穿鞋子了。

棕扇在哈尼族传统文化中象征了哈尼人能够凌空飞跃的翅膀。棕榈树的叶子是棕扇舞中的重要道具，一般就是折取棕榈树的一片叶子便是天然自成的棕扇，但现在为了保护棕榈，已趋向于把原本的棕扇换成绸扇。在祭祀中的棕扇舞道具还包括各种祭祀用的五谷、金竹叶、白鹇羽翼等各种祭物，乐器主要是“安手”（哈尼族乐器，类似二胡）、呆安（哈尼族乐器，类似三弦）、谷管（用稻谷管做的吹奏乐器）、牛皮鼓、铓、锣、长号、唢呐等。

（三）棕扇舞的文化传承方式

2003—2005 年，羊街乡的棕扇舞经过多次的挖掘、整理，进入云南省非物质文化遗产的保护名录；2006 年至 2010 年 5 月，羊街乡棕扇舞成功申报进入文化部第三批非物质文化遗产的保护名录。2011 年 5 月 23 日元江县棕扇舞被文化部正式列入为第三批国家级非物质文化遗产保护名录。哈尼族的历史文化主要以口传方式传承，其棕扇舞也是以口传方式一代代传承下来的，并没有形成文字记载。如今，受现代文明的影响，民间的传承人正逐渐减少，年轻人当中对哈尼族棕扇舞的起源和传承及舞蹈套路熟悉的人越来越少，有些哈尼族原汁原味的风格也在悄然发生变化，正面临失传的危险。然而在田野点，笔者看到如下几种棕扇舞的传承方式。

1. 节庆中的棕扇舞传承

随着时代的发展，棕扇舞也发生了变化，从原来的丧葬祭祀舞蹈演变为如今在哈尼族“十月年”“苦扎扎”“黄饭节”等喜庆和欢乐的节日都要跳的舞蹈。

2012 年 11 月 26 日，笔者有幸参加了羊街乡垤霞村委会尼果上寨的“十月年”。节日气氛浓烈热闹，村民们手拿棕扇在进村路两旁等待，看到客人便舞起原真的棕扇舞。女人穿着四种服饰，男人在头上、青黑色麻布衣服上裹了很多的青色茅草。问其中一位裹得最多的男子：“为什么裹那么多茅草在身上？”男子回答：“这样就像怪兽了！很有力量！”

再往前走，是热闹的市集，买卖各种小商品和当地特产。一户用芭蕉叶包起苦荞粑粑的摊点上生意很好，三位哈尼族妇女身着民族服装忙得不亦乐乎。旁边有售卖红蛋的摊点，摊主身着美丽的哈尼族服装和银饰，让人眼前一亮。她手里的红蛋是用一种用树根做成的颜料染成的鸭蛋，再用棕叶编成小兜一个个装进去，方便提携。

广场上，磨秋、打秋、转秋等各类游戏非常吸引人，人们围成几个大圈把做游戏的人围在中心。在小树林下传来有节奏的鼓钹声，身着黑色衣服的老年人手拿棕扇，跟着鼓点的节奏在舞蹈。动作虽然简单，但看得出来依然包含了一招一式。待休息的空，采访了两位老人。一位姓李，65 岁，她说丈夫姓张，育有三女一儿，女儿都出去打工了，儿子是本村的村长。言语间透着自豪。

问她：“为什么跳棕扇舞？”她答：“因为喜欢。喜欢跳，跟着别人就学会了，很简单。”又问：“多长时间跳一次？”她答：“节日跳，有时晚上如果有人跳也都跟着跳呢。我们是老年协会的，今天的表演是文艺队的。老年协会的就只在广场上跳跳，不参加表演的。”另外一位姓张，64岁。她手里拿的扇子是舞台上普遍使用的绸扇，问她为什么不用棕扇跳呢？她说：“这种扇子是我自己买的，好看！”也有其他两位拿绸扇的老人，看得出来对自己手中的绸扇十分珍惜，都舍不得放在地上。①

图 2-5 以绸扇代替棕扇的张大妈、穿传统服装跳棕扇舞的村民和老年协会的锣鼓队

这天，村民们会在家里做好好吃的菜品，带上米酒，相约来到广场上，把每家的酒菜沿着广场摆好后，由村里德高望重的老人出来主持祭祀。老人手里拿着棕扇，先向天地拜祭，口中念念有词，再向民众作揖，然后挥一挥手中的扇子，就开始跳棕扇舞。这时，旁边拿鼓、锣的乐队开始奏乐，在有节奏的鼓声中，老者先围着摆放在广场上的宴席跳一圈，舞蹈动作多以甩手为主，寓意要甩掉旧时的秽气而迎接新年的吉祥。

在老者跳完后，旁边的民众就一起拿着棕扇开始围着宴席跳舞，舞蹈动作也多以模仿白鹇、蜜蜂和蝴蝶为主，表达了哈尼民众对美好幸福生活的期许。大家都在这样热烈而欢快的气氛中畅快地抒发着自己的情感，借用舞蹈动作传达自己对美好生活的向往，对旧时秽气的祛除。这样忘我的狂欢，让节日的气氛达到高潮。在欢快的音乐声中，人们尽情享受到了休闲的乐趣。于是，在休闲意义上，其狂欢性特征在棕扇舞蹈中显露无遗，人们在这样的体验中感受到了身心的放

① 村民李奶奶访谈资料。访谈时间：2012年11月26日。

松与愉悦的情感。

2. 丧葬仪式中的棕扇舞传承

哈尼族的长者去世都要举行“莫搓搓”的棕扇舞祭祀活动，乐手们吹起长号、唢呐，敲起铓锣，打起牛皮鼓，拉起安手，弹起呆安(哈尼族乐器，类似三弦)、吹起谷管，主持祭祀活动的“摩批”手持棕扇起舞，口中念念有词：“我手持棕扇开始起舞了，请龙王出来吧，帮助死者回到极乐世界，让子子孙孙舞起来，乐起来，跳起来……让我们的子孙世世代代传承发展，兴旺发达。”① 舞蹈动作最主要表现祭天、祭地，像白鹇鸟腾飞。然后在“摩批”的带领下，从灵柩前开始一直跳到舞场，在舞场中心摆上祭祀用的五谷和现场宰杀的牛或猪，主持祭祀的“摩批”示意所有的直系亲属及后辈亲属跪拜死者，跪拜完毕，用棕扇示意起立，并宣布哈尼族“莫搓搓”棕扇舞开始。由此开始，舞场上所有男女老少都开始加入棕扇舞活动，一时舞场上锣鼓喧天，热闹非凡，人们围着舞场中心跳起棕扇舞，形成了舞的海洋。

2012年5月，笔者参加了一次哈尼族的葬礼，死者姓胡，80余岁，已有重孙。到了胡家门口，鞭炮声震耳欲聋。进入胡家，笔者和村里的陪同人员就到死者棺木前叩头，因为要开丧，胡家人催促我们匆匆吃饭。之后，宰杀猪作祭物，共宰了6头牛、1头猪。6头牛分别是死者两个儿子的2头、姑娘的2头、孙子的2头，三代人共同献上一头猪，牛和猪被五花大绑抬到棺木前，每头都用红线套上，边套边念，之后把线放在棺木前祭献给死者。祭献后，村中男人三五成群各负其职，对祭物开膛破肚，再把生肉分到每家每户。此时耳边传来号声、鼓声、铓声和鞭炮声，客人陆续到来，每到一批客人就放一次鞭炮。门口摆放了一个祭台，让来的客人在祭台前祭祀，亲属则到门口叩头迎接客人。然

① 棕扇舞传承人倪伟顺访谈资料。访谈时间：2012年11月30日。

后哭泣着把客人领到家里，并到棺木前哭诉。很多来往的客人都是不请自到的，方圆几十里的客人都朝着锣鼓喧闹的地方涌来，哈尼民众就是这样，团结互助，在别人家有难时都会伸出援手。

不知何时开始，胡家门前的场地上已经有人跳起了“莫搓搓”，在送老人走时的一种驱鬼除恶的祭祀舞蹈。由于哈尼支系的不一样，有的地方也叫“打莫搓”“阿腊搓”，动作模拟各种动物的形态，有老熊洗脸、老熊穿裤、老熊洗澡、老熊爬坡、猴子作揖、猴子抱瓜、猴子搂腰、老鹰叼小鸡、老鹰拍翅膀、鹭鸶寻鱼、鹭鸶点头、母鸡抱蛋、公鸡斗架、吓斑鸠等十几套动作。舞蹈时伴以镲、钹、鼓、唢呐等乐器。整个“莫搓搓”舞蹈气氛热烈，动作热情豪迈。男女老幼都可参与，场面隆重热闹。

哈尼民众有着自然的生死观，他们认为生与死是自然规律，用舞蹈形式送离死者的同时也安慰生者不必悲伤，勇敢乐观地面对自然生存环境，快乐地活着，过好每一天。这样的生死观念渲染了整个葬礼，鼓声、号声、鞭炮声交织在一起通宵达旦。①

3. 社区村寨的培训式传习

社区村寨在文化传承中具有重要的意义。2002 年开始，羊街乡政府牵头成立专门的棕扇舞保护委员会，并连续每年划拨 5 万元专项经费对棕扇舞进行扶持。由文化站建立棕扇舞保护档案并进一步完善哈尼族棕扇舞传承人体系，对传承人、农村文艺骨干、中小学校学生进行棕扇舞培训指导。

传习小组成员共 24 名，其中男性 10 名，女性 14 名，平均年龄 30 岁。传习时间在劳动之余，每天晚上 8—10 点。地点在棕扇舞传习馆门口的小广场。主要内容是在老师的指导下唱哈尼歌，跳哈尼舞，弹谷管、三弦、唢呐等民间乐器。学习的同时也自娱自乐。

尼果上寨的舞蹈传承老师是倪伟顺，他教授的传承种类主要有哈

---

① 羊街乡哈尼族“莫搓搓”调查资料。调查时间：2012 年 5 月 20 日。

尼族民间音乐、舞蹈、乐器、传统民俗表演等。还有一本固定的教材，是由倪伟顺收集整理的《元江哈尼民间音乐》，2005年由远方出版社出版。倪老师的弟子有倪亚嘎、倪黑努、李立黑、李者黑、李罗德、李平昌、李者黑、倪冲沙、赵哈收、李倩英、白开努、龙克色、白继生、张民知、白拾努、白来努、白叶玉、白叶爱、白斗叶、白克义、白思收、李努爱、倪忙者、李才保。他说：

> 我的愿望就是传承哈尼族民族文化，将哈尼族棕扇舞文化传扬出去，全方面做宣传。我的学生们所学的技能各有千秋，有的擅于舞蹈音乐、有的擅于服饰制作，都主要以哈尼族的文化为主。
>
> 我选择学员的方法是百里挑一，通过集训，合格后才能进入传承队伍。比如学员李立黑，今年有43岁了，有3个儿子，2个女儿，初中学历。曾参加过中华民族风情百乐艺术节（在天津水上公园）和中华民俗风情艺术节（福建佑海公园）。还有学员倪黑白，55岁，有2个儿子3女儿，虽然只有小学学历，但擅长纺线、织布、裁缝。①

课程安排主要是传授经倪伟顺修改补充，加入现代元素的棕扇舞36招72式基本套路；传授哈尼族民间音乐及民风民俗歌舞；传授哈尼族本土民间乐器演奏；传授民族服饰裁缝技术等。考核学员成绩的手段是组织传习人员为村里进行表演，由村里德高望重的年长老人高柒拾（80岁）、白金学（75岁）、龙正福（70岁）及杀牛摩批白阿者等组成评委团来评定该学员是否优秀。其中的一个女弟子叫李倩英，26岁，学习棕扇舞5年，已掌握了棕扇舞的主要技能。她说：

> 我学习棕扇舞的目的，一是继承哈尼族传统文化的需要；二

① 棕扇舞传承人倪伟顺访谈资料。访谈时间：2012年11月30日。

是作为一种农村的娱乐方式。[①]

乡政府的工作人员认为把哈尼族的优秀文化传授给弟子们，是“功在当代，利在千秋”的好事、实事，使哈尼族的传统文化得到了继承和发扬。从他们对倪老师的态度可以看出，他们认为倪老师不仅在哈尼族村寨树立了民间艺人良好的形象，也在该村具有一定的威信。倪伟顺不仅从侧面给哈尼族民众增加了民族自豪感，同时也为自组织所形成的文化产业雏形奠定了基础。

在表演舞台的西北方有一个 80 平方米左右的展馆，钢混结构。屋内四周悬挂着棕扇舞的 36 式 72 招图片文字介绍。还有旅游线路图，有生命之源的“奇石”红宝石图案的展览，有各种乐器的展示等。各类展品都与村民的生产生活息息相关，体现了本民族文化及当地民风民俗。通过政府主导各种展览和文化活动，各项建设资金都落到该村进行建设，村民们十分高兴，也很支持各种文化活动。据了解，政府聚集了联合国教科文组织的项目资金、“土风计划”资金、政府划拨资金合力引导棕扇舞的保护与发展。

学习哈尼族棕扇舞等传统舞蹈，将来随着民族文化旅游产业的进一步发展，能在传承和自娱自乐的同时，通过商演的方式产生一定的经济效益和社会效益。李倩英说：

> 家里人都非常支持我，现在连我老公也一起来跳棕扇舞了。村里的棕扇舞文化等活动逢年过节原则上都在村里的小广场上排练、表演，祭龙活动在“龙树林”举行，婚丧嫁娶在我们自家院子里，活动场所基本都是固定的。但 2012 年以来，来我们村的观光游客和一些考察民风民俗的人愈来愈多，就需要不固定场所、定期和不定期的表演。每年的“三八妇女节”“苦扎扎节”“新米节”哈尼“十月年”都有各类文艺演出，每次平均有 50 名

① 尼果上寨村民李倩英访谈资料。访谈时间：2012 年 12 月 3 日。

村民参与演出活动，四邻八乡的农村群众都来观看、参与。①

学员们普遍认为通过学习可以健身，可以给外人展示哈尼棕扇舞文化，在婚丧嫁娶或节庆日能参加舞蹈展演活动，给生活带来快乐，还可以结识新朋友。同时，也能在传承和自娱自乐的同时，通过表演的方式有一定的经济收入。在笔者调研当天，就有另外一个村子的妇女在和当地政府工作人员吵架。问原因是“十月年”的表演中已经插不了人了，她们都非常想参加表演，工作人员只有承诺下次表演时再安排她们参加。棕扇舞表演在当地民众中的热度由此可见一斑。

笔者询问李倩英，假如表演棕扇舞不能带来实惠呢？她说：

我也是当作自己的兴趣爱好，在劳动之余、空闲之余学习，每晚坚持两小时左右的快乐活动，不计较经济上的实惠。但长期影响生产生活就得索取一定的劳动报酬。②

因而，棕扇舞在政府整合所有社会资源推演至今，已经达到了民众争相学习的程度，但笔者认为能够吸引民众积极参与其中的一个主导原因依然是经济因素，如果没有经济支撑，相信也会有当作兴趣爱好的舞蹈者，但要达到今天这样热闹的场面，则有一定的难度了。

尼果上寨“羊街乡哈尼族民间艺术团”（现更名为“迷都普思文艺队”）创办于20世纪80年代初，主要展演以棕扇舞及生产生活、祭祀为主的哈尼族民族民间文化。他们表演的哈尼族各类舞蹈流传和发源于哈尼族聚居地，起源于狩猎采集生活和祭祀活动，具有突出的半山农耕文化风格，是哈尼族人民祭祀、丧葬、庆典、逢年过节等重要活动和农事休闲时的娱乐方式，也是哈尼族文化艺术宝库中一枝瑰丽的奇葩。其中，《牛皮鼓舞》《簸箕公鸡调》（报晓舞）、《钩镰舞》

① 尼果上寨村民李倩英访谈资料。访谈时间：2012年12月3日。

② 同上。

（棕扇舞）、《哭嫁》《敬酒》等许多传统舞蹈，已经成为“羊街乡哈尼族文艺演出团”走出哀牢山，远扬北国南疆的“重头戏”，成为“元江县民族歌舞团”漂洋过海出访阿尔及利亚等西欧国家的“代表作”节目。尤以《敬酒》《哭嫁》《牛皮鼓舞》这三个风情歌舞，独树一帜——在北京圆明园、福州及天津水上公园举行的第一届、第二届、第三届中华民族风情百乐艺术节上，博得广大中外观众的阵阵掌声与喝彩，许多新闻媒体对哈尼风情舞蹈的艺术风格、文化内涵给予了很高的赞誉与评价。

1983 年 11 月，羊街乡尼果上寨哈尼族民间艺术团代表云南省参加了全国乌兰牧骑式会演队文艺调演，荣获国家文化部和国家民委联合颁发的“优秀节目奖”。1990 年、1993 年两次受文化部委托，代表云南省民间艺术团先后赴阿尔及利亚、突尼斯、意大利、瑞典等国家和地区会演，棕扇舞受到了外国友人的高度评价和欢迎。1994 年代表元江县地方文艺队到上海、北京、天津、福建、珠海等十多个省市参加民族风情艺术演出。2005 年 9 月，哈尼族棕扇舞列入元江县民族民间传统文化保护名录（元政发〔2005〕113 号文件），并通过逐级上报，被列为玉溪市民族民间传统文化保护名录（玉政办发〔2006〕2 号文件）。2006 年 5 月，被云南省人民政府列为云南省第一批非物质文化遗产保护名录（云政发〔2006〕73 号文件）并多次获得国家级以及省级的奖励。2011 年 5 月 23 日，棕扇舞列入了国家级非物质文化遗产保护名录。

近年来尼果上寨“迷都普思文艺队”的传习人员致力于哈尼族棕扇舞的保护和传承工作，主要结合村子里哈尼族人民祭祀、丧葬、庆典、逢年过节及乡、县、市各级部门组织的重要活动组织村里的传习人员编排相应的节目，参加各类演出；农事休闲时带领全村人在广场上自娱自乐；偶尔收取一点误工补贴给来村里检查工作的领导或来观光旅游的嘉宾即兴表演。尼果上寨“迷都普思文艺队”的传习人员对哈尼族棕扇舞的各类展演，深受群众喜爱，传播范围遍及哈尼族民众居住的村村寨寨，哈尼族棕扇舞已发展成为集歌、舞、乐、竞技和仿生表演于一体的综合性艺术，特色鲜明，技巧多样，可繁可简，既是展现民族内在性格和追求自我的主要表现形式，也是实现休闲认同与文化自觉的重要纽带。

4. 棕扇舞进校园

校园是民族文化传承的重要场所。羊街乡在中小学开设了“哈尼族棕扇舞传承与保护”课堂，利用团员、少先队活动日广泛开展棕扇舞传承保护教育活动，使青少年从小树立传承与保护“棕扇舞”的意识，让中小学生成长为“棕扇舞”传承与保护的生力军。

在羊街中学开展的体育活动项目中，笔者看到如下活动列项中的第6小点：

> (1) 本校的哈尼棕扇舞，每周一、三、五是必做的课间操。
>
> (2) 羊街小学的全民健身活动项目则包括以下几项：
>
> ①学校以年级组为单位，开展年级组特色的体育集体项目训练。
>
> ②一、二年级以游戏为主，原地拍球、哈尼族棕扇舞、25米迎面接力或者小游戏。
>
> ③三、四年级跳绳、拔河、男生篮球比赛、哈尼族棕扇舞。
>
> ④五、六年级篮球比赛、拔河、哈尼族棕扇舞、越野跑。①

在学校举办的“全民健身月”活动记录上则有：

> 2012年5月30日学校举行了哈尼族棕扇舞的比赛。②

可以说，让棕扇舞进入学校，使青少年爱上自己民族的传统文化，这也是实现民族文化传承的一种方式。

---

① 羊街乡中学校规校纪。调查时间：2012年12月5日。

② 羊街乡中学“全民健身月”活动记录。调查时间：2012年12月5日。

三 棕扇舞文化传承中面临的文化和实践问题

如今，尼果上寨的棕扇舞表演已经成为元江县的一道文化风景，每到节日，政府、传承人、村民和外来群体都会聚集在迷都普思广场进行一场文化狂欢，形成一股推动棕扇舞发展的多元力量。

（一）当地政府的支持

为进一步挖掘、整理、保护、传承哈尼族棕扇舞文化，羊街乡党委按照省委“民族文化强省”、市委“文化活市”的战略部署，和县委挖掘和弘扬优秀民族民间文化的要求，加大了对民族文化的挖掘和保护。通过围绕民族文化建设创新基层党建工作，让民族文化资源转化为党的组织资源，促进民族文化更好地为党的基层组织建设服务，增强党建工作活力，促进民族文化与党建工作的双赢。

依靠云南众多的文化资源，发展文化产业已成为优化产业结构、转变发展方式的重要举措。于是，在挖掘本地自有的文化资源的同时，各地方政府也在发展文化产业，不但适用于市场经济的发展，也适用于政府对政绩的追求。

由于政府部门对尼果上寨“迷都普思文艺队”的关注和支持，文艺队得到了蓬勃发展，其主要协助措施有：

一是投入项目、倾斜资金扶持村里的基础设施建设；举办各类培训班；组织传习人员外出参观、学习；组织文艺队利用农闲到异地演出；历次活动都力所能及地给予演员一定的误工补偿。二是采取行政手段加强传承和保护。2011 年 3 月，把尼果上寨作为基层党建的示范点后，乡党委把棕扇舞的保护提到了与党建相关的高度，于是采取行政手段来引导传习人员在发展传承棕扇舞的基础上发展民族餐饮、民族服饰、民族工艺等产业，以期与旅游业形成互动，推动棕扇舞的良性发展。三是县、乡积极做好民间艺人申报传承人的工作，让传承人得到社会肯定；在各级的引导下，由民间艺人以及相关人员进行传授任务，同时整合各种项目，特别是大文化下的文化传承工作项目，做好县、乡各级文化的培训，并进一步加大宣传力度。

据王红梅副乡长介绍：

组织节庆活动需要村民参与棕扇舞表演时，都要与村民代表进行活动内容的协调、统一与分配。如果组织者与村民意见不统一、有分歧时，就让组织者做好群众的工作，逐渐恢复发展活动。以往的每次活动，有时也只是开个碰头会或者是底下议论一下，偶尔会有会议记录。为了传承棕扇舞，我们准备把年轻有文化的传习人员作为项目组秘书，做好每次活动的总结记录，以及外出演出、宣传报道等资料的收集整理，形成文字、图片，装订成册，便于梳理和总结更好的经验和方法。①

元江县文化产业办公室王主任和羊街乡白乡长作为政府在文化传承过程中的组织者，他们认为发展文化产业是推动传统文化传承的保障。白乡长认为：

首先要有组织保障，成立项目领导小组、执行小组；制订项目实施方案和项目执行方案；对传习小组的学习进行考核；提供比赛、宣传、展示的机会加以鼓励。这样，其保障棕扇舞传承的有效率大概可以达到80%。②

一直担任节庆棕扇舞表演总协调的王副乡长认为，应该鼓励愿意学习棕扇舞并且在外打工的人，每月补助他们适当的资金，让他们返回村子来学；对于在家中种田地的人，则鼓励他们茶余饭后多学习棕

① 羊街乡人民政府副乡长王红梅访谈资料。访谈时间：2012年10月11日。

② 羊街乡人民政府党委书记白文华访谈资料。访谈时间：2012年10月11日。

扇舞文化；通过对传承人补助误工资金的方式，要求传承人少栽田地、多教学员，并且建立多教一名学员鼓励加奖金的机制。这样在每一次的活动中尽量让村民参与，并在有可能的情况下都让他们得到实惠。笔者认为，王乡长的观点是从当地实践活动中总结出来的，具有一定的经验价值。因此，对棕扇舞文化事象的传承，有了来自各级政府以及各类项目的投资支持。

表 2-1 羊街乡 2011 年尼果上寨建设资金投入情况

序号	项目名称	投入金额（万元）	项目来源	取得的效益
1	“一事一议”村庄道路建设	22	财政奖补	村寨基础设施建设投入加大、村容村貌明显改善、全村群众学习棕扇舞积极性提高，文化氛围越来越浓厚
2	“一事一议”文明卫生公厕建设	8	财政奖补	
3	扶贫整村推进工程（活动室+球场硬化）	15	市级财政拨付	
4	人畜饮水工程	8	水利系统	
5	村内路灯“亮化”工程	0.8	乡财政	
6	活动室内部装修及图片展览	3.5	乡财政	
7	购买长号、锣、鼓等乐器	2.5	乡财政	
8	栽种棕榈树 250 株×150 元/株	3.75	县文化旅游广电和体育局	
9	平整万人棕扇舞广场	1	县文化旅游广电和体育局	
10	“文艺队”队员培训费	1.85	“土风计划”项目	
11	文化上墙工作投入	4.5	“土风计划”项目	
12	修建“迷都普思”大门	1	乡财政	
13	尼果上寨群众投工投劳	4	本村群众	
合计		75.9		

从 2011 年羊街乡尼果上寨的建设资金投入可以看出，自棕扇舞申报非遗项目成功后，县上高度重视，在文化旅游方面投入很多资金，而且拨付的资金全部直接到位。除了修缮展演的硬件设施外，还包括培植棕榈树以及剪取棕扇舞的道具——棕扇、文艺队员的培训，甚至村民也有了培训机会。

文化宣传以一种高密度的频率在进行着，仅 2011 年，元江电视台就做了 8 期关于棕扇舞的专题报道，云南电视台、玉溪电视台、中国网络电视台也都对此做过播放。2012 年来报道的记者更多，大概有 18 个记者来拍摄。

国际学术研讨会的参观点也放在了尼果上寨，当地政府认为在向嘉宾展示棕扇舞的同时，也是在传承哈尼族文化，因为通过嘉宾的口耳相传，棕扇舞不但有了知名度，也让哈尼族民众有了民族自豪感，大家都以能参加棕扇舞表演为骄傲。

当问及棕扇舞的传承问题时，白乡长认为：

> 政府重视，群众积极参与，传承没有问题。只要多办几次活动，自然形成自己的文化品牌，同时也会形成一定的文化影响。文化传承可以在活动积累中实现。①

元江县曾兴起过“科技保护文化”的活动，在这样的活动中，玉溪市科技局提请各级相关部门申报项目。文化项目的申报也就集中到了羊街乡尼果上寨，于是科技局、民宗局、文化体育局、省委宣传部项目“土风计划”等都对尼果上寨的棕扇舞文化展演有了投资，可以说是集中了全部力量打造文化示范村。比如，对于购置羊街乡各文艺队的道具，元江县文化旅游广电和体育局也给过相应的支持，笔者摘录了一些羊街乡文艺队道具的购置费用：

> 尼果上寨迷都普思民间文艺队：
> 1. 牛皮鼓 20 只，单价 175 元；合计 4000 元；
> 2. 牛角 30 只，单价 50 元，合计 1500 元；
> 3. 大钹 1 对，单价 700 元，合计 700 元；
> 4. 篾桌 10 对，单价 80 元，合计 800 元；

① 羊街乡人民政府党委书记白文华访谈资料。访谈时间：2012 年 10 月 11 日。

5. 大镲2对，单价1115元，合计2300元；
6. 三种能人篾编鸡蛋壳3只，单价300元，合计900元；
7. 唢呐5对，单价200元，合计1000元；
8. 长号6只，单价120元，合计720元；
9. 大鼓1只，单价1300元，合计1300元；
10. 纺线架1套，单价500元，合计500元；
11. 其他道具：（弩、箭、蓑衣、陀螺）合计2780元；

拉巴哈米民间文艺队：
1. 鼓、镲、钗、锣一套，合计2000元；
2. 音响设备1套，合计6000元；
总计捌仟元整（8000元）

垤霞民间文艺队：
1. 鼓、镲、钗、锣一套，合计2000元；
2. 音响设备1套，合计6000元；
总计捌仟元整（8000元）

塔垤、浪奢民间文艺队：
1. 鼓、镲、钗、锣一套，合计2000元；
2. 音响设备1套，合计6000元；
总计捌仟元整（8000元）①

这样一种全方位的投资合力造就了尼果上寨棕扇舞展演火热的现状。但是，这些资金拨付多以“年”为时间期限，包括省委宣传部“土风计划”项目，其宗旨在于保护云南少数民族文化，以每个村点20万的资金拨付到全省30个村点进行文化的传承与保护，但每个村

① 羊街乡尼果上寨文艺队调查资料。调查时间：2012年12月8日。

点的项目时间年限仅为3年。那么，当所有投资到了期限后，棕扇舞的展演是否还能维持如今的火热局面呢？

就像一个初生的婴儿，在他能够独立走路之前，需要父母和社会的帮助，或借助父母的双手扶他走，或借助学步机配合他走。而当他自身发育的功能还不足以支撑他独立行走的时候，父母等人的扶持却戛然而止，对于这个初生婴儿唯一可能发生的事情便是跌倒在地。

同时，笔者看到尼果上寨的党员活动室已经成了围绕“棕扇舞”传承与保护创新基层党建工作的党建示范点及棕扇舞传播中心。活动室外墙彩绘哈尼族棕扇舞、哈尼族祭祖祭祀、哈尼族梯田稻作农耕场景图片，室内两棵圆柱进门正面彩绘成棕树树体形状，背面柱体上粘贴定期更换的活动图片宣传画，围绕柱体在天花板上彩绘棕树叶子、蓝天、白云；进门正面墙体以现有黑板为中心，宣传党员的权利和义务、党员的学习、党员的发展、党支部的工作职责、党费收缴等各项制度为主要内容，尼果党支部基本情况及党员创先争优评星授旗相片；进门背面左侧墙面起始，以文字、图片、数据等多种方式相结合宣传哈尼族游牧迁徙及其棕扇舞的起源、发展、现状及传承，右面墙体展示《哈尼族棕扇舞申报国家级非物质文化遗产调查报告》及其相关图片资料，进门背面右侧墙面以照片加简略文字说明的方式展览哈尼族棕扇舞最近几年的发展及取得的成就。

在少数民族文化保护项目中，这样的例子并不少。从项目开初的风生水起、热热闹闹，到最后资金撤出、输血功能断裂后项目随之破败凋零，不但损害了少数民族文化的原生性，也从另一方面加速了该文化事象的凋零。当然，不可否认当地政府对传承民族文化的初衷，那么，我们就得探究一下尼果上寨的棕扇舞传习队伍是否具备了可以“独立行走”的能力。

（二）传承人的不懈努力

棕扇舞主要传承方式为口口师传，由师傅向徒弟传授舞蹈的主要动作和基本技法。由于民族民间文化流传历史久远，通过口传文化传承了上百代人，但民间的传承人正在逐渐减少，原始的民间习俗和哈尼族棕扇舞也正面临失传。

经元江县政府申报棕扇舞传承人后，现市级传承人有两人，一个是倪伟顺，另一个是龙卜才（水龙村）。而尼果上寨的棕扇舞传承人倪伟顺无疑成为推动棕扇舞形成展演模式的主要人物。他56岁，育有两女一男。他说：

> 两个女儿都在外面做生意，儿子当兵去了。我的二女儿，是1984年出生的，在云南艺术学院舞蹈专业毕业后，还在杨丽萍的艺术团里待过，现在保山做生意。大女儿就在玉溪工作。我家里祖上就是摩批。①

倪伟顺现任羊街乡文化事业管理服务中心主任、玉溪师院聂耳音乐学院客座副教授、元江县政协第二届至第七届委员，在做了5年教育工作后于1983年至今从事群众文化工作。倪伟顺说：

> 我从小就非常喜爱哈尼族的民间歌舞，当地著名的"摩批"像陈背者、民间艺人龙嘎烂、高柒拾等都是我的老师，我就跟着他们学习像哈尼哈巴等一些祭祀礼仪，天象历法我也在学。从摩批身上学会了他们的本领和哈尼族濒危的民间歌舞。学完后，我又跑了很多地方，接触了200多个摩批。②

此外，他经常参加省市举办的各类文艺培训班，还搜集、整理、改编、创新的《牛皮鼓舞》《哭嫁歌》《酒歌》《恋歌》等节目，具有强烈的乡土气息和浓郁的民族风情。1994年，倪伟顺带着一支稚嫩的演出队伍，参加了在福州举办的"中华民族风情艺术节"。同年，又

---

① 倪伟顺访谈资料。访谈时间：2012年11月26日。

② 同上。

参加了在天津举办的“第三届中华民族风情百乐艺术节”。1995 年倪伟顺提出了“立足家乡、走向全国、面向世界”的文化工作思路，开始在元江各厂矿、乡镇、学校巡回演出。1999 年，倪伟顺带着队伍到玉溪“红塔大酒店”及“裕兴隆啤酒城”商演，商演让倪伟顺把哈尼文化与产业经济联系了起来，扩大了影响。

2003 年至今他受聘担任玉溪师院聂耳音乐学院客座副教授，2009 年他受聘担任羊街中学的哈尼族歌舞兼职教师，以哈尼文化“传承人”的身份登上了学校的讲台，曾被《中国青年报》《玉溪日报》、玉溪大众电视台、云南卫视、玉溪电视台、央视 11 频道等新闻媒体采访和报道。

在云南大力发展文化产业之际，倪伟顺和他的文艺队受到了县上的扶持，最终打造了一台以哈尼族文化为主线的大型露天棕扇舞展演《棕扇舞宴》，其中包含了倪伟顺对哈尼文化的解读，他认为哈尼人是强悍、勇猛、神秘的人，而棕扇舞是天人合一的生命力表现，烘托了在狩猎中勇猛的哈尼人。

但一些哈尼族学者，甚至一些政府工作人员也有不同的声音。他们认为是县上在扶持倪伟顺的文艺队自娱自乐，认为倪伟顺对棕扇舞的文化内涵掌握太少。一位不愿透露姓名的政府机关工作人员说：

> 倪伟顺跳的棕扇舞并非原汁原味的棕扇舞，尤其是他编排的给中小学生跳的棕扇舞动作，加入了很多现代舞蹈元素进去。①

经笔者调研发现，倪伟顺的舞蹈套式的确与老年协会的哈尼族老人所跳的套路有很大不同。老年协会的哈尼老人所跳的棕扇舞非常古朴，以鼓、钹等乐器演奏沉着的乐点，舞者踏在乐点上变换舞蹈动作，有沉郁顿挫之感。老者每一个踏步、每一个跳跃都非常有力，看他们跳了一会头上就渗出了密密的细汗。

---

① 羊街乡政府人员访谈资料。访谈时间：2012 年 12 月 8 日。

倪伟顺的舞蹈则被他分解成为单独的动作，他向笔者解释舞蹈中模仿石蚌舞蹈时，虽然大多数动作看起来一样，但细节上则有不同。他模仿石蚌时，脚是内勾的，这样石蚌才能跳得远，他说："但现在很多人跳的时候，脚是直的。"倪伟顺依据他所理解的棕扇舞的文化内涵对自己的舞蹈套路有自己的诠释。

针对倪伟顺的舞蹈套路与老年协会哈尼老人所跳舞蹈套路的不同，羊街乡的王副乡长解释说：

> 每个传承人的套式都非常不一样的。倪伟顺的套式的确不能代表羊街的棕扇舞，因为倪老师所跳的是祭祀的动作。一套动作如果只有他单独一个人是完成不了的，需要相互配合，男女搭配。①

当问及如果棕扇舞仅仅以倪伟顺整理的36套、72式来传承是否会制约哈尼族变化多端的棕扇舞？王副乡长说：

> 挂在文化馆中的棕扇舞套式是收集整理哈尼族棕扇舞的一部分，并不是所有棕扇舞的套路和动作。因为哈尼文化均是口传，故而很多民俗文化包括棕扇舞的变异性都很大。但如果整理收集出来后传承就更容易一些了。倪伟顺的舞蹈在编排的时候只是统一了动作，而哈尼人在跳棕扇舞时更多的是融入了自己的心情，有时舞蹈动作会随自己的心情而变化。②

如今尼果上寨的年轻人出去打工的很多，虽然他们不喜欢学跳棕扇舞，但是，如果把棕扇舞的一些套路和动作画在墙上，当他们回家后便身处哈尼文化的氛围里，这种潜移默化由于动作的简单与套路的固定可

① 羊街乡人民政府副乡长王红梅访谈资料。访谈时间：2012年12月11日。

② 同上。

以让很多年轻人学会跳棕扇舞。而且垤霞村委会的艺术氛围很浓，每次活动时哈尼族独有的乐器拉巴哈米都会用上，在尼果上寨的村民全部参加活动的时候，这些艺术元素也都会留在年轻人的脑海中。文化便是这样传承下来的，有氛围的熏陶，也有生活的原生影响。

（三）主体民众的积极参与

这里的主体指的是尼果上寨的村民与参与跳棕扇舞的其他哈尼村寨的村民。在发展文化产业的带动下，政府对村民进行了广泛的动员，激发他们参与文化传承的热情。当棕扇舞申遗成功之时，带来的是全民欢庆以及对主体文化觉醒的激励。

在主体民众心中，棕扇舞得到了前所未有的重视，一场声势浩大的全民传承棕扇舞运动不但点燃了哈尼人心中对自身文化的骄傲，也搅动了昔日这个平静的山寨。主体民众对于棕扇舞的认识已不仅仅限于传统文化符号，还包含了他们的利益诉求与族群认同。然而，在主体民众的传承过程中，所遇到的问题并不少。

参与展演的哈尼族民众，平时要进行村里的传习培训以及祭祀活动。在与参演村民们讨论时，他们认为：

> 村里的传习活动、祭祀活动和生产劳动不矛盾，但是村里小组干部换届频繁，比较年轻，有可能导致刚刚兴起的祭祀活动不能长年累月、世世代代的坚持下去。另外，有些活动会因为家庭生活有时集中不起来，如果经常集中的话则没有误工费。如果一个家庭夫妻两人都参与活动的话，每次活动排练起来常常持续16天，农活就没人做了。①

所以，传承经费实际上非常紧张，造成这种局面的原因，小组干部认为：

① 尼果上寨表演人员访谈资料。访谈时间：2012年11月26日。

主要是因为各级对文化的重视力度不够，经费的不足以及缺乏上级相关部门的引导和支持。在传承上也没有相关部门的业务指导、扶持政策，仅仅为传承而传承，无经济成效给以更好的补充。传承与发展并没形成良好的循环，故而无法保障传承经费，使传承工作无法长期坚持下去。①

对此，村干部认为：

一是要做好传习人员的思想动员工作，鼓励他们坚持学习；二是应尽量节约开支，匀出一部分项目资金作为对传习人员的补助；三是制订培训计划，固定培训时间，固定培训人员的方式，加强此类文化的传承。同时，县、乡要积极做好村民间艺人申报传承人的工作，让传承人得到社会肯定；在各级的引导下，由民间艺人以及相关人员进行传授任务，同时，整合各种项目，特别是大文化下的文化传承工作项目，做好县、乡各级文化的培训，并进一步加大宣传力度。只有传承队伍活跃了，支持传承的资金到位了，哈尼族传统文化的传承与发展便能大见成效了。②

李倩英说：

除祭祀活动外，其他传统文化的恢复发展，村民容易接受，也可以接受村支书、组长、艺人老师的号召，愿意接受各类文化的学习。③

2011年，按照“四有”标准，确定了倪伟顺、李立黑、倪亚嘎、

① 尼果上寨乡干部李金文访谈资料。访谈时间：2012年12月4日。

② 同上。

③ 尼果上寨村民李倩英访谈资料。访谈时间：2012年12月4日。

李群英4人为传承人，组建了24名村民成立“迷都普思文艺队”。2012年，县、乡分别成立项目领导小组和执行小组；让棕扇舞民族文化“上墙”，将棕扇舞36招72式动作和民间传说，以图片、文字形式搬上墙；10月举办了第一期棕扇舞民风民俗传习培训班，为期15天；把尼果上寨村民小组党员活动室改建成了哈尼族棕扇舞文化传习馆。2013年，完善“棕扇舞文化传习馆”，展示哈尼山寨自然风光、民风民俗、农耕文化、饮食文化、民族服饰、民间乐器、农耕用具等，宣扬哈尼民族民间文化；1月举办了第二期传统手工制作民族服饰和谷管乐器演奏培训班，为期15天；组织有手艺的村民制作演出服，激活当地生产，拉动族人工艺制作积极性，慢慢形成产业；10月举办了传习人员才艺演出，对传习成果进行测评。

这种情况也暴露了火热的哈尼族棕扇舞展演与传承之间的矛盾。商业展演虽然宣传了哈尼族文化，也给尼果上寨的哈尼民众带来了游客、带来了经济收益，但是对于参与演出的尼果文艺队来说，其表演并无收入。尼果上寨仅有一支文艺队，共24人，以倪伟顺为核心，每次演出无收入，一台舞会加上村民共有280个演员，演员只有政府补助的误工费。参与演出的队员完全是出于自己对棕扇舞的喜爱。因此，如果展演队伍仅仅依靠政府的项目作为经济支撑，维持日常的开支，并非长远之计。商演文艺队既然走文化产业的路子，就应产生经济效益，与旅游结合，完善基础设施，走产业化、市场化的路子。

这也就说明，尼果上寨的传习队伍其实并不具备“独立行走”的能力，火热的展演仅仅是披在文化传承身上的一件华丽的泡沫袍子。当然，不可否认，在这华丽的泡沫中，我们看到了政府的努力，哈尼族文化的传播与民众的文化自豪。

（四）客体群域的推动和体验

客体即为“他者”，是与哈尼主体“我者”相对的群体。在这场哈尼文化的盛宴中，游客、媒体、学者、文化解读者、旅游从业人员等共同构成了参与这场盛宴的客体。从地域结构上来讲，客体横跨国际、国家、地方，共同组成了对哈尼棕扇舞进行欣赏、参与、审视、体验的巨大群域。

尼果上寨的哀牢风景、哈尼梯田、十八弯云海、章巴原始森林、哈尼山寨首先便构成了自然唯美的风光，哈尼文化的传统特质又形成与他者文化所不同的文化差异，再加上政府对哈尼文化的大力宣传，尼果上寨的棕扇舞成了客体眼中悠远古朴的异文化，争相赶来参与、体验，不仅带动了当地的旅游经济，也在客观上认识了哈尼文化，通过口耳相传，提高了哈尼棕扇舞的知名度与影响力。

四　棕扇舞展演、文化变异与传承困难

哈尼族棕扇舞最初主要用于祭祀活动，舞姿不求统一，但每个动作均有象征性，男性模拟动物或鸟类，女性手持棕扇模拟白鹇鸟动作，各自起舞，表示对死者的尊敬和怀念，既庄重肃穆又感情真挚。随着社会发展，棕扇舞逐渐淡化祭祀成分，发展为今天既可用于祭祀仪式更是自娱活动的舞蹈，不仅在祭祀、丧葬时歌舞，逢年过节、农事休闲时亦歌亦舞。

根据笔者的调研，尼果上寨的棕扇舞其实存在两种类别。村民介绍说：

> 村子里的棕扇舞一类是民间丧葬，不需人组织，大鼓一敲，舞蹈的欲望就出来了。跳完了吃宵夜，吃完又接着跳。如果灵魂送葬的仪式不在了，棕扇舞也就传承不下来。因为本土的棕扇舞与人们的生产生活息息相关。另一类是乡里、县上组织的活动来参与的。乡里组织的活动得到了社会各界的重视后，项目资金也就来了。比如民宗局的民族文化村寨项目就落在了尼果上寨。而对于推广棕扇舞进中小学课间操，我们认为是从思想上就把民族文化灌输给小孩，可以影响其后半生。也有可能长大了不记得动

作，但对棕扇舞的记忆是不会磨灭的。[①]

第一类棕扇舞依然具备其民俗功能，是丧葬的时候在表达对死者哀思的同时，也是对民族本源的追述，对天地产生的诠释，对生产生活的表达，对道德约束的警示。锣鼓一响，村民们就自然加入到舞蹈的队伍中，依舞蹈的讲述沿袭族群的历史与习俗，这样一个特定的场景，把自然的个人融入整个民族的文化表述中，使其强化了个体的归属感与自我意识，这样的传统才是真正的传承。而第二类棕扇舞，即用于展演的棕扇舞，其从信仰、结构和功能上都有了一定程度的变异。

（一）信仰变异带来的问题

尼果上寨哈尼族糯比支系是有其信仰体系的，他们崇尚自然，认为人是有灵魂的，即使人死了灵魂仍然不灭。

笔者曾观看了一场尼果上寨糯比支系的叫魂仪式。在糯比支系口中，叫魂也叫“约拉库”，一旦家里有人突然患病，家人就得请师娘看病，又根据师娘的意见请摩批或是长者对患者进行叫魂。叫魂仪式有大有小，有的请摩批杀猪举行，有的请一般懂祭祀的长者杀鸡举行，也有的人家煮鸡蛋自己举行。一般是患者在哪里受伤就到哪里叫魂，但不论远近，都必须要走出寨门。

一户姓白的人家，小孩生病了，于是请了摩批来叫魂。叫魂主要用簸箕，放上装有米和生鸡蛋的碗，用泥土捏成羊、猪、牛、马等牲畜的样子，再用马草和小竹管做成抬担，放上各种彩色的布条，一根白线、一块白布和几块钱，还有一只纯色公鸡。摩批抬着小簸箕来到门口，一个陪同他的人抱着鸡也来到门口，让小孩在鸡的头上朝外抹三次，表示一切妖魔鬼怪都从

① 尼果上寨村民倪亚嘎访谈资料。访谈时间：2012年12月4日。

病人身上扫出去，让这只鸡来顶替患者的性命去献鬼神。之后来到寨门外，把簸箕上的东西倒在地上，抱起鸡一边抹一边用哈尼话念："天王地主、祖宗三代，三方贵舅，××人生病了至今不好，祈祷上天太阳月亮神来看一眼，下地山河树桩石头神来看一眼。今天，我们备了各种各样的佳品献给你们吃，哪种恶鬼伤了他，这佳品就祭献给哪种恶鬼。你们吃了祭品还我孙儿孙女，让我孙儿孙女早日病好。让他在祖先开辟的地上过欢乐的日子，我孙儿的灵魂回来，回来，快回来，今天就回来，明天就回来，后天就回来。"然后把鸡毛拔下几根用火燃烧，表示杀给神鬼吃了。①

回去时，簸箕里只有鸡了，米、蛋、白线、钱都丢一半拿回来一半。患者家人见叫魂的摩批回来了，就走到门口不停地喊："回来，回来，我的孙儿回来，回到父母身边来，回到哥嫂身边来，回到公婆身边来，回来，回来，快回来。"摩批一到家就把门关上，表示神鬼都不要再进来了。然后就杀鸡煮肉。仪式结束后患者家要给摩批送钱送米，还派一人专门送摩批回家。②

传承人倪伟顺也跟笔者谈起，棕扇舞在跳的时候，并不是只有人在跳，神鬼也都在一起跳的。包括在村子里，要有丧葬的时候才能讲各个家族的族谱，没有丧葬哈尼人一般不会讲族谱的。他说：

我在写哈尼族丧葬仪式时，总会感到身体不适。在哈尼人的思想中，自然界是存在神秘力量的，这是所有族人的共识。包括在我们表演棕扇舞的时候，立新寨子的时候都不能乱说

① 笔者依据文化馆办公室主任倪银权翻译。

② 尼果上寨叫魂仪式调查资料。调查时间：2012年11月11日。

话的。[①]

哈尼族自古以祭鬼神为大，在“莫搓搓”中人们以舞动着的身体向神表达自己质朴、虔诚的期望，以祈求神的庇护。在祭神的舞蹈中，整个过程都体现出肃穆、笃诚，不可亵渎的神秘感。

“莫搓搓”因支系、地域的不同而不同，有众多的流派，如棕扇舞、毛巾舞、钗舞、竹筒舞、簸箕舞、鼓舞以及杂耍舞（包括棒舞、碗舞、盘舞、刀舞、叉舞）。尼果上寨的“莫搓搓”便是棕扇舞。“莫搓搓”只有在祭天神“奥玛”、地神“阿奥”、山公地母、“搓斯搓欤”、护寨神“拉必腊杉”或“普麻俄波”（也就是平时所说的“祭龙”）、家神“合法欧”这些神祇时才能举行。虽然各支系在形式内容以及细节上有所不同，但意义是一致的。

随着棕扇舞的展演不断推进，这些差异性在活动中已经被打破了，舞蹈成为一次哈尼文化的盛宴，不仅男女老少都可以参加，来自天南地北的游客也可以参加，参与和体验成为组织者动员游客体验哈尼族传统文化的主旨，以通过游客的参与而达到宣传的效果。这种娱神娱人的文化形态导致了棕扇舞信仰的变异，包括传承主体也从以哈尼族民众为主转向了来参与活动的游客。

（二）功能变异带来的问题

“莫搓搓”礼仪的举行全过程都体现出十分肃穆、笃诚的气氛，充满了一种不可亵渎的神秘感。其祭师称为“贝玛”或“摩批”，专门负责主持宗教祭礼、作法、占卜吉凶、驱邪除妖等事务。“贝玛”在产生头人之前曾经是政教合一的领袖。每个“贝玛”都有一定的活动范围，如果越出规定的管辖区，一切凡属宗教领域的职能和功能便完全丧失作用。尽管这只是一条不成文的规矩，但在哈尼族祭师中却一直在严格执行着。

① 传承人倪伟顺访谈资料。访谈时间：2012 年 12 月 5 日。

然而，如今的棕扇舞，尽管在民间传承的舞蹈依然保留着“莫搓搓”的精华，但用于展演的棕扇舞，其古朴之色顿减，舞蹈艺术与现代舞结合紧密，可以说完全丧失了原舞蹈中的祭祀功能。

图 2-6 尼果上寨哈尼族棕扇舞表演

在尼果上寨表演的大型露天《棕扇舞宴》是以倪伟顺的艺术团为主打造出来的，由《棕魂》《牛皮鼓舞》《恋歌》《哭嫁歌》等一些小章节构成。整台舞蹈叙述了羊街哈尼族的起源以及迁徙的历史，其中展现了羊街哈尼族的耕作、居住、饮食、宗教等民俗事象。由于所演的节目都来源于生活，植根于哈尼族的传统文化，同时又做了一定的艺术加工，较质朴而生动地再现了哈尼族史诗。这使外来的游客和观众感受到一种异文化的新颖和真切，博得了阵阵掌声，也得到了中外各界人士的赞誉与新闻媒体的好评。如今这样的演出共 150 场，观众达到 15.6 万人次。

笔者观看了 2012 年 11 月的“十月年”的演出，对现场的观众和媒体的报道也做了关注。现场的许多观众对这台节目都很喜欢，他们高兴地说：

> 这种原汁原味的民族风情歌舞在有专业性舞台的电视节目上是很难看到的，我们最喜欢啦！①

① 尼果上寨“十月年”访谈资料。访谈时间：2012 年 11 月 26 日。

笔者在现场听到一位元江县委领导向来观看演出的嘉宾介绍说：

现在现代的东西我们看得很多了，要看就要看这种原生态的东西，这台舞蹈就是原生态的哈尼族歌舞。①

现场采访的记者们说：

哈尼族《牛皮鼓舞》节奏鲜明，表演细腻，那粗犷豪放与娇柔优美的舞姿在抑扬顿挫的牛皮鼓及长号声衬托下就像美酒散发出的清香四溢，沁人心扉！②

新华社通讯记者李玉龙对哈尼民间艺术以木叶、稻管（土乐器）伴唱，体现了哈尼族男、女青年相恋的《恋歌》感触尤深：

这种罕见的表演艺术形式，富有传情魅力，《恋歌》真正达到了出神入化的艺术境界。③

《福建日报》及《福州晚报》记者吴孝武与陈秀华则以醒目的标题、溢美的笔调就哈尼族风情歌舞代表作《哭嫁歌》等节目的艺术风格、文化内涵分别在《福建日报》《福州晚报》上做了报道。玉溪群艺馆副馆长曾庆延在《云南省群众文化》刊物上以《牛皮鼓声震津门》一文做了详细的专题报道。

拨开对棕扇舞展演的赞誉及其对哈尼文化传承的影响与推动，实际上棕扇舞的功能已经发生了变异，从原初的祭祀功能转变为如今的展演功能。

---

① 尼果上寨“十月年”访谈资料。访谈时间：2012 年 11 月 26 日。

② 同上。

③ 同上。

（三）结构变异带来的问题

哈尼族的棕扇舞文化实际上是一个文化整体，它由仪式、服饰、舞蹈、古歌、乐器以及信仰等民俗要素组成，有其紧密的传统性与整体性。

就像“莫搓搓”仪式中，棕扇舞是离不开铓鼓伴奏的，没有铓鼓也就谈不上“莫搓搓”。铓与鼓是不可分开的祭礼乐器，它们都是一起敲击，有古朴浑厚之感。在哈尼族的信仰中，铓、鼓代表的是神的意志，是力量、智慧和权力的象征。鼓的形状饱满硕大，声音可以振奋人心，其神秘性还表现在从选材、制作、保管直至启用都有一系列严格的戒律。鼓身须由整棵树刳心制成，不能拼凑，质地须用林中的老锥栗或椿、樟木；牛皮须取自毛色光亮、四蹄健壮的牯子牛。砍树、宰牛和启用都须履行规定的祈祷仪式。祭器须由“咤巴”（哈尼山寨中由公众选出来的专理财务和掌管祭器的管事）保管，平时不能随意移动，更不能敲响。启用时由“抹巴”（公众推选出来的有威望的生理上无缺陷、夫妻儿孙健在的吉人，担任“龙头”或“寨头”）用茶、酒、谷子祭献后，由他敲响三声鼓，再传给敲击乐器的人后，率先在鼓声中跳起“莫搓搓”，然后场外的人才跟着入场一起跳“莫搓搓”。这些融合在一起的要素成为一个整体的结构，支撑着哈尼族文化的渊源不断流传。

如今，不管是申请非物质文化遗产还是对其进行传承保护方面，均存在着一个文化整体中分割出濒危的民俗碎片，在彰显其文化独特性的同时，说明了其文化差异性。由于这种文化差异性的存在，吸引了广大的游客来体验不同文化所带来的对生命价值与观念的冲击。棕扇舞的展演便是这样一种从整体文化中割裂出来的民俗碎片，在火热的包装、经营提升其商品价值的同时，也促使其完成了在文化结构上的变异。

这样的例子其实并不鲜见，国内很多以民俗文化保护为名而催生出的诸多伪民俗，不但使这些民俗文化丧失了滋养其生长的土地，也不可避免地带来了对少数民族文化的现代性冲击，使其仅表现出一个民族文化的浅表特征，甚至在商品化大潮的席卷下庸俗了其原初的宗教或信仰本真。当一种民俗文化事象进入这样的旅游商品怪圈后，人们对其特性的新鲜与差异感会逐渐消失，已被商品化的民俗事象已经不可能再恢复到主体民众的生产或生活当中，那么“四不像”的民俗事象终将被社会所抛弃。而当一个民族的特性与原初的信仰被同质化后，或许这才是这个民族传统文化的灭顶之灾。

当然不可否认，在全球化的大环境下，对于偏安一隅的西南少数民族，不管从地理、经济、社会、人才等方面来说在市场经济中均处于劣势，只有把丰富的文化资源转化为经济资本，才有可能参与到竞争激烈的市场化经济体系中，凸显自身优势，以实现对自身族群文化的保护。这一过程包含了对自身文化的认识与觉醒，对外来文化的对抗与选择，对发展所带来的两面性的迟疑与思考，对文化旅游的重塑与调整。提取民族文化事象以支持该族群发展文化产业，以期在产业发展中实现少数民族自给自足的经济腾飞。

从棕扇舞的案例中我们看到了政府的支持，媒体的宣传，族人的文化自觉，传承人的努力，社会效应的提升，最终形成了尼果上寨棕扇舞传承的火热场面。当然，由于市场自身的缺陷、制度的不完善、浮躁近利的心态、经济发展的水平、游客的修养素质等因素，也都会导致一种民俗事象的变异，而且这种变异并非笔者所要阐述的文化传承。

五　休闲民俗与文化传承困境的矛盾分析

作为一个发展中的文化传承点，这探索历程是没有终点的，在前进的道路上依然充满了艰辛与挑战。从调查的情况来看，尼果上寨走文化产业的传承模式在现有阶段来说是成功的，其文化传承与旅游经济在互动中取得了斐然的业绩，但这种互动过程中也包含了相互制约的因素，这些制约因素突出表现在发展过程中遭遇的诸多问题，这些问题并非都是自身造成的，更多是体制、大环境、发展阶段性因素使然，即使如此，对这些问题的清醒认识与把握对棕扇舞的可持续传承具有深远的意义。

（一）原生文化生态展演与民间文化传承的发展悖论

很多以发展文化产业来保护民俗文化传承的模式，其内涵是通过文化的保护与合理利用，使文化注入旅游经济中，从而提升旅游品质与内涵，促进旅游经济的发展；而旅游经济发展中获得的经济资本反哺文化的保护与传承，使文化保护与经济发展获得良性互动的可持续发展格局。实际情况说明，尼果上寨的哈尼族在这近五年里获得了长足的进步发展，荣获的诸多荣誉主要依靠了旅游的崛起。文化是一个内涵丰富、外延广阔的范畴，它的价值内涵中也包含着与经济紧密联系的因素，正如法国社会学家布迪厄所言：“民族经济总是淹没在文化海洋中。”经济与文化存在着共性的一面，但二者毕竟属于不同价值、意义体系的范畴，二者也存在个性、独立性，不可能把二者等同化，过于强调、侧重于文化资本的附加商品属性，忽视了其文化属性，实行文化资本的过度开发，甚至趋同于经济资本、社会资本、象征资本，使文化呈现断层化、破碎化、庸俗化。这种趋势导致了文化资本与经济资本、社会资本、象征资本反向转化，即文化自身身份的失落，使社会荣誉受损，继而带来社会关系的紧张、信任度降低，从而导致经济增长停滞。

尼果上寨的棕扇舞展演模式仍呈现良性发展态势，但其自身标榜的“原生态民俗文化”“哈尼文化圣地”与实际情形有着较大的距离。毕竟它作为带有商业性质的展演，不可能复制真正原生态的民俗文化，何况“原生态”本身是个富有争议的概念，任何文化都是发展变化的，真正原封不动的“活化石”文化是难以界定的，“原生态”的原点何在本身存在歧义。尼果上寨中进行展演的民间艺人、传承人与哈尼族真正的摩批、棕扇舞蹈是不可同日而语的，展演的目的、对象、动机、心态、环境都发生了很大的变异，譬如上文提到的摩批在村寨中主持家族中传统仪式的氛围、参与民众的态度、村落秩序与文化空间的互动，都与面向游客的祭祀展演迥然不同。展演主体面对陌生的游客，他的心态、动作、行为过程都要受旅游场域的深刻影响，而游客进入这样一个文化迥异的场域，与表演者同样形成了一个巨大的文化鸿沟。从这个意义上来说，展演宣传的原生态性，更多是为经济利益服务。而且这种文化展演在长时期的市场化运作过程中，形成了模式化、商品化、表演化、雷同化、大众化，从而消减了传统文化的生态性、差异性。

（二）自然生存与外部力量介入保护的矛盾

如上所述，各种外部力量对尼果上寨棕扇舞的传承做了大量卓有成效的工作，但在乡村文化生态受到现代性冲击的时代背景下，传承危机仍未解除，因此把传承点直接放到了乡村第一线。这里出现了一个值得思考的问题：对于这些传统民俗文化保存较为完整的村寨，应该保持一种超然的观察态度，还是积极介入其间？

从道义上来说，尼果上寨多方外部力量的介入兼顾了各方的发展利益与保护民族传统民俗文化的期愿，但问题的关键是多方外部力量介入后，村落的文化生态肯定会发生变化，这种变化与各方力量的出发点、具体规划、认识程度密切相关，是否会出现“好心办坏事”的窘境？从国内外实例来看，至今仍未有过成功的案例，譬如国际组织介入的贵州梭嘎苗族生态博物馆保护工程，尽管秉持了“最大限度保护原来文化生态”理念，但最后还是宣告失败。对于任何一种不同于原来村落文化的主体介入其中，这种介入不管是否出于好心，必将对其文化生态带来影响，这种影响一旦产生就无法消除，甚至成为文化灾难。如何整合不同相关利益者的力量，维护文化拥有者的主体性，激活传统中的创新因子，让文化主体真正达成文化自觉，才是传统文化可持续发展之科学、合理的路径。

换句话说，如果尼果上寨的棕扇舞文化没有转换为文化资本，那它还会像今天这样“奇货可居”吗？毋庸讳言，哈尼族棕扇舞文化因其文化差异性、独特性，成为可以利用的文化资本，这在一定程度上促进了哈尼文化的复兴，甚至一些摩批祭祀仪式中断多年的山村也开始恢复。但这种哈尼族文化的重新“植入”（implantation）哈尼族民众生活“肌理”的过程，更多是在外界力量的推动作用下达成的，而不是一以贯之地承袭于哈尼族民众的日常生活之中。这种“植入”而不是“承袭”凸显了棕扇舞文化与哈尼族生活的断裂以及历史连续性的断层。这对传统文化的“文化整体”与“活世界”而言，的确是一个巨大的难点。

（三）输血与持续的两难选择

棕扇舞在文化保护上走文化产业道路，是发展得较为成熟的一个案例。但是，在种火热的现象下面，笔者关注的是持续性问题，即当输血功能撤出后，棕扇舞的展演团体是否可以维持运转？或者是否依然能保持如今这样火热的状态，使哈尼文化得以传承？通过笔者的调查，以倪伟顺艺术团为主体的展演团体并无收益。很多表演活动是在节庆或举办学术论坛时才进行，最大的资金支持是来自政府的拨款，以支付村民的误工补贴。而来参与观看的受众以三类群体组成：其一是节庆时县上请到的各级部门领导、社会人士、学者、媒体等，并不支付挂在元江县网站上对参与“十月年”的游客所要求的50元门票；其二是本地村民，参与“十月年”广场上的各类游戏活动，这些村民也是不用交门票的；其三是受宣传影响来此的少量零星的游客，支付了50元的门票，但这样的收入远远不足以支撑场面如此宏大的表演所需。因而，笔者对于这一在文化产业发展中较为成熟的案例，提出输血撤出后是否可以形成产业以自给自足的问题，答案只能是否定的。

在笔者心中，实现一个民俗事象的文化传承应是让其有生生不息的生命活力，有可供其生长壮大的民间土壤，其充溢在民众的生产生活中，与人们的作息息息相关，是附着在民众生命中不可或缺的习俗惯制，是在信仰、功能、结构上与原初民俗保持一致性的传与承。

那么，如何真正实现尼果上寨棕扇舞的文化传承呢？这其实可以从棕扇舞本身的特性中寻找到答案。

（四）对民俗价值和文化的重新肯定和判断

非物质文化遗产是民众的智慧结晶，也是国家的宝贵财富。其由诸多的民俗事象所组成，尽管这些民俗文化濒临失传的危险，但依然生存在故土，有着人文的温度，不是冷冰冰的“遗产”二字所能概述的。故而笔者在表述上更愿意选择用“民俗”作为本书阐述保护与传承的对象。

民俗的价值，就是民俗对人的可用程度或积极影响，是广大民众所创造、享用和传承的生活文化在民众生活中的作用和意义，是作为“符号”的客体文化事象对于文化的创造者这一主体的效应。民俗文化的存在、作用及其变化对于传承主体需求的满足，就产生了价值，即正面价值；民俗文化的存在、作用及其变化对于传承主体的需求不能满足，或对人的生存和发展构成危害，就等于无价值或产生了负价值。人是一切文化价值的主体，文化的价值以人的需要为先决条件。对这种需要满足的程度就等于价值的量度。

民俗文化创造和选择的过程，就是民俗价值实践的过程；创造和选择的结果，就是民俗价值的实现。在人类社会发展过程中，民俗文化的价值体系总是在长期反复的价值实践过程中渐次建立起来的。那么，民俗的价值观也就积淀在人们的心理上，成为一种稳定的文化传统与意识规范。民俗价值观是价值体系中的软件组织，它制约和决定着传承价值体系的基本结构。从表现形态上看，民俗价值观是传承主体对民俗文化的一种态度，同传承主体的理想、需要、志向、情感、兴趣、好恶密切关联。从发生渊源看，民俗价值观是传承主体以自身的需要系统为依据，对民俗文化作用进行选择和整合而铸造出来的观念形态。从思维形态来看，民俗价值观是人脑中概括、抽象出来的关于传承主体与外物关系的系统看法，是一种思维机制引导的理性意念。每当具体的民俗文化现象出现在传承主体的面前时，特定的民俗价值观便抽离、综括出特定的价值标准，对这种文化现实予以评估、衡度和鉴定，其价值标准从不游离于民俗价值观之外。

六 小结

本章以元江羊街乡垤霞村委会尼果上寨村民小组的棕扇舞为例，从培育其生长繁盛的村寨入手，描述其艺术要素，并结合节庆时段对其传承现状进行分析，从中看到了现存的传承问题。如何解决这些问题，实现棕扇舞真正的文化传承？笔者认为，基于表演、仪式理论与休闲理论的重合，棕扇舞作为一种民俗文化事象，即使在所有输血功能撤出以后，文化自觉下的哈尼民众对休闲的诉求仍可以实现民俗文化的传承。

第三章

文化认同下峨山大棚租花腰彝服饰、剪纸和刺绣的休闲传承

一 小街镇大棚租村的花腰彝及其传统文化概况

人类在大自然中生存，除了生物本能外，还有另外一种方法与自然朝夕相处。这种方法就是学习的能力。人们通过学习不但可以传承古老的技艺，也可以创造新的技艺。学习使人类文明得以生生不息，使文化万代相传。而其中，民俗作为人类学习的一部分，成为与每一个人都切身相关的文化传统。

人类物种的生存活动并不仅仅是从动物本能开始的，还包括从祖先那里继承下来的一些身心素质、知识和技艺。在生存活动中包含了人类的各类需求，正是有了这种需求，人类才得以发展，人们必须创造各种条件去满足这些需求，饥饿的时候需要食物，寒冷的时候需要衣服，各类需求像一只手推动人们去创造。而民俗在这样的创造过程中，成为人们必要的文化传统，在生存需求动力的驱使下，构建起人们生存所需的一系列身心素质、传统知识和技艺。马斯洛把人的需求分为了五个层级，从“生理”到“安全”到“爱”到“尊重”，最后再到“自我实现”，它们体现出由低到高的价值和意义。生产力的发展使人的需求从低级向高级提升，当物质必需的生存目标不难达到时，民俗活动所包蕴的生存需求也开始向最后也是最高的那个价值——自我实现的价值需求转变，这正好体现了休闲生活实现自觉生命意识的主旨。由此，在新的历史条件下，民俗活动与休闲生活叠合

出了一个精神超越的界域。

2009 年，峨山花腰彝（聂苏）剪纸刺绣服饰列入云南省非物质文化遗产保护名录，根据调研，笔者发现剪纸刺绣服饰的保护与培育确实与当地民众的休闲生活息息相关，其正是实现了个人价值的一种体现，这种对个人价值的内省是实现民俗文化传承的前提。换句话说，即当剪纸本身成为一种休闲方式的时候，它对休闲的认同也就成为文化传承的新途径。

（一）小街镇大棚租村的花腰彝概况

峨山是新中国成立后的第一个民族自治县，也是云南省的第一个自治县，彝族作为峨山的主体民族，分别有纳苏、聂苏和山苏三个支系。花腰彝则属于聂苏支系，他们使用的语言为彝语，文字为彝文和汉文两种。目前，8 万多的世居彝族群众保留着浓郁的峨山彝族特色，棚租是全县唯一的花腰彝聚居村，早在 2005 年就被县政府命名为花腰歌舞之乡。花腰彝服饰文化既体现了峨山彝族的特性，又有助于推动祖先文化、火文化、歌舞文化、毕摩文化等广义彝文化的传承。

峨山的花腰彝主要居住在小街镇棚租、雨来救、大维堵，化念镇罗理、双江镇多依树少有分布。居住地方为山区和半山区，彝族花腰总户数为 1039 户。小街镇国土面积 241.13 平方公里，人口 3988 人，耕地总面积 30902 亩，山地面积 11764 亩，人均耕地 2.3 亩，经济来源主要为种植烤烟、萝卜、苞谷、油菜及养殖业。这里土地肥沃、气候宜人，属亚热带半温润凉冬高原季风气候，干温两季分明，光照条件好，雨量充沛。境内地形复杂，山高谷深，气温及降雨量受到海拔影响，立体气候明显。境内有莫车、玳瑁、石邑、舍郎四大水系，属珠江流域西江水系，莫车河汇入七寨河，玳瑁河汇入犹江，石邑河汇入碌碌河，舍朗河汇入犹江。峨山彝族自治县小街镇距县城 6 公里，距玉溪市 22 公里，距昆明市 110 公里，地势西高东低。东与红塔区、通海县交界，南与石屏县相连，西面是本县双江镇，北与红塔区研河相连。小街镇有广阔的森林，有云南松、青冈栎、华山松等，及灌木如清香木、地盘松、杜鹃等。森林覆盖率为55.8%。经济作物主要以水稻、油菜、小麦、苞谷、烤烟种植业为主并辅以畜牧业的发展，现有个体私人企业1744个，农民月均收入3096元。小街自然资源较为丰富，有地下热泉、石灰石及矿产资源（铁、铜、煤等）。交通道路174公里，主要道路通往玉溪、昆明及峨山县城。

峨山县小街镇历史悠久，民族风情浓郁，自然风光秀丽，人文资源丰富。小街镇1953年前属河西县管辖，称河西县第三军屯镇，因地处河西县西边、又有西乡小街之称，1954年划归峨山县，沿用小街之称，素有“峨山县米粮仓”和“峨山侨乡”之称。全镇共辖14个村委会，81个村民小组，82个自然村。居住着汉、彝、回、蒙古、白、哈尼、壮、傣、苗等11个少数民族，其中彝族为主体民族。少数民族人口11113人，占总人口的44%；彝族人口8237人，占总人口的33%，各民族都使用自己的语言。

笔者的调研点选择了小街镇的大棚租村，该村委会为玉溪市峨山县聂苏花腰彝的主要聚居区，位于小街镇南面，与红河州石屏县龙武镇、哨冲镇相连，距街道办事处18公里，距县城24公里，全村总面积为34万平方公里，下辖6个自然村4个村民小组，村委会所在地海拔1790米。全村共有571户、2275人，其中彝族人口占全村总人口的97.6%，均为聂苏，是典型的山区彝族聚居村。农民收入主要以种、养业为主，2014年末全村共有耕地面积6300亩，其中田1200亩，以种植烤烟、萝卜、粮食为主，粮食总产144.71万公斤，人均占有粮食636公斤；肥猪存栏2345头，出栏3915头，大牲畜存栏727头，家禽存栏12.8万只，全村经济总收入2549万元，农民人均纯收入6044元。

大棚租村的彝族花腰主要姓氏为方、矣、龙、周等。他们非常热情好客，笔者在村中调研时，受到了他们热情的接待，争相向笔者介绍村里的情况，就像他们火一样的民族性格。

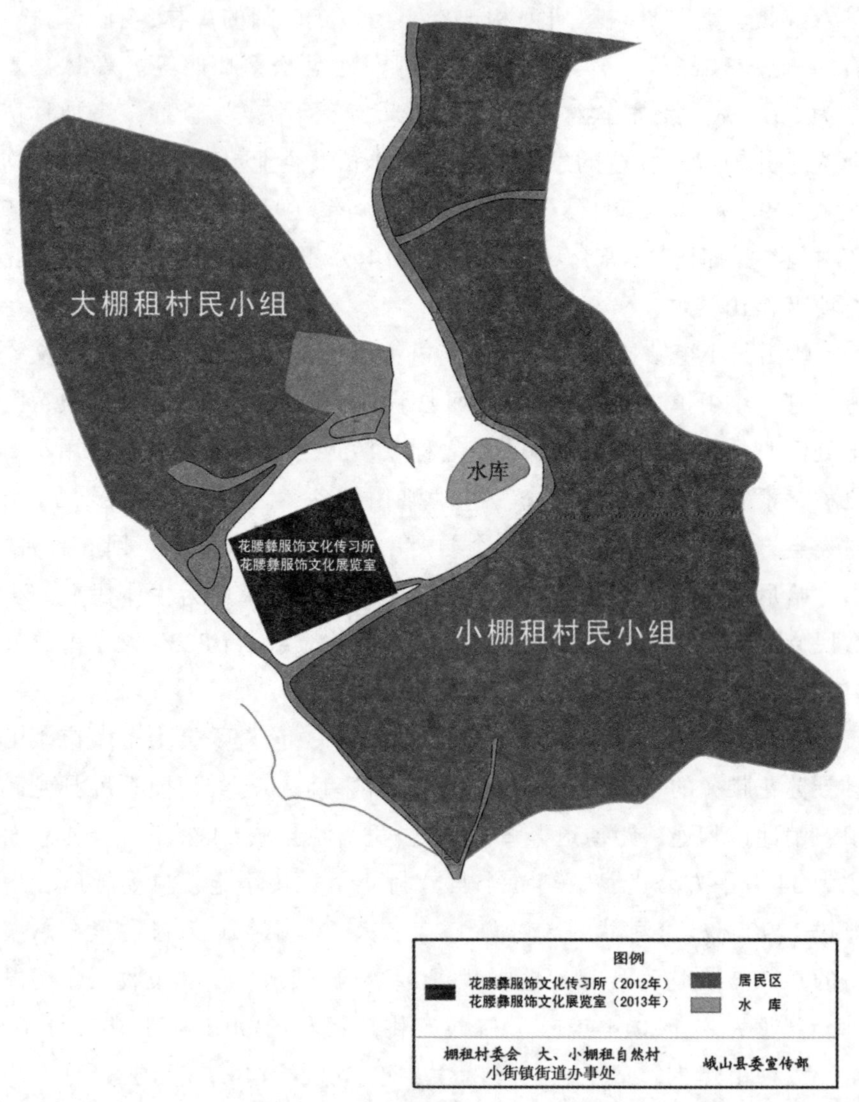

图 3-1 峨山县小街镇棚租村委会自然资源及文化空间

该村的传统民居为彝族典型的土掌房。土掌房房顶之间有木梯相连，所以整个村寨的村民足不出户就可以在房顶之间完成相互串门、联系、聚会等活动。房顶也是彝族妇女相互间学习剪纸、刺绣技艺的场所，她们制作和刺绣的地点除了房顶还有火塘边。

但现在随着经济条件的改善，以及生态保护的需要，传统的土掌房已基本被砖瓦房取代，现在也有不少的水泥房。村民的住房得到了极大的改观，但原来居住的生活场景方式也多已改变。目前，尚未有如何保护传统民居建筑等方面的具体措施。只能倡导村民在建盖新房时在房子的设计中融入传统民居的风格和文化元素。在笔者调研时，村组正策划配套建设花腰彝文化小广场、科技文化活动室等，为开展传统文化活动提供场所。

棚租村因是世代聚居的彝族村落，花腰彝传统舞蹈、音乐、毕摩等传统文化保留较为完整，2005 年县级命名的 54 项民族民间文化保护名录中，仅花腰彝族就占了 9 项，棚租被列为峨山花腰歌舞之乡。特别是花腰彝服饰文化尤为突出，1998 年擅长花腰服饰剪纸和刺绣的肖会玉被命名为省级民族民间美术艺人，该村的农村成年妇女均会传统手工刺绣，农闲之余便是刺绣自己喜爱的传统服饰。火把节、县庆、祖先文化节等县里各种大型文艺活动演出均少不了着装艳丽的花腰歌舞表演，他们还代表峨山参加了 2008 年省、市春晚、新农村文艺会演、建党节等各种文艺赛事。2009 年该村龙祥旺家庭被省妇联推荐参加了 CCTV—3“神州大舞台”。2011 年在楚雄永仁举办的第四届云南民族服饰文化节暨中国彝族赛装节上，峨山彝族服装表演和原生态酒歌比赛均获得了二等奖。目前棚租村有市级工艺师 2 人（邓秀莲、肖会玉），县级工艺师 4 人（邓秀莲、肖会玉、钱映花、徐慧珍）。

村里的主要节目庆典活动为祭龙节，三月三“男人节”，三月八“姊妹节”，以及彝族火把节。歌舞以花腰大娱乐（挝乐）为主。

彝族的传统服饰特别有特色，尤其是聂苏支系的花腰彝服饰以鲜艳亮丽著称，是峨山彝族服饰文化的一朵奇葩，以花腰彝服饰代表的峨山彝族服饰于 2009 年被列为云南省第二批非物质文化遗产保护名录。花腰彝的服饰文化是一部穿在身上的民族文化史，棚租花腰彝服饰文化具有鲜明的代表性，又有非常重要的保护传承价值。

彝族聂苏（花腰）人的妇女服饰是峨山县民族民间文化的优秀项目，也正在形成文化产业的雏形。在当地，深受彝族花腰妇女的喜爱，服饰工艺制作艺人较多，几乎人人都会制作和刺绣，具有广泛的群众基础，在峨山县和其他地方均有较大的影响力。

（二）大棚租村花腰彝妇女服饰的构成和纹样

彝族服饰从来都以其丰富的想象力与变化多维的刺绣手法在民族服饰中占有重要的角色。花腰彝族妇女的服饰在彝族服饰中又独具风格，让人赏心悦目。

棚租花腰彝族妇女的服饰非常鲜艳，以红色和黑色为主体颜色，其中配以绿色、白色和蓝色等。服饰则主要以包头、长衣、绣花鞋为主，在长衣外配上短衣，围上腰带，有的依据不同的场合再配以兜肚、手帕和银泡等装饰。服饰上的纹样主要采用了自然界常见的形象来设计与刺绣，如太阳、月亮、星星、鲜花、鸟类、昆虫等各种各样的图案，然后刺绣在衣服的袖口、肩上、背部、腰带还有裤脚上。所有刺绣都依据心灵手巧的花腰彝剪纸形象搭配颜色，形象自然，精巧细致。无怪乎在坊间有“花腰姑娘满身花”的谚语流传，就因为花腰彝妇女服饰从来鲜艳夺目，年轻花腰姑娘和婚服服饰更是显得格外突出，花饰图案较多，色彩艳丽饱和。

1. 彝族花腰妇女服饰的构成

彝族花腰妇女服饰由头饰（帽子）、大褂（长衣）、小褂（短衣）、兜肚、围带、腰带、裤子、花鞋及银饰、手帕、烟包、护心镜等饰物组成。

（1）头饰（帽子）。花腰彝妇女的帽子非常有特色，由黑色、红色和绿色组成，两边缝了带子，顶端则刺绣上各类花纹作为装饰。戴时折叠成帽状，以带束扎，带子两端系上缨须下垂耳旁，耳缀大环。帽子正面中有一条横带，绣满花饰图案及花边纹样，主体图案为“铁犁花”，带子边缘有浅红色花边纹样，带子两顶端系上缨须。帽子背面，帽子上端横长方形布料绣满花饰图案及花边纹样，图案为“玛樱花”。

中老年头饰：以黑、蓝色布料为主，花饰较少。色彩素雅。

丧葬头饰：以黑、蓝色布料为主，不用花饰图案。只有花边纹样，颜色单调。

（2）大褂（长衣）。彝族花腰妇女服饰的大褂较宽大，对襟，短领带手袖，衣至小腿部，中间布料多为红色、蓝色、黑色拼搭，花饰图案及花边纹样主要集中在坎肩、袖口和后摆上，坎肩上绣有“火把花”和“石榴花”，袖口上绣有“玛樱花”，后摆上绣有“虎头花”图案及花边纹样。

图 3-2 花腰彝青年服饰

姑娘大褂：布料颜色不限，手袖多为红色，手袖口花饰图案多为“玛樱花”图案。肩上绣有“石榴花”。后摆花饰图案密布，是花边纹样最多的地方，绣有“虎头花”等花饰图案，色彩艳丽。

结婚大褂：基本同上一致。

中老年大褂：布料颜色多为黑、蓝两色，手袖多为蓝、黑色，花饰图案装饰不多，后摆不用花饰图案，只用花边纹样。

丧葬大褂：基本同上一致。

（3）小褂（短衣）。彝族花腰妇女服饰的小褂是整套服饰的主体，特点鲜明，整件小褂布满花饰图案及花边纹样。小褂造型为中开低领，无袖，衣至腰际，紧身，小褂布料为黑色、蓝色。小褂领的位置上有圆形花边纹样，颜色多为深红、浅红。圆形边缘为锯齿形（当地人称“狗牙边”）花边纹样；从肩至腰际也同样有两竖条花饰图案及花边纹样（前后一致），小褂背面中间绣有花饰图案和花边纹样，颜色多为红黄相间。彝族花腰妇女服饰的小褂有年龄和婚丧的差异。姑娘小褂：花饰图案和花边纹样装饰较多，鲜艳，胸前绣有“牵牛花”，领口上绣有“火把花”，背面中间绣有“刺花（螺丝花）”，领口上有银泡装饰。

结婚小褂：在姑娘小褂的基础上，花饰图案和花边纹样更多，更加鲜艳。

中老年小褂：花腰妇女服饰的小褂，中老年主要区别在于花饰图案和花边纹样较少，前胸左右竖花边图案单纯，背部不用花饰图案，只用单色（红、绿、蓝、白、黄）竖条纹装饰，表示长寿之意，老年人的小褂在当地也叫“寿星背”。

丧葬小褂：基本同上一致。

（4）兜肚。花腰妇女服饰的兜肚由三块底布组成，上方为一块倒长方梯形，中间为正梯形的两块蓝、黑或红色的底布缝制而成，顶端系上挂于脖上的细带；两块拼缝的布下方为绣有花饰图案及花边纹样的长方形浅布料，花饰图案多为“金雀花”；花边纹样颜色多为黑色和红色，并有银泡装饰。花腰妇女服饰的兜肚有“遮羞”之意，兜肚不分年龄、婚丧的禁忌。

（5）腰带。花腰妇女服饰的腰带大约有两米长，布料大多以红色和黑色为主，在腰带上多刺绣上“玛樱花”等花纹，繁而不乱，有些还装饰上银泡或珠子，非常显眼。

姑娘腰带：腰带顶端的花饰图案较多，刺绣的图案色彩丰富、明快，颜色多为红、黄、蓝、绿穿插。

结婚腰带：基本同上一致。

中老年腰带：图案单纯，色彩不多。

丧葬腰带：同上一致。

（6）围带。花腰妇女服饰的围带长约1米，宽约十厘米，整条围带全部绣满花饰图案及花边纹样，两端有银泡和银圆装饰，带子下方系有缨须。花饰图案多为“牡丹花”图案。刺绣颜色基本为浅红、绿色相间。

姑娘围带：花饰图案及花边纹样装饰较多，颜色几乎都是红色，图案为二方连续图案。

结婚围带：同上一致。

中老年围带：花饰图案及花边纹样装饰较少，围带以蓝色布料为主。

丧葬围带：同上一致。

（7）裤子。花腰妇女服饰的裤子在以前为大纽裆裤，现在基本为直筒裤，布料颜色多为黑色，裤脚口用绿、蓝布料拼搭。绣有图案“虎头花”。

姑娘裤子：唯一区别在于裤脚口绣花。

结婚裤子：同上一致。

中老年裤子：裤脚口不做任何装饰。

丧葬裤子：同上一致。

（8）花鞋。花腰妇女在以前穿花鞋的较多（包括用稻草编织成的花草鞋，系上各种色带），现在大多用胶鞋和其他替代花鞋。花鞋用布制，布料颜色为黑色，鞋底也叫千层底，绣上各种花饰图案及花边纹样。花鞋有年龄及丧葬差异。

姑娘鞋子：不用花鞋，用其他鞋替代。

结婚鞋子：同上一致。

中老年鞋子：彝族花腰妇女的花鞋为中老年穿着，中年妇女的花鞋上绣有“并蒂莲”花饰图案，老年人则绣“寿星纹”。

丧葬鞋子：绣“寿星纹”图案。

（9）饰品（手帕、烟包、银饰、缨须）。

手帕：彝族花腰妇女服饰的手帕较为独特，主要起装饰作用和擦汗之用，共有两块，由一条长约30厘米、宽约10厘米的布料绣花装饰而成，布料底色多为蓝色、红色、绿色拼搭，上顶端系上一条银链和银圆，挂于腰际。上下有红、黄、蓝、绿缨须装饰。花饰图案为“玛樱花”。

姑娘手帕：手帕主色调为红色，绣有花饰图案。

结婚手帕：同上一致。

中年手帕：手帕主色调为绿色。

老年手帕：手帕主色调为黑色，不用花饰图案。

丧葬手帕：同上一致。

（10）烟包。未出嫁姑娘的专用饰物，用来装小饰物，如化妆品、小圆镜、梳子、小刀等，好把这些小物品送给心上人，如小刀。烟包造型为“心”形，两端系上带子挂于肩上，垂于左腰际。烟包上绣有“相思花”花饰图案，并用银泡或者其他装饰物装饰。边缘系有缨须。

（11）银饰。花腰妇女服饰的银饰主要装饰在小褂领口、兜肚、围带、手帕、烟包上，起装饰作用。银饰主要从市场上购买。

（12）缨须。花腰妇女服饰的缨须是用毛线制成的长约10厘米的装饰品，缨须的颜色有红、蓝、绿等色，主要装饰在头饰围带、手帕、烟包上，起飘逸作用，与服饰主体相呼应，有动静之关系。

姑娘缨须：以红色为主，装饰数量较多，鲜艳夺目。

结婚缨须：同上一致。

中老年缨须：以蓝、黄、绿为主，装饰数量较少。

丧葬缨须：同上一致。

棚租花腰彝服饰的穿戴有其一定的顺序，先穿裤子，套上绣花鞋，围上兜肚，穿上长衫，套上领褂，系上腰带，再戴上帽子。看其穿衣服的过程，感觉就像极具艺术表演的一套仪式，把颜色鲜艳的刺绣服饰一点点穿戴在身上，然后整个人就一点点地鲜活与灿烂起来，的确是一种艺术享受。

2. 花腰彝妇女的服饰纹样

棚租花腰彝的妇女服饰，依据不同的年龄阶段和不同的场合有不同的纹样和颜色。

（1）服饰布料。花腰妇女服饰的布料（底布）在以前是从通海县河西购买的粗麻质土布，据调查，在当地没有自己织布的历史记载；现在大多是市场上购买的各种质地不同的布料。

（2）布料颜色。服饰多以红、黑两色为主色调，另杂有绿、蓝、白等色，布料颜色在不同年龄花腰妇女服饰的运用中有一定的差异。

（3）花饰图案。花饰图案是彝族妇女服饰中最重要的组成部分，分布于整套服饰（除裤子外）中，图案的色彩搭配非常和谐。这样的审美体验贯穿于花腰彝的服饰设计中，既有民族的文化特征，也反映了民族性格中的乐观与向上的积极体验。这些纹饰图案归纳起来，大致有玛樱花、虎头花、相思花、犁头花、火把花、鸡瓜花、玫瑰花、金雀花、石榴花、牵牛花等，以花寓意，都蕴含了彝族人民对美好生活的向往与对自然审美的肯定。

（4）花边纹样。彝族花腰妇女服饰的花边纹样在服饰中广泛运用，颜色多为浅色（粉红、浅蓝等）。在花边纹样的装饰上与主体花饰图案遥相呼应，互相交织。花边纹样也是手工精心刺绣，大多施于帽子、服饰、裤子、围腰、腰带、手帕、烟包的边缘上，或围绕主体花饰图案。花边纹样特别在中老年花腰妇女服饰中运用较多。

（5）姑娘服饰。彝族花腰姑娘的服饰较为复杂，布料（底布）多为黑色和藏青色；花饰图案较多，色彩鲜艳、火红，图案多以"玛樱花""玫瑰花""相思花"等为主。并配有饰物（烟包、银饰、手帕），其中，烟包是年轻的花腰姑娘独有的装饰品。

（6）结婚服饰。花腰姑娘结婚时候选用的服饰比平时所穿着的服饰色彩更鲜艳，纹饰也更丰富，装饰也更多样，几乎全身的衣服都有图案的装饰与色彩的闪耀，同时还运用了缨须等饰物作为配饰，使服装元素更加丰富与灵动。故而结婚服饰既是姑娘一生中最重要的具有象征意义的服饰，也是她们最钟爱而每到农闲时都要抽空进行缝制的服饰。

（7）中老年服饰。彝族花腰中老年服饰，布料更加深沉，中年妇女服饰的图案较少，花边纹样较多，显得较为素雅；老年服饰几乎不用花饰图案，只用花边纹样装饰，花边纹样因是长条形的，暗指“长命”之意。整套服饰色彩暗淡。

（8）丧葬服饰。彝族花腰老年妇女在去世后，随葬的服饰更为单纯，不用花饰图案，花边纹饰较少。

花腰彝服饰最吸引人的就是它的立体图案，其纹样从大自然中汲取灵感，有花草树木，也有虫灵鸟兽；有蕴有神话传说、历史故事和民间习俗的图案纹样，还有对世间万物进行了高度概括的几何图案和文字造型。这些纹样都依照着灵动的剪纸艺术挑花而成，不仅包涵了图腾崇拜等原始宗教在里面，也是对花腰彝自己的文化、习俗、历史的象征，村民把美好的希望寄予在这些美丽的纹样中，从内心深处祈祷吉祥安康。

二 花腰彝妇女服饰、剪纸和刺绣的文化传承方式

（一）花腰彝的代系传承方式

棚租彝族花腰妇女服饰，一般来讲花腰彝的姑娘都会做。从姑娘很小的时候，便跟随母亲，在母亲缝制衣服的时候便学习剪纸与刺绣工艺，到出嫁的时候，基本也会做一套很好的民族服饰了。在工艺传承上，有家族传承，也有拜师学艺的。现今，在小镇街有传承人肖会玉、邓秀莲等，专门传授花腰彝服饰的制作工艺，包括剪纸和刺绣。传承人获得了“云南省民族民间美术艺人”的称号。制作一套花腰彝服饰需要大量的时间，做得快的要三五年，做得慢的有时长达十年，因为都是手工制作，所以一套花腰彝服饰的价值通常在数千元左右。一般姑娘平时一套，嫁衣一套，中老年一套，丧葬时一套。

出生于1954年的传承人肖会玉自小喜欢观察生活，喜爱本民族花腰妇女服饰，对该服饰情有独钟，心灵手巧，经常观看大人们制作

服饰，独自用废布和硬纸进行刺绣和剪花。14岁以后，为准备自己出嫁的吉服开始向外婆钱李氏和村里老一辈花腰服饰制作者学习制作技艺。在学习过程中，虚心向师傅请教，不懂就问，很快就全面系统地掌握了彝族花腰妇女服饰从剪花边、选布、选花、粘贴、刺绣、锁边、拼贴等服饰上工艺制作程序，在此基础上，加上自己对生活的观察和服饰制作工艺的理解，目前，她剪裁的纸花在花腰妇女的审美、工艺等方面独树一帜。

图 3-3　肖会玉的剪纸艺术

目前，跟随肖会玉学习花腰彝服饰的剪纸和刺绣的固定学员有钱映花、钱禹雪、郭中英、禹梅珠、邓秀莲。肖会玉说：

> 我特别希望我的学生能掌握花腰彝服饰图案文化内涵、剪纸、刺绣、拼缝整套制作流程，将花腰彝服饰文化传扬出去，传遍全中国，甚至传到国外，全方面做宣传。我的学员在技艺上也都各有千秋，有的善于剪纸、有的善于刺绣。我的主要目标是要让每个学员都掌握好制作花腰彝服饰的要领，达到40%左右。而剪纸的花样有几千几百种，如蝴蝶妈妈、龙凤戏珠、鸳鸯等。
>
> 传授阶段分为三个阶段，先易后难，首先，从简单的教，好让学员掌握动作基本功。首先让她们掌握花腰彝服饰花纹的组成、图案文化的内涵，剪纸、刺绣针法，其次，教她们裱糊、选布，最后教她们拼缝等。

在学员的选择上主要考虑对花腰彝服饰文化的爱好，具有一定的花腰彝服饰制作技能基础、表达能力较好者为优先考虑人选。同时，还考虑学员年龄段的分布，以中青年人员为主，学龄儿童为辅。根据学员情况，利用农闲时间或晚上集中在一起操作练习，把当天该学的分别教给她们，到晚上再检查作业。课程安排上，根据各个学员现有的基础，制定各学员的学习任务和计划。

到考核时则结合各学员的实际，分别制定阶段的学习目标和学习进度，包括学习考勤表，各阶段的作业收录表以及成果展示表，并用文字、相片、学员亲手剪的图样、刺绣作品、缝制的服饰等实物以及相关视频来做记录，由我看了后根据各学员对所学内容的掌握情况来把握是否进入下一阶段的学习。①

图 3-4　肖会玉的剪纸艺术

学员郭中英，女，37 岁，有个 17 岁的女儿。目前已掌握花腰彝服饰的刺绣 60%，剪纸已达到 10%，花腰彝服饰的缝制已学会。郭中英说：

我特别希望通过学习以后，自己不但会刺绣，而且要学会各

① 传承人肖会玉访谈资料。访谈时间：2013 年 1 月 5 日。

种图案的剪纸，不但要用在我们的服饰上，还要用在我们的生产生活当中。一套衣服农闲时候绣的话要一年左右的时间，学习地点就在火塘边、田间地头。如果天阴下雨了，来找肖老师拿剪纸的很多，供不应求。肖老师就按订单来剪，要哪个部位就剪哪个部位，因为服装是分块来剪纸和挑花的。现在是村里、石屏（龙武）来订的比较多，一块小绣片要10元。这样每个月可以挣400—500元。[①]

学员禹梅珠，女，13岁，正在上初一。她说：

跟着肖老师学习认为首先是能使今后自己的经济收入有所回报，其次是个人的兴趣爱好。因为在读初中，学习时间没有保证，但一旦有时间就会主动找老师询问或实际操作，一般会在星期六、星期天或在假期里学习。目前已基本掌握了简单的剪纸方法，肖老师说我已达到了剪纸的10%左右。[②]

学员钱映花，女，33岁。她是肖会玉的女儿，从18岁就开始学剪纸，刺绣和剪纸目前掌握程度已达到肖会玉的60%，也会缝制花腰彝服饰；但老式的刺绣、剪纸的配色和花样还不是全会。她说：

在农闲时间或阴雨天不干农活的时候，学习刺绣和剪纸，可以卖出去增加一点家里的收入。我觉得一定要跟随母亲学会整套花腰彝服饰的制作流程，还要创新更多的图案花样，以及现在的年轻人喜爱的花腰彝服饰作品。目前村子中可以剪纸并有订单的就只有我妈妈和我。[③]

---

① 大棚租村民小组村民郭中英访谈资料。访谈时间：2013年1月6日。

② 同上。

③ 大棚租村民小组村民钱映花访谈资料。访谈时间：2013年1月6日。

学员钱禹雪，12 岁，小学六年级，是肖会玉的外孙女。刚刚初学，目前已基本掌握了简单的剪纸方法。有时间就跟着外婆学剪纸，一般在周六、周日和假期。平时做完作业了也会拿起绣片来绣一会，因为外婆和妈妈都在绣。

学员邓秀莲，女，48 岁，1985 年就开始学习剪纸和挑花，目前已掌握花腰彝服饰刺绣的 80%，剪纸技能的 40%。她认为自己作为一个花腰彝，一定要学会自己本民族的服饰制作，而且学会了也会带徒弟，保证更多的本民族人掌握此项技能，代代相传。她说：

> 家里人都非常支持自己学习剪纸和挑花，因为现在会花腰彝服饰花样剪纸的人越来越少，家里希望自己学会剪纸，能将我们花腰彝的服饰一代一代传下去。我的目标是要 100% 地学会花腰彝服饰的整个制作流程，已经会做的部分想要进一步提升技艺上的工艺。①

当问及如果没有经济实惠是否愿意学时，她说：

> 仍然学，因为我们经常穿着娱乐或表演。②

在服饰制作中，肖会玉告诉我，花腰彝的新款服饰有三种花样不需要剪纸，即作为装饰纹样的狗牙、花口和红线，一般初学的人会先从这三个纹样开始学。她说：

> 剪纸这门技艺，不仅仅是技术上的学习，也得看每个人的灵性。灵性好的学得就快。但只要有人愿意学，即使刚做完农活很

---

① 大棚租村民小组村民钱映花访谈资料。访谈时间：2013 年 1 月 6 日。

② 同上。

累了，仍然会很高兴地去教。①

学员郭中英也说：

> 做完农活后，只要来肖老师这里学，都有精神，心里开心。②

看来刺绣与村民的生活已经息息相关，她们把这一学习方式实际上已当成了农闲时的休闲方式。在刺绣的同时，也聊聊生活趣事、村内新闻。

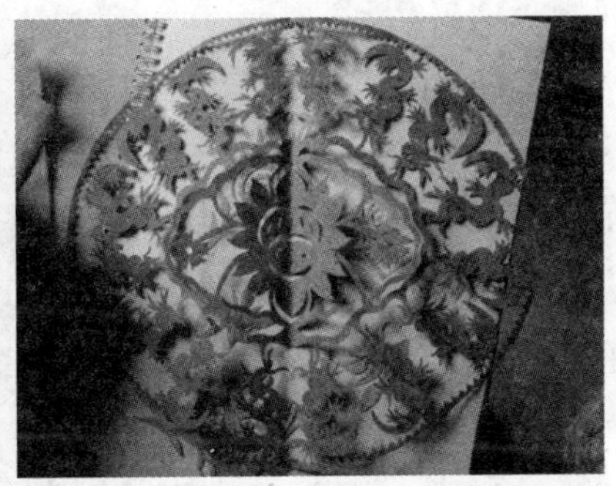

图 3-5　肖会玉的剪纸艺术

目前除了跟随肖会玉的专门学员 7 人外（现增加了肖桂花和钱映春两个固定学员），由于各类入驻村内的项目资助，政府引导开办了传习班，故而一般的传习人员有 300 多人。传习组织还利用春节、祭龙、三月三、火把节等各种节庆活动，开展服饰文化的宣传展示，同时，也利用农闲时间、田间地头等进行服饰文化的学习交流活动。这样不仅有利于提高村民的刺绣技术和水平，通过卖刺绣产品和参加各种表演，增加村民的经济收入，也有利于提高棚租村的知名度，增强村民传承和发扬花腰彝文化的信心。

① 传承人肖会玉访谈资料。访谈时间：2013 年 1 月 5 日。

② 大棚租村民小组村民郭中英访谈资料。访谈时间：2013 年 1 月 6 日。

（二）制作工艺的传承

峨山小街的花腰彝族服饰在峨山和周边的县城非常出名，常有石屏的妇女来小街镇学习剪纸和刺绣。因为当地的花腰彝服饰制作非常精美，刺绣图案丰富，色彩艳丽显眼，再加上制作工艺的精细与复杂，使小街镇的服饰制作声名在外，成为远近彝族想要学习与模仿的主要服饰素材。而在制作花腰彝服饰的过程中，剪纸无疑是服饰制作当中最基础，也是最复杂的工艺。剪纸不但需要精到的基本功，也与个人对艺术的悟性与灵性有关。能否剪出一帧灵动的底纸，决定了服饰刺绣的成功与否。

一套花腰彝服饰的制作流程一般是这样的：

选布料：布料（底布）一般在通海县河西购买，以前为粗质麻布，现在各种质地布料均可，布料颜色为黑、蓝（服饰主色调）和配搭布料红、白、绿。黑色、蓝色主要用于大褂、小褂、裤子底布。红色、白色、绿色布料主要用于绣花配搭拼贴。

选花：就是当地缝制花腰妇女服饰的艺人在纸上画好花饰图案和花边纹样后，用剪刀或刀具雕刻，形成样板，也有专门的剪花艺人（如小街镇大棚租村肖会玉制作花腰服饰剪纸）。

粘贴：把剪好雕好的花饰图案和花边纹样根据需要用面糨粘贴到拼搭好的布上面（白布、红布、绿布等色布上），用五色线（红、黄、蓝、绿、黑线，市场上购买）进行花饰图案和花边纹样刺绣。

刺绣：有平绣和挑绣两种绣制技法（花饰图案用挑绣、花边纹样用平绣）。

锁花边：也就是花边纹样，绣上花饰图案后，再根据主体花饰图案的色彩关系和花边刺绣（一般花边纹样围绕花饰图案），花边纹样一般也是自己制作。

拼贴：把绣制好的花饰图案和花边纹样拼贴在服饰底布的各个需要部位上，进行“组装”缝制成服。

花腰彝族妇女服饰的制作工艺非常独特。它不与其他服饰的制作相似，在刺绣上它主要依据剪纸的形状来挑花出形。选用的布料底色多为深色，花饰图案及花边纹样为浅色，色彩对比强烈，在色调和其他对比色中既统一，又富于变化；既有对比色，更有补色的关系，在处理同一色系的布料与刺绣用线上，充分体现对色彩学的良好运用，尤其对深红与浅红的搭配、深绿与浅绿的相间上，运用了挑花的刺绣方法，使布料上的刺绣有“凸”有“凹”的变化。花饰图案用挑绣，主体图案呈“凸”形；花边纹样用平绣，呈“凹”形，这样，有“平”有“突”形成对比。刺绣很精细，一个单独纹样有时需要绣上很长时间才能完成。在花饰图案和花边纹样及饰物的配置上，与年龄、婚丧和生产劳动生活息息相关，有统一的一面，又有禁忌的一面。

（三）象征内涵的传承

花腰彝的服饰装饰感强烈，制作刺绣工艺水平较高，花饰图案和花边纹样刺绣工艺精湛，色彩艳丽，花饰图案有强烈的民族特征，给人以独特的美感，并且反映了生产生活的基本内容，具有较高的审美价值；从服饰中，可以看到彝族人民的审美观、劳动观、生育观、爱情观等。因而，有人说彝族花腰妇女服饰从某一角度讲，是一部彝族文化的传记史书，不但传达了美的信息，也蕴含了文化的深意。

有一个关于花腰彝服饰来历的美丽传说：

> 远古时代，人间还没有发明织布缝衣的技术和手艺，人间仅以阔叶树木（菠萝叶）做遮身保暖之服，男女老幼都一样，分不清男性与女性，上界看之也混沌不清。有一天，勤劳善良的彝族姑娘到野外打猪草，巧遇七仙女下凡，在黄草海里洗澡戏玩，随后上岸穿衣准备回天庭，刚好此时打够猪草的彝族姑娘路过海岸边，看见穿戴艳丽的七仙女，从头到脚穿戴艳丽，花枝招展，十分漂亮和惹人喜爱。于是，姑娘就突发奇想：我虽是山里一个清贫之民女，山上山下有的是奇花异草，我何不装扮装扮玩一玩？

于是，她采来一些野花，学着所见的七仙女装扮自己。回到寨子里，天生喜欢美丽的彝族姑娘们，争相学她采来野花装扮自己。这样，全寨人不但男女有别，而且姑娘们经这样一装饰打扮，更加显得美丽多姿，精神更加饱满活跃。于是，彝族花腰的妇女们一代学一代，一代传一代，一代比一代在装饰上更强。把山上野花作为自己民族服饰的特色流传至今，到现在已有上千年的历史了。①

当然，智慧的花腰彝妇女也把关于自己民族的史诗绣入服饰中。阿普笃慕是彝族公认的共同始祖，他经历了洪水滔天，披荆斩棘，迁徙到今天云南昭通、东川与禄劝的交汇地带。笃慕的6个儿子，分别向滇南、滇东（包括贵州）和滇北（包括大、小凉山）地区迁徙，称为“六祖分支”。在峨山的历史长河中，于距今1.2万年前人类旧石器时代，就有其祖先在这里繁衍生息。彝族作为峨山的土著民族，也在此居住生息，峨山彝族花腰妇女服饰就是彝族人民在长期的生产生活中的审美结晶和产物，灵巧的妇女在服饰中绣入了山川自然。

除了与生活其中的大自然息息相关的服饰图案，花腰彝服饰也与民族特性与文化息息相关。在花腰彝的民歌中就有“男人犁头花，女人火把花。男人不犁（耕）地，女人不开花，不犁（耕）不种地，庄稼变成苦刺花”。这样的民歌在花腰彝妇女的服饰中也有反映，比如剪纸成火把花、犁头花等，然后用红色的丝线挑花成形，这些图案都与花腰彝民众的生产与生活息息相关，是勤劳勇敢的花腰彝民众对自然与生产的叙说，也是他们期许生活红红火火的寄语。

同时，花腰彝族服饰对其民族舞蹈也有反映，其设计既迎合了舞蹈动作的需求，也使舞蹈因服饰而更加迷人。在花腰彝跳大跶乐的时候，轻盈的动作配以服饰上飘动的缨须，让舞蹈与服饰融为一体，浑然天成。花腰舞蹈的动作“左右吸脚摆身”“头身摇摆深蹲”和

① 大棚租村花腰彝服饰调查资料。调查时间：2013年1月7日。

“360°平转身跺脚”等让服饰上的所有配饰都摇动起来，衬托出舞蹈的热烈与奔放。而且舞者（着花腰妇女服饰）就像朵朵鲜红的玛樱花在风中飘舞。由于花腰妇女服饰的复杂结构，也决定了花腰舞蹈无大起大落的舞蹈动作。故而其舞蹈与服饰之间是相辅相成的关系。

笔者在访谈中，挑花的老人会给笔者讲述一些图案的文化含义：

> 比如杨梅花，在彝语中是把苍蝇赶走的花，是彝族先民看到马儿或牛儿甩动尾巴来赶走苍蝇得到灵感，所以创作了垂在耳边可以随头部的摇摆而一起晃动的杨梅花，作用即“马尾巴的功能”，既可以赶走飞来的小虫子，也可以增加帽子的美感。①

玛樱花应该说是彝族的族花了，当年彝族的始祖阿普笃慕在洪荒中用葫芦装上五谷种子，后来飘落在玛樱树上才得救，于是玛樱花成了救其始祖的神花。再加上玛樱花的自然特性，即使在寒冬依然在高山上红艳怒放，像一团团火燃烧在彝族人的心中，让玛樱花被赋予了如彝族性格中顽强生命力的象征意义，成为彝族人心中的吉祥物。棚租的花腰彝把玛樱花绣在帽子上。

绣在花腰彝大褂衣尾的葫芦花，一种说法是为了纪念葫芦对彝族人的两次救命之恩。一种说法是葫芦是花腰彝的图腾，所以毕摩的帽子都是葫芦造型。传说始祖阿普笃慕生下了一个孩子，但这个孩子却是个葫芦，于是阿普笃慕一怒之下用剑剖开了这个葫芦，从这个葫芦中跳出了马牛羊猪等牲畜，于是世间万物开始形成。

在棚租花腰彝领子上都会有齿状的圆形纹样，老人说：

> 这是太阳。太阳纹的下面则是太阳花，永远面向太阳。八角花代表着自然界中的八种自然现象，即天、地、山、风、雷、水、火、泽。坎肩上的银泡是月亮，背上的五色花纹是彩虹。裤

① 大棚租村民普云芬访谈资料。访谈时间：2013 年 1 月 12 日。

脚上是太阳、猫头鹰或火把。①

八角花在花腰彝服饰中的运用非常广泛，在小条的装饰衣带上均会绣上八角花。还有彝族图腾象征老虎的虎牙花也是寓其原始宗教于服饰的象征。

然而，即便是传承人肖会玉在与笔者讲述的过程中，有些纹样她也说不全其中的含义了，只说她的母亲如果还在人世的话就会讲了。她会依照眼睛所看到的事物剪成她心中的图案，这个过程既是花腰彝服饰图案不断变化、不断创新的过程，也是花腰彝服饰从老的传统向新的审美转变的过程。

三　花腰彝妇女服饰、剪纸和刺绣的传承动力

（一）内部的文化传承与外部动力的关系

花腰彝妇女服饰、剪纸和刺绣的传承需要作为村民的传承主体与以政府、机构等为代表的外部力量的共同推动。只有内部对花腰彝刺绣、剪纸的价值醒悟才会带来文化传承的内生动力，而外部力量的推动是引导这一内醒得以实现的导火索。在内部力量与外部力量的接触、融合中，休闲无疑成为承接两种力量的一个平台。把村民们作为休闲方式的刺绣与剪纸通过外部力量的推广而实现村民对这一休闲方式的重视审视，从其价值与意义的重构上实现对该休闲方式的内醒延续。

根据笔者的调研，棚租村对传统文化的认识应该说还处在一个正在形成的过程中。政府、社会都已经意识到了花腰彝传统服饰的文化含量与其价值，尤其以如今传承人较少的剪纸为最。但村民对自身文

① 大棚租村民普云芬访谈资料。访谈时间：2013 年 1 月 12 日。

化传统的认识与意识没有羊街尼果上寨的村民那么强烈。村中妇女会跟随刺绣，学习简单的挑花方法，但由于剪纸对学习者自身领悟力与灵性的要求，导致了剪纸的传承愈显薄弱。如今，提高棚租花腰彝妇女对自己服饰休闲价值的认识，并充分肯定这一休闲方式的形式，便是激活内部与外部动力实现花腰彝刺绣与剪纸文化传承的切入口。

（二）来自政府的支持

为使花腰彝服饰文化在内的彝文化得到传承和保护，峨山县制定出台了《峨山县文学艺术创作奖励办法（试行）》《峨山县关于繁荣文化事业、发展文化产业的意见》《关于全县旅游文化产业发展的意见》等一系列发展民族文化旅游的政策文件，并加大经费投入，从2006年起每年安排100万元用于支持民族文化事业与旅游业的发展。同时，宣传引导全县人民保护和传承民族文化，做好《峨山彝文化产业发展规划》《峨山县“十二五”旅游业发展规划》等中长期发展规划，为民族文化建设工作搭建传承和保护的平台，以祖先文化节、60周年县庆等重大活动为契机，完善公共文化基础设施建设，以有效促进民族文化建设持续发展。在保障经费和组织实施好花腰彝服饰文化传承示范村的基础上，政府整合了农家书屋、非物质文化遗产、基层文化服务等公益文化事业项目。

同时，制定和实施了《峨山县文学艺术创作奖励办法（试行）》、命名表彰县级民族民间工艺师、外出参展帮扶等奖励措施，节目《思念调》以及钱俊宏、龙琼芬等一批花腰歌舞及艺人受到了表彰；命名表彰了肖会玉、邓秀莲、钱映花和徐慧珍四位花腰彝刺绣能手为县级民族民间工艺师，其中肖会玉和邓秀莲被命名市级工艺师，应该说这样的措施增强了花腰彝传承发扬花腰彝文化的信心。

政府也引导了舆论和宣传，发挥其宣传部门的职能优势，做到报刊有文字、广播有声音、电视有图像、网络有页面。自对花腰彝服饰的传承项目进入村点，在《云南日报》《玉溪日报》等纸质媒体上刊载了8篇（幅），在省、市、县电视台上播出新闻4条，在云南网、云南文产网、玉溪新闻网等网站刊登10余篇（幅）关于花腰彝服饰的文章。

通过“彝文化品牌优势化”战略的实施和花腰彝服饰文化传承示范村的创建，峨山彝族文化的保护、传承、弘扬有了一定的提升，正在形成彝族花腰服饰的文化产业雏形。棚租村在传习花腰彝服饰文化过程中，形成了老、中、青、少结合的传习队伍，有骨干55人，600余人的花腰妇女不同程度地掌握了花腰彝族服饰的刺绣技能，毗邻村寨刺绣爱好者都纷纷来到棚租村共同传习花腰服饰文化，扩大和巩固了人才队伍。并利用三月三、火把节、祭龙等节庆活动促进邻近村寨及石屏花腰群众的刺绣、歌舞、毕摩等花腰彝文化的交流提高。

通过政府引导，峨山县积极利用火把节、祖先文化节、县庆等各种大型活动，为各民族群众间的文艺交流和展示提供平台，增强了民众的文化自信。同时，棚租村作为政府以及其他项目的实施地，主动与周边村寨以及红河州石屏县邻近彝族利用“三月三”、祭龙等节庆开展了民族民间歌舞、彝族酒歌、花腰彝刺绣等各类文艺交流，用民族文化引导村民，加强了人与人之间的沟通交流，增进了相互间的友谊，也促进了民族团结和社会稳定。

峨山县通过举办刺绣培训班、组织花腰彝服饰参展2012年第五届泛亚国际昆明民博会、参赛云南省第六届“工美杯”，组织县、街道、村委会相关人员到长青、难看工艺品厂参观等一系列的活动，特别是花腰彝服饰获得了云南省第六届“工美杯”的金奖，极大地增强了花腰彝群众的自豪感，增强了传承和发扬花腰彝文化的信心，掀起了族人学习和宣传花腰彝文化的热潮。最为重要的是通过花腰彝服饰文化传承示范村的实施，稳固了花腰彝服饰文化传承的完整性，避免以前村民自发学习中避重就轻，只学刺绣不学剪纸的片面学习，在目前的七个固定学员中，除了禹梅珠、钱诗润两个在校学生外，其余五人均掌握了较好的刺绣技能；在剪纸方面，两个在校学生和郭中英三个学员基本掌握剪纸技能种类为十余种；邓秀莲、肖桂花、钱映春三个学员已掌握服饰花样老式剪纸技能，新式花样剪纸正在学习中；钱映花能基本掌握新老花样剪纸技能，是学员中刺绣技艺和剪纸技能最好的一位，已基本达到传承目的。

为进一步发扬花腰彝文化，峨山县委、县政府以社会主义新农村文学创作基地、祖先文化节、60周年县庆等活动为契机，组织作家、摄影家、画家、音乐家等各类文艺人才到棚租采风，创作出一大批以花腰彝为素材的文艺作品，其中，《烟盒胡琴调》（参加了2008年央视春节大联欢和省市春晚）、《呢哈诺沙啦》（2010年参加全国第三届中小学生艺术展演获得金奖）和《阿嫫涅蒻谟》（获第七届“和谐春晚·全国青少年才艺电视展演”舞蹈类“国星奖”）等舞蹈成为峨山的经典代表，并代表云南参加了国家的相关比赛。2013年还新创作了《阿苏喂　幸福乐》花腰歌曲，首次在中国峨山火把旅游狂欢节上亮相便受到群众的广泛传唱。

峨山县通常在老年大学开设彝族歌曲课，请来知名的老师，民宗、文化、文产等各职能部门结合实际，组织开展彝文、剪纸、刺绣各类培训班，加强了对彝文化的传承保护。同时，组建古音团、老年艺术团、峨山文艺协会等11个专业文艺团体，为彝文化的传承和宣传提供了人才保障。项目实施地小街镇有小街文艺协会，目前还结合项目筹建小街镇彝族刺绣协会。

棚租花腰彝服饰文化示范村的创建，坚持文化基础建设与文化传承发展相结合，通过挖掘资源，打造品牌，构建产业战略。棚租村通过销售花腰彝服饰图案花样、彝族成品、挎包等收入3万余元，增加了花腰彝群众的收入，促进了项目实施地经济社会的发展。现在，学习花腰彝剪纸和刺绣的人数，发生了逐年增加的变化趋势，多数年轻传习人由从前的偶尔会绣一会儿到现在的农闲时就会绣。随着政府、学界、游客对文化的重视，外人来采风或外出表演展示的机会越来越多，在一定程度上提升了花腰彝群众的民族自豪感，所以也有一定数量的年轻传习人逐步加入传承队伍。

（三）来自学校的支持

从2014年开始，峨山县的中小学都引入了“彝绣进校园”的活动，大龙潭小学、甸中小学和富良棚小学三所小学的乡村少年宫以及县上的职业中学都开展了教授小学生和中学生学习彝绣的活动。校方对此类活动持支持的态度，认为从小孩子开始抓传统民族文化的教育会给孩子们造成一定的影响，而这种影响便是民族自觉的基础。在彝绣中发现自己文化的美感与价值，在孩子长大后这样的熏陶与自信会有助性格的完善。

传承人肖会玉的作品也被玉溪师范学院收集，摆在学校的特色课教室以作展示。学校还不定期地请肖会玉到课堂上对那些对刺绣有兴趣的大学生进行剪纸的教授。虽然学生们的学习兴趣很高，但依然囿于个人对剪纸的悟性与灵性，大多数学生可以学习到一般的剪纸技能，但稍为复杂的剪纸样式便力不从心了。

（四）来自传承项目的支持

自“土风计划”入住棚租村后，花腰彝服饰的传承项目就放在了这个村子，命名其为“棚租花腰彝服饰文化传承示范村”，项目立足花腰彝聚居村寨、执行计划来自村寨、项目实施围绕村寨。小街镇棚租村花腰彝服饰文化传承点设在棚租村委会花腰彝人口最多且传习人肖会玉所在的大棚租组，为村寨传习小组的学习提供便利。整合项目实施了道路修复、水库加固、沟渠修复等基础设施建设，同时发展生态农业，尽可能地为打造民族精品文化提供经济基础。结合棚租村实际情况，在传习小组的构成、传习课程的设置以及服饰文化的展示等方面，“土风计划”项目邀请了云南省专门研究民族文化保护的学者到村点进行项目的实地指导，期望能够稳固文化土壤、完善传承机制、提高组织能力。该传承项目在传习原有的花腰彝服饰文化的基础上，引导村民依据现代元素创新开发新产品，如手机包、钱包、挎包等。2013年，峨山县成立了刺绣协会，有53名会员，会员来自全峨山县的8个乡镇，应该说这为彝绣的发展提供了一个很好的平台，但由于未与传承项目互接，故而棚租的剪纸传承与培育发展文化产业的互动渠道仍未形成，目前仅仅局限于举办传习班。但双江街道摆依寨的彝绣因为有协会与政府的推动，基本形成了刺绣产业的雏形。

（五）来自博览会的肯定

2012年峨山组织了70余件精美的彝族手工艺品参加第五届昆明泛亚国际民族民间工艺品博览会，其中棚租方春燕的花腰新娘装荣获了第六届云南省“工美杯”刺绣类的金奖，肖会玉和邓秀莲的花腰背衫则获得了铜奖。

在“创意云南”2014年文化产业博览会上，举办了云南省第八届“工美杯”精品评选活动，峨山的彝绣获得一银三铜两优秀的成绩，肖会玉的花腰妇女服饰获得银奖，李莲英的纳苏服饰、钱映花的花腰男子小褂和柏丽芳的聂苏背裳获得铜奖。肖会玉、李莲英、李绍萍三位刺绣艺人均入围了省级刺绣工艺大师名单。当时，峨山县刺绣协会组织了双江、小街和富良棚三个乡镇（街道）10多名会员参赛，展示了上百件如绣花鞋、背裳、围腰、花腰服饰等刺绣产品。参展的批发商和参观文博会的人士对峨山的彝绣工艺包、抱枕、绣片挂件、桌旗等绣品较为感兴趣，咨询、购买、商谈合作事宜的批发商络绎不绝。省民族博物馆还收藏了小街镇柏丽芳的聂苏背裳和富良棚乡李绍萍的纳苏围腰被。

经由博览会和博物馆对彝绣的肯定，给予了刺绣艺人以荣誉，这样的荣誉感在一定程度上可以激发一个民族的文化自豪感，但这样的文化自豪感所能持续的时间受到民众对刺绣学习时间与现实经济的制约。

（六）“传”与“承”之间的互动

棚租村针对花腰彝图案花样的剪纸这一重点难点，传承人在提升刺绣技艺的基础上，以督促学员重点学习剪纸为突破口，并要求学员一个月保证20天的学习时间，以确保学有所成。学员们也都积极参与培训，重点学习剪纸技艺。自2012年3月在棚租举办第一期刺绣培训班开始，传承人肖会玉的家便成了学习刺绣的场所。除了固定的学员外，也有村民会到肖会玉家中学习剪纸或刺绣，但很多村民承认剪纸是一项要求很高的技艺，没有灵性是学不会的。

包翠珍，女，46岁，有两个儿子，一个21岁在建水打工，一个17岁在玉溪读书。她说：

> 得闲就会挑花，非常喜欢挑花。从十四五岁就开始挑花了。做了衣服主要是自己穿，自己的挑好了就帮着邻居一起给她女儿绣嫁妆。大概一年可以做一套。①

当问及有没有学习剪纸时，她说：

> 年纪大了，不想学剪纸了。②

邱碧英，女，50岁，有一个儿子一个女儿，儿子25岁到河南打工去了，姑娘12月份要结婚了，对象是一个石屏人。她说：

> 现在在给姑娘绣嫁妆，婚纱照照的也是穿着花腰彝服饰的。当然，儿子媳妇也要给她绣一套的。平时没事的时候就做儿子的褂子、帽子、鞋子、领带，也会做一些耳环和包包。③

郭中英笑着给我们讲了件邱碧英做领带的趣事：

---

① 大棚租村民包翠珍访谈资料。访谈时间：2013年1月12日。

② 同上。

③ 同上。

有次邱碧英给老公绣的领带被别人看中了要买，给价1500元，但邱的老公当场就拒绝了，说是领带是老婆绣的，给多高的价钱都不卖！①

大家听了都很高兴，认为邱碧英技艺好，老公也贴心。当问及想不想学习剪纸时，她说：

如果有时间的话，当然想学的，就是现在做挑花都做不过来了。②

笔者访谈的这几位坐在家中刺绣的花腰彝妇女，她们对于剪纸的态度或觉得年纪大了不想学，或觉得没有时间去学。但挑花相对简单，还可以作为茶余饭后的消遣。

峨山县文化局不但分批次在县城、小街棚租、双江摆依寨、富良棚文化站等地举办峨山县民间剪纸艺术培训班、花腰彝服饰文化传承培训班、峨山县非物质遗产首届彝族服饰传承人等培训班，还召集了55名刺绣骨干从云南民族传统刺绣传承人廖力耕处学到了捆花针、水草针、蝴蝶针等十种民族刺绣针法，目前累计参训人员达420余人。文化局也组织了基层花腰彝服饰文化传习人员到邻近的昆明、石屏等地进行交流学习，帮助拓宽视野，激发做好“传”与“承”的热情。

四　花腰彝妇女服饰、剪纸和刺绣的传承困难

尽管花腰彝服饰文化是在当地群众长期生产生活过程形成的，是人们的日常着装，所以会刺绣的人很多，但由于制作复杂、穿戴清洗

① 大棚租村民郭中英访谈资料。访谈时间：2013年1月12日。

② 同上。

麻烦等因素，加上受到好看又实惠的现代服饰的冲击，花腰彝服饰逐步退居节日装，会制作的人就越来越少，尤其剪纸，其生存空间日益萎缩。

（一）大棚租村彝族文化传承堪忧

棚租村作为一个花腰彝聚居村落，包含着丰富的彝族文化事象，但由于现代化的冲击，很多文化事象的传承令人担忧。如今，会彝族“四腔”的艺人在峨山不超过10人，“七字白话”在20世纪90年代的时候还有，就是民众在5—6月插秧时的对歌，但现在基本消失了。还有彝族史诗《取火经》也因为说汉语的人越来越多，而愿意说民族语言的人越来越少而濒临消失。普遍认为这是由于汉文化的影响、流行歌曲的冲击以及影视剧中普通话的同化导致的。

对于彝文培训，峨山一些学校在实行双语教学，县里也开办过彝文培训班。但现在棚租村里的村民对彝文的掌握情况是这样的：村子中大部分花腰彝会听、说彝话但读不懂彝文，小孩子会听但不会说。毕摩现在大概都是60岁的人了，整个峨山也只有20个毕摩了。

在电视上配有双语节目，但村子里大多是60岁以上的老人和十五六岁以下的孩子在家，其他年龄层的人都在外打工，于是在语言的传习上形成了断层。

之前棚租村附近的村子都喜欢赶“开心街”，也就是春节后的第一个街子，彝族买农具、种子，为春耕做准备，其实也是一种文化交流。但后来政府介入，主导组织这样的活动，召集村民们表演彝族花鼓舞，但火热程度就是比不上之前，观看演出的村民也很少。电视、网络等新娱乐手段的冲击是一个因素，政府主导没有顺应民众逛街的心理而只是自说自唱宣传民族文化，自然受众会减少。

再如彝族花鼓舞中的“板鼓技巧”是花鼓中非常独特的技艺，有韵味，舞蹈人员随鼓点舞蹈，每一步都落在了鼓点上。但现在峨山也仅有3—5个会跳了，而且他们的岁数都在60—70岁。

从中我们也可以看到，现代化对村寨传统文化的冲击之大，尽管有来自政府、学界、社会的努力，但收效甚微。而且随着现代化进程的加快，棚租花腰彝的文化保护情况也会越来越复杂。

（二）花腰彝服饰变迁带来的困难

棚租花腰彝服饰的变迁表现在两个方面，其一是现在的年轻人平时做活或外出时都不穿民族服饰了，大多穿汉族服装，仅仅在过年过节或是地方政府要求村民穿时才穿民族服装。包括传承人肖会玉的女儿也是这样的，她平时并不穿着民族服装，在笔者调研时，她明白笔者为了调研花腰彝服饰才换上了民族衣服。其二是花腰彝服饰的布料、结构、色彩、工艺都发生了变化。

肖会玉拿出了她母亲以前穿的服饰，请陪同笔者调研的小街镇办事处棚租村委会主任李翠华穿上，笔者便看到了花腰彝服饰的老纹样与新纹样之间的不同。花腰彝新服饰上的纹样与装饰一直在增加，越来越“花”，颜色也越来越丰富。帽子上的帽缨由原来短的缨束变成了长的缨束，而且其中加入了银丝线，更加的耀眼，但是帽子上的挑花却让人感觉单一了，在红色的金绒布料上再挑上红色的花，几乎整顶帽子都被挑花覆盖了。而原来老式的帽子上则留有一些黑色的土布，在纹饰上也更加精美，分层的绣制方法凸显了立体花纹。新式的服饰中却消失了这种分层的绣制方法，仅仅留存了单层的绣制。肖会玉说：

> 衣服的长度、绣花的距离、纹样的大小都是有规定的，老式的衣服有30年历史了，当然也不会把老式的衣服丢掉。以前都用黑色的土布做底，现在是用金绒布做底。大概10年前开始用金绒布。挑花的线也分着的，有花线和棉线，花线会掉色，棉线不会，所以我们一般用棉线。像我们老人天天都穿（花腰彝服饰）的，年轻人是过节才穿。①

① 传承人肖会玉访谈资料。访谈时间：2013年1月5日。

她们做一套衣服，如果天天做的话要10个月左右，只在农闲时候做的话需要2—3年的时间。

当笔者问及为什么不保留原来分层的绣法时，肖会玉说：

> 现在的服装穿得红红火火的，表示生活好，工料放得也多，应该说是越做越好啦！①

在对新款与老款服饰的审美上，笔者发现了主体与客体对审美标准的不一样。在笔者眼中，与新款服饰比较而言，老款服饰不但色彩搭配得当，在绣法上应该是更加的丰富与层次多样，对花纹的表现力也更加具有艺术品位。但在主体花腰彝眼中，新款的色彩更加明艳动人，绣法也更加简单易学，而且象征了红红火火的生活，故而很多人都觉得新款比老款漂亮很多。

笔者思考了一下其中原因，除了审美标准的不同外，还与服饰挑花的文化含义的缺失有关系，随着老人的一个个离去，很多花腰彝服饰中的文化意蕴都随着他们的离去而消失，现在能讲出其中文化意蕴的人也没有多少了。如果能对纹饰的文化意蕴进行整理收集，对花腰彝服饰绣法的传承也是有极大帮助的。如今单层绣法的普及逐渐代替了多层绣法，如果可以挖掘其文化源流与内涵，与市场大众的审美意识相融合，花腰元素的多样化与层次化便可实现可持续的发展。

另外，应该还有一个原因便是新款的绣法相较老款而言更加简单易学，不用花费太多的时间与精力便可以在短时间内绣好一套服饰。这一方面可能有现代化以时间维度衡量工作效率的影响；另一方面也与花腰彝如今的刺绣服饰在满足自身穿戴的前提下，可以用剩余的刺绣换取经济报酬有关。在棚租村，常有邻村的人来购买肖会玉的剪纸模型，然后在布料上挑花后进行售买。经济的发展对老款刺绣的影响也不容忽视。

① 传承人肖会玉访谈资料。访谈时间：2013年1月5日。

（三）剪纸工艺空间的萎缩

花腰彝的一套服饰，如果说刺绣工艺是其表现形式的话，那么剪纸应该说是制作这套民族服饰的灵魂了。挑花的针线依剪纸的样式变幻出灵动的自然纹样，花腰彝服饰的价值便在于这种不可复制的创造性以及纯手工的文化温度。剪纸表述了花腰彝对自然的理解与对美好生活的向往，然而这样的表述却受到了诸多因素的制约，使其传承空间逐渐萎缩。

首先，对剪纸的学习能力导致剪纸工艺传承空间的萎缩。在笔者的调研中，大家都可以看到来自政府、学界、教育、社会以及民族主体对保护与传承民俗文化事象的努力，也取得了一定的成果与社会效应。但现实是，肖会玉精湛的剪纸技艺连她女儿都未尽得其精髓，何况其他学员。尽管也开展了一些传习班，但村民因天赋所限积极性不高，仅对较易学习的刺绣针法普遍热情。随着传承人肖会玉年纪的增加，剪纸技艺能否代代相传？

的确，剪纸技艺不像其他民俗技艺一样只要愿意学就能学会，剪纸对学习者的“心灵手巧”是有要求的。棚租村中也有村民曾跟肖会玉学过剪纸，但学了一段时间后便知难而退了，这应该是剪纸工艺传承空间越来越小的一个重要原因。

而在笔者的调研中，笔者观摩了肖会玉教授剪纸的方法，主要依靠的是口传心授，在一张纸上，肖会玉先剪出纹样，给学习者观看后，再让学习者拿上剪刀依她的方法一步一步剪。这样的教授方式对一位61岁的老人来说的确是尽心尽力了。但对学员来说，她们或许当时记住了剪法，但由于没有系统的剪裁笔记，技艺总会随时间的流逝而流逝。

故而，如今要传承肖会玉的剪纸技艺，当务之急是对其剪纸方法进行系统的记录，按步骤把每一个纹样的剪纸方法收集整理下来，这样学员不但有案可依，也可以及时地复习与练习。

其次，花腰彝服饰功能的变化导致剪纸工艺传承空间的萎缩。花腰彝服饰的形成主要是为了适应生存环境，花腰彝的生存环境决定了其服饰的构造与功能。花腰彝以前都生活在高寒山区，于是他们用厚重的粗布、棉布、土布来制作服饰以御寒，有时他们还会把布料一层层地糊起来，以增加衣服的保暖。整套花腰彝的服饰由各位部位的绣片组成，绣好绣片后再拼缝在一起，这样一套花腰服饰不但重量重（大概为10斤），而且适应高寒山区的寒冷气候。同时，花腰彝要穿戴好一套服饰大概需要20分钟或更多的时间，有些年轻人还不会穿戴，需要老人的帮助才能穿戴好。随着社会的进步与现代化的影响，花腰彝服饰的制作与穿戴便与如今高效、实用的社会环境格格不入了，于是带来了其功能的变化。从原来御寒之用到如今的节日装，是有其社会原因可追溯的。而相应的制作花腰服饰的剪纸技艺也随服饰功能的改变而改变。

棚租村的龙凤英，1935年出生的，说话非常幽默风趣，她说：

> 我自己不会剪纸，会挑花，但现在眼睛看不清了，绣得少。①

她还会跳锣，戴着一顶非常好看的花腰帽子，与现在新款的花腰帽子有很大的区别。龙凤英说：

> 戴了30年了，非常暖和。②

帽子以黑色土布为底料，帽顶和周边都绣上了玛樱花，配上的银泡。龙凤英说：

> 这顶帽子上的花就是肖会玉年轻时候剪的啦！③

① 大棚租村民龙凤英访谈资料。访谈时间：2013年1月12日。

② 同上。

③ 同上。

可见，肖会玉支撑着整个棚租村甚至临近石屏县一些村寨的剪纸纹样30余年了，但如今的传习人依然屈指可数。从剪纸纹样上也可以看出肖会玉的剪纸技艺更加精妙，纹样也更加变化多端，加入了许多现代元素进去。但由于现在对花腰彝服饰的节日、舞蹈等需求，催生了机器化生产的花腰彝服饰，以前绣一套服饰需要2—3年的时间，现如今只要一个星期左右便可成形，市场售价仅在200元左右。所以花腰纹样在机器化生产中趋向单一化、同质化而失去了花腰服饰本身的价值与魅力。

最后，“文化生境”的不足导致剪纸工艺传承空间的萎缩。杨福泉研究员曾提出：

> 要保护好和传承好各个民族优秀的传统文化，最关键的一条，是首先要保证有这些文化艺术赖以生长发育发展的土壤和环境，即“文化生境”。要保护好“文化生境”这块土壤，让民众从民俗活动中感受到生活的愉悦、快乐和乡情亲情，让他们在代代相传的民俗文化活动中感受到独特的文化情致和魅力。①

这里说的“文化生境”便是民俗事象得以生存与发展的土壤。花腰彝剪纸虽然把传承点设在了棚租村肖会玉的家中，但其固定学员屈指可数，而且肖会玉教授的学员一部分是花腰彝，另有一部分汉族和其他民族，尤其是在学校教授的学员。这样的学员构成使其学习缺失了对花腰彝本民族文化与传统的理解，故而所谓的传习也就流于表面化了。任何一种民俗事象的传承，都应有其丰厚的文化土壤来滋养其成长、发展与壮大，花腰彝剪纸“文化生境”的不足自然导致其传承空间的萎缩。

---

① 杨福泉：《探寻文化资源与民族文化产业发展之间的平衡——以云南为例》，《中央民族大学学报》（哲学社会科学版）2013年第2期。

（四）刺绣人员的减少

笔者还发现，由于外出打工和民族文化变迁的原因，村寨中能够刺绣和剪纸的人员与过去相比减少了很多。根据大棚租村的刺绣和剪纸人员介绍，现在的年轻人，有很多都到城市中打工去了，他们不再对农村的刺绣和剪纸感兴趣，所以，造成了很多民族文化的传承者青黄不接。

因而，笔者认为，传承峨山县小街镇彝族聂苏（花腰）妇女剪纸工艺可以采用如下一些具体的措施：国家和政府仍应大力扶持当地民间艺人，使其有更大的发展与传承的空间。可以投入资金，成立彝族花腰妇女剪纸及其他民族刺绣的生产和管理部门，使之产业化。收藏具有各个年代的彝族花腰妇女剪纸及服饰的实物标本与数字标本，进行实物与数字信息的陈列展览。结合旅游产业，把彝族花腰妇女剪纸推向市场，扩大对外影响，以取得社会和经济双重效益。培育彝族花腰妇女剪纸民族民间文化品牌。组织现有力量对彝族花腰妇女剪纸、服饰进行深入广泛的挖掘、整理各项资料并进行深入研究。出版有关彝族花腰妇女剪纸的书籍，扩大宣传。建立完整系统的彝族花腰妇女剪纸艺术档案。

但更为重要的是要发掘剪纸与休闲的关系，只有当民众从内心醒悟到剪纸的情趣与快乐，认同剪纸的休闲性时，剪纸的文化生境才能彻底激活，在这样一种民俗工艺中认识世界、认识自身，享受愉悦，那么，花腰彝剪纸的文化传承才能在民众对休闲的认同中实现内醒性的延续。

五　民间艺术休闲传承的价值分析

从人类发展的纵向历史或横向区域来看，不同族群的人类群体围绕着衣、食、住、行，演绎出众多文明模式。这些被称为物质生活民俗的万千事象，奇彩纷呈。世界各地的人类群体在物质生活及其消费模式上囿于不同的生产能力和水平制约，不同的社会经济、政治制度，以及文化价值观念、审美情趣、宗教意识等心态的影响，使各地的物质生活民俗呈现较大的差异。但从每一个社会共同体特有的生活习俗的整体面貌来看，几乎无一例外都带有一种对美的追求和获取精神愉悦的体验，在其中可以体会到一种精神生活追求的生命力量，一种与天地自然相互沟通、互融互济的精神自觉。这就为生活民俗从满足物质层面需求向追求精神层面需求的升华奠定了基础。

峨山花腰彝族的剪纸刺绣从其特性来看，具备了这样一种对美的追求和获取精神愉悦的体验。

（一）从生理需要到自我实现需要的转变

钟敬文先生指出："物质生活民俗最先只以满足生理需要为目的，如以饮食满足维持生命机能的需要；以服饰满足遮身蔽体、防寒保暖的需要；以巢穴房屋满足抵御风雨侵袭、防御野兽伤害的需要；以器物用具扩展延伸人体器官功能、实现增强生活能力的需要。物质生活民俗的最初阶段是在无意中自然形成的，所以各个社会共同体之间的差别主要由自然条件的不同而产生。"[①] "随着社会的发展和社会分工的复杂化，等级身份的严格化，生产条件的差异，人生礼仪的繁复，重大历史事件的作用，以及宗教信仰、审美观点、政治观念、社会心理的差异等，各民族生活民俗也日趋多样化、复杂化。"[②] 这样一来，各民族在日常生活中已经不满足于仅仅对生理的需要，而是往更高层次的诸如安全、自尊以及归属感的需要。

我国的许多古代文献都描述过早期人类的生活图景。如《庄子·盗跖》载："古者，民不知衣服，夏多积薪，冬则炀之。故命之曰知

① 钟敬文主编：《民俗学概论》，上海文艺出版社 2002 年版，第 73 页。

② 同上。

生之民。”[①] 没有御寒的衣服，夏日好过，冬日则难挨。因此先民只能在夏日就准备烧柴，以备严冬时烤火取暖。《吕氏春秋·恃君览》也记载：“昔太古尝无君矣。其民聚生群处，知母不知有父……无衣服、履带、宫室、畜积之便，无器械、舟车、城郭、险阻之备。”[②] 可见，温饱是关乎先民生存的切身问题。以服饰民俗为例，随历史的发展，其分别经过了生存安全、区别归属、自尊阐释与自我审美实现需要的历程。

远古时代，人类常裸露着身体生活在气候多变的大自然中，每日饱受风吹日晒、雨淋雪寒的苦楚；而且大自然中的丛林荆棘、毒蚁猛兽都会很容易让赤裸的人体受伤。于是，兽皮树叶之类便成为人类包裹身体的最早服饰。为避免木刺利石的伤害，更有效地在丛林乱石中奔跑，在荆棘里觅食，人们还在脚上或手腕上戴上兽皮之类作为护腿护腕。这种衣俗，在云南山林民族中，至今还可见到，如独龙族的竹片护腿，彝族、拉祜族的绑腿等。随着生存能力的不断加强，先民们对服饰的要求也随之提高，更多在意服饰的保暖、方便等功能，而服饰布料以及样式的多元化，反过来又拓展了先民们的活动空间。比如有了非常保暖的衣服，零下几十摄氏度的冰天雪地也不再是禁区。

从考古发掘和古籍记载的服饰来看，人类最初的服饰雏形主要为护体，而无明显的男女区别。这似乎与阴阳未分的混沌时代的社会生活有关。男女的分工及生理需要差别的明朗化，使男女服饰有了差别。“主外”的男子为户外生产和骑射作战之便，裙、披变裤、衣；“主内”的女子则形成了穿裙的习俗。即便是男女同穿裙装的古代景颇族，裙上也可靠花纹的不同来区别出“雌雄裙”[③]。由此，服饰具有了区别性别、年龄、民族、职能、社稷等角色归属的功能。至今，

---

① 《庄子·盗跖》，《百子全书》第八册《庄子·杂篇下》，浙江人民出版社 1984 年版，第 13 页。

② 《吕氏春秋·恃君览》，《百子全书》第五册，浙江人民出版社 1984 年版，第 1 页。

③ 邓启耀：《民族服饰：一种文化符号》，云南人民出版社 1991 年版，第 64 页。

仍可在不少民族的自称或他称中，看到以服饰命名来识别其民族及其支系归属角色的风习，如苗族的大花苗、红苗、黄苗、独角苗等，彝族的花倮、白倮、黑彝、三道红、花腰彝等，瑶族的蓝靛瑶、顶板瑶、白裤瑶、花头瑶、红瑶等，傣族的花腰傣，等等。社稷角色则是中国社会中最为突出的社会角色，因为它总与社会地位、等级尊卑紧密相连。在原始社群中，部落酋长、大祭司的穿戴，跟一般群体成员的不一样，至少在行使重大政治、宗教职能的时候会不一样。在等级森严的阶级社会，服饰的形制、质料、服色等，更是直接反映着人们的不同社会地位和等级尊卑。

其实，在保存有较为古老的原始先民的一些文化形态的少数民族中，服饰表达了特定时代中先民的文化象征，它实际上蕴含了先民古老的文化心理，以达到标志自身的阐释性功用。景颇族盛大节日的“目脑纵歌”中，领舞“脑双”（主祭者）头上戴的鸟头装饰，则是景颇族口耳相传的神话中的象征；阿昌族已婚妇女的腰带上绣着各种谷物的图形，结婚时阿妈便指着腰带上的图形把上面的故事娓娓道来；在哈尼族中，其巫师则会有一块用各种彩线绣成的额帕，在额帕上刺绣着哈尼族迁徙的线路，据说巫师在给哈尼族过世的人做法事时，依据额帕上的迁徙路线，才能指引亡灵找到祖地。

当服饰的文化功能越来越复杂时，其审美功能便开始强化并呈现多样化的特征。对称、光滑、变化、形色图的对比与协调等，更孕育着美感发生的形式要素和感性要素。人们在选择或穿戴服饰的过程中，享受到了一种自我实现的愉悦，以及由此产生的快感，这便蕴含了精神上的超越追求的本真。无论是古老的披裹衫、贯头服、三重衣，还是披毛插羽、文身涂面、瞻耳结发，都有其文化与精神审美元素在其中。“宽大厚实的藏袍和右臂袒露的穿着方式，显示着英武豪放的气质；细薄柔软、紧身而裹的傣衣，勾画出傣家姑娘婀娜秀美的意象”①，贯头衣的潇洒，三重衣的繁复，物饰的华丽，涂绘的诡奇

① 谭拥军：《中华传统服饰文化探寻》，《大家》2012年2月5日。

等，都通过服饰表现出来，都具有各自独到的美感特质与审美精神价值。

总之，服饰从生理需要到自我实现需要的转变，无不随着历史的脚步而演变。显而易见的趋势是，服饰从生理性的物质需要及其承载的宗教内涵以及记录历史的作用中解放出来，转变为人们生活中对美的追求的衬饰和获取精神愉悦的途径。特别是到了现代，穿戴或时装已经真正成为一种休闲艺术样式，其在时尚以及对美感表达的诉求上已经超越了原初保暖的功能而转向休闲文化的欣赏功能。

（二）服饰民俗的休闲精神外化

除了花腰彝服饰的刺绣外，云南的民族服饰琳琅满目、数不胜数，而且均各有特色，绚丽精美。当然，在他们的服饰中不仅表达了各民族对美的追求与欣赏，也反映了各民族的历史、文化、宗教。所以看一个民族的服饰，就相当于看这个民族的史诗般，不但让人有美的享受，也会有文化的冲击。这样含有民族文化元素的多元化的服饰，在休闲意味上实质是增强了其美学质感，使其饱含文化含量，成为一种独具魅力的民俗文化。

除了上述的文化内涵外，云南民族服饰色彩、线条、结构的巧妙结合，以及各个民族的服饰造型各异和装饰图案的千奇百怪，“充分表现了人的形体美、修饰美和工艺美。这种外显的特征，实际上也就构成了民俗文化景观的重要组成部分。一个民族或地区的服饰民俗外显特征越显著，它的景观效果就愈好，审美价值就愈突出，同时所产生的感染力也愈强烈”①。比如傣族姑娘穿着筒裙，显出她们婀娜多姿的娇柔体态；苗族姑娘的头饰繁复闪耀，各类精致的银泡与银珠把她们贵气天然的气质凸显了出来；傈僳族姑娘的服饰因五彩的布料而鲜艳得像美丽的花朵；哈尼族姑娘的服饰则以蓝色的银泡诉说了她们包

① 《通海县兴蒙乡蒙古族民俗文化旅游的开发与保护》，百度文库《互联网文档资源》，http：//wenku. baidu. com/view/a17eb00a844769eae009edb1. html，2012 年 8 月 1 日。

含朴素的精致。

花腰彝刺绣具有悠久的历史。晋宁石寨山出土的青铜器上，部分人物形象的衣服上即有刺绣花纹的痕迹。公元223年，诸葛亮南征，以成都瑞锦赐夷，并吸收叟帅孟获、孟琰、爨习参加蜀国政权。这些叟帅的夫人在蜀学会了汉族的刺绣工艺，回乡传授给昆叟女子。据说，孟获夫人曾在曲靖大基山中，飞针走线，一夜绣成龙衣，故而被人们尊奉为刺绣女神。公元8世纪初，南诏王嵯巅攻占成都，掠回汉族刺绣女工和蜀锦原料，使南诏刺绣工艺得到极大发展。《新唐书·南诏传》就此记载："将还，乃掠女子工技数万人……南诏自是工文织，与中国埒。"樊绰《蛮书》也对南诏的刺绣做了详尽叙述："抽丝法稍异中土，精者纺丝绫，亦织为锦及绢。其纺丝人朱紫以为上服，锦文颇有密致奇彩……亦有刺绣。蛮王并清平官，礼衣悉服锦绣，皆上缀波罗（虎）皮。俗不解织绫罗，自太和三年蛮寇西川，掳掠巧儿及女工非少，如今悉解织绫罗也。"元明清时期，刺绣即在彝族妇女中盛行，刺绣质料增加，刺绣纹样和图案色彩更加丰富。直至近代，彝族刺绣仍保持着浓厚的地区特色和民族风格。[①]

在农闲时分，妇女们从最基础的绩麻开始，用纺车纺线，再织布，最后依剪纸样式用针线挑出花朵，这样的技艺可以说年少的姑娘们便在跟随母亲学习。剪纸时，既不事先画出样子，也不依照原有图案描样，而仅凭一把剪刀就能把山川万物、花鸟鱼虫剪在纸上，这样灵动的技艺，不但要对自然事物有细致的观察，也要有灵巧的手指与娴熟的功底。在剪纸的基础上，挑出的花才具有了生动的模型，从而转变为色彩浓艳的美妙情物，可以说剪纸与刺绣充分体现了彝族妇女的审美观和对幸福生活的憧憬。

过去，刺绣品大多并不单独使用，而只作为服饰上的点缀，主要装饰于花腰彝妇女的包头、衣领、衣襟、袖臂、下摆、裤筒、围腰、飘带，以及童帽、挎包、鞋面等部位。她们借助密密的针脚，既增强

---

① 白兴发：《彝族文化史》，云南民族出版社2002年版，第282页。

了衣物易磨处的耐磨性，也延长了衣物的使用寿命。随着市场需求的出现，现在彝族刺绣工艺品常见品种主要有生活用品类的挎包、背包、腰包、挂包、钱包、手袋、桌布、靠垫、手机套、茶杯垫、电话机垫，服饰类的布褂、外衣、披肩、围巾、领带、绣花鞋，以及装饰类的壁挂、香包等，既有较高的装饰美感，又有广泛的实用价值，是彝族民间艺术中最具特色的传统手工艺品。

花腰彝村民普遍认为，刺绣是女子必备的一项技能，刺绣技艺的高低往往显示着女子的手艺灵巧程度和贤惠持家能力。而且刺绣技艺还是以往青年男子择偶的一项重要标准，谈情说爱时，男子首先索取的信物就是姑娘贴身的刺绣品——绣花腰带。因此，过去的花腰彝女子如果不会刺绣，就会被人看不起，甚至会找不到婆家。现在，随着当地经济的发展，以刺绣技艺作为择偶标准的观念正逐步淡化，但认为花腰彝女子必须具备刺绣技能的看法却几乎没有发生改变。村中的成年女性白天下地干活，晚上在家中刺绣挑花，即使是那些正在上学的女孩，回家做完功课后的主要活动也都是拿起绣片，穿针引线，挑花绣朵。她们制作的一般都是用于个人服装的装饰，图案纹样及色彩搭配均按照个人的喜好来设计。①

妇女们在服饰上的刺绣可以说是对美丽自然喜爱的表达，既把民族特点利用自然的载体传达出来，也是一种寓教于乐的方式，其中包含了她们的情感与思想，也包含了她们对世界与生活的解读。基于服饰民俗鲜明的外显特征，其精神特质在这样的无声语言中得以充分地张扬：一方面是穿着者自身得到的一种审美愉悦；另一方面是旁观者得到的视觉美感享受。二者在现代社会已融合成一种自觉的休闲精神，外化于我们生活的每一天。

（三）民俗活动与休闲生活的叠交界域

从人类发展的纵向历史或横向区域来看，不同族群的人类群体围

① 肖青：《石林阿着底村彝族刺绣工艺调查报告》，《民族艺术研究》2005 年第 4 期。

绕着衣、食、住、行，演绎出众多文明模式。这些被称为物质生活民俗的万千事象，奇彩纷呈。世界各地的人类群体在物质生活及其消费模式上囿于不同的生产能力和水平，不同的社会经济、政治制度，以及文化价值观念、审美情趣、宗教意识等心态的影响，使各地的物质生活民俗呈现较大的差异。但从每一个社会共同体特有的生产生活习俗的整体面貌来看，几乎无一例外都带有一种对美的追求和获取精神愉悦的体验，在其中可以体会到一种精神生活追求的生命力量，一种与天地自然相互沟通、互融互济的精神自觉。二者这样一种共同的对美的追求，对精神愉悦的追求，笔者便把它们所共有的领域称为"叠交界域"，这是民俗活动与休闲生活互相叠交、互相认同、互相契合一个领域，也是为物质生活民俗从满足物质层面需求向追求精神层面需求的升华奠定的基础界域。正是有了这样一个"叠交界域"，本书的论点才得以成立。

峨山县小街镇棚租村花腰彝的剪纸与刺绣，从民俗的范畴来说，它是花腰彝民族物质生活的需要，这一需要包蕴了花腰彝对服饰自身的理解与审美，这是从物质需要到精神需求的一个升华。而休闲所追求的也是愉悦精神的体验，穿上花腰彝美丽的衣服可以让人心生愉悦，获取审美感受。从审美这一层面上来说，民俗与休闲是具有共同的叠交界域的，都在追求一种精神的愉悦性。而且这样的愉悦不但可以由主体享受，作为休闲者的客体一样可以享受到同样的愉悦。另一方面，花腰彝在刺绣、剪纸制作她们自己服饰的时候，她们也是愉悦的，在田间地头，手上的功夫不停，嘴里和朋友们交流着愉悦的信息，这个时候她们是在休闲的时光里享受休闲的方式，故而从活动这一层面上来说，民俗与休闲也具有共同的叠交界域。作为传承主体的花腰彝民众在休闲中便把民俗事象进行传袭与承接，这便是民俗与休闲在二者共同的叠交界域下所形成的活态方式。

总而言之，政府在民族文化保护的进程中是处于主导地位的，一些智库机构或是学术团体在文化保护进程中充当了执行或是指导的角色。但从属于民族文化的民众对保护的参与度总体来说是不高的。因此，文化的保护与传承，如果建立在休闲基础之上由全体社会公众共同参与的话，那也就在田间地头于无形中重塑了少数民族的文化自觉并实现最具可持续性发展的文化传承。作为广义的民族文化资源的拥有者，民众也应该在休闲体验中自觉保护民族文化多样性，参与到保护与传承文化的进程中。只有这样，才能真正实现休闲认同下物质生活民俗的文化传承。

六 小结

本章以峨山县小街镇棚租村的花腰彝剪纸与刺绣为例，从服饰的组成、纹样与制作工艺入手，阐述了其所蕴含的文化内涵，梳理了剪纸艺术的代系传承，在现有对花腰彝剪纸进行传承培育的途径所引起的社会效应的基础上，提出物质生活民俗与休闲的叠交界域，并认为剪纸作为一种民俗艺术事象，由于其对传承主体灵动性的需求而导致传承空间逐渐萎缩的现实下，主体间与客体间的休闲认同可以激发其传承的内省延续，从而实现花腰彝剪纸的文化传承。

第四章

文化自豪下新平平寨花腰傣竹编工艺的休闲传承

物质生产民俗是“一个国家、民族的特定地区、社会群体中的大众，在一定生态环境中所创造、享用和传承的物质文化事象”[①]。早期的民俗学家将民俗学的研究对象主要定位在民众的精神禀赋方面，并不重视物质生产和工艺技术本身。在这方面，英国民俗学家博尔尼的观点最有代表性，她说：“引起民俗学家注意的，不是耕犁的形状，而是耕田者推犁入土时所举行的仪式；不是鱼网和鱼叉的构造，而是渔夫入海时所遵守的禁忌；不是桥梁和房屋的建筑术，而是施工时的祭祀以及建筑物使用者的社会生活。民俗实际上是古人的心理表现。不管是在哲学、宗教、科学和医药等领域，在社会组织或礼仪方面，还是在历史、诗歌和其他文学部门等更严格意义上的知识领域方面。”[②] 随着民俗学的发展，学者们越来越认识到物质生产与民俗的关系，认识到生计方式、工艺技术等同样是民间社会所传承的知识，是民众智能的结晶，对于研究人类文化发展的轨迹具有重要的参考意义。“一切社会的性质和结构，都是由占统治地位的生产方式所决定的，物质资料的生产是决定社会民俗构造及其发展的力量。”[③] 因此，物质生产民俗的研究需从物质生产条件中去探求各种社会思想、观点以及习俗惯制形成的根源。

---

① 钟敬文主编：《民俗学概论》，上海文艺出版社 2002 年版，第 40 页。

② [英] 查·索·博尔尼：《民俗学手册》，上海文艺出版社 1995 年版，第 2 页。

③ 江帆：《生态民俗学》，黑龙江人民出版社 2003 年版，第 59 页。

在这样的探求过程中，由于自然季节转换而导致生产时间与闲暇时间的划分，决定了在各种物质生产民俗活动中，休闲占有了一席之地。并且随着社会的发展，很多物质生产民俗具有了一种附加于实用价值之上的象征意义。花腰傣民间工艺品在制作、展示和销售中与休闲的关系是一种形而上的转化过程，即从“农闲”向“休闲”的转化，从一般的休闲向追求“艺术和自由”的休闲过程的转化，从艺术欣赏到民族自豪感的转化。花腰傣人在艺术休闲和展示中接受外部信息和现代性，而外来人员在自由休闲中欣赏和享受艺术，这就是休闲与民间艺术关系的本质，它表明了工艺品与当地人和外地人的关系，并将休闲推向了艺术和自由的境界。

滇南红河流域的花腰傣是傣族的组成部分，他们自称傣雅、傣卡、傣洒等，当地汉族人称其为“花腰傣”。花腰傣人主要聚居在新平、元江、通海等县，人口有63000多人，其中又以新平最多，该县的花腰傣人口占花腰傣人的61%以上。花腰傣人拥有丰富的民间工艺，他们的刺绣、服饰、竹编、土陶、纹身等都非常著名。他们在休闲的过程中生产民间工艺品，在节日活动的过程中展示工艺品，通过工艺品的展示和销售，他们认识到了外部的世界和工艺品的休闲价值。笔者拟对新平花腰傣竹编与刺绣工艺进行描述，并挖掘花腰傣工艺品的休闲价值与意义：生活休闲中的工艺品生产经历了从农闲到休闲的转化过程，节日中的工艺品展示和销售表现出从生活休闲和艺术享受的意义，而花腰傣工艺师的国际展演体现出休闲和民族自豪感的双重价值。

一 新平花腰傣的文化背景与竹编工艺

然而随着经济发展和社会进步，传统民居逐渐被现代民居所替代，平寨村的“土掌房”现在所剩无几。新平文化事务中心主任龚家祥认为：“土掌房虽然冬暖夏凉，但易漏雨、老鼠打洞，屋顶每年都要平整，不然会塌。所以老百姓就喜欢钢混结构，几十年不用担心。”对于目前村内土掌房消失的情况，政府目前暂无应对措施。

生活在新平县的花腰傣有傣雅、傣洒、傣卡三种，“傣雅”中的“雅”是指“勐雅”，即“漠沙”，因此，“傣雅”的意思是“生活在勐雅的傣家人”。“傣洒”中的“洒”是指“沙滩”，因此，“傣洒”指的是“生活在沙滩边上的傣家人”。“傣卡”中的“卡”是泛指“傣族以外的其他民族”，因此，“傣卡”指的是“从其他民族中融入的傣家人”[①]。然而，一些傣学者认为，“傣雅”即“傣亚”，认为“雅”（或者“亚”）是“下班”“放学”“散会”“散场”“婚”之意。[②] 据相关的传说，傣雅是傣族南迁的过程中遗留下来的。他们被认为是古滇国王室后裔的组成部分。[③] 傣雅分布在漠沙镇、傣卡分布在腰街镇、傣洒分布在戛洒和水塘两镇。新平县还有一种傣族支系叫傣角折，分布在平掌乡，但没有包括在花腰傣之内，花腰傣就是指傣雅、傣卡和傣洒三个支系，他们不过泼水节。

花腰傣聚居在滇中南地区的新平、元江、通海等县，人口有63000多人，主要居住在新平县的戛洒、漠沙、水塘和腰街镇，人口占花腰傣总人口的61%以上。其余部分居住在元江、通海等县，[④] 其中又以元江县最多，超过2万人。除了玉溪市外，在西双版纳和思茅地区都分布有少量的花腰傣人，据相关的田野调查和采访，这些地区的花腰傣人自称是从新平县迁去的。[⑤] 傣族学者高立士认为，花腰傣（即傣雅）在滇南地区甚至国外都有广泛分布，他写道：

---

① 陶贵学：《新平花腰傣文化大观》，民族出版社2004年版，第2页。

② 高立士：《傣族支系研究》，《中央民族大学学报》1998年第6期。

③ 相关的文献包括：陶贵学主编：《新平花腰傣文化大观》，民族出版社2004年版。陶贵学：《中国云南新平花腰傣文化国际学术讨论会》，民族出版社2003年版。

④ 但通海县的花腰傣人已经不会讲傣语，服饰也已汉化。

⑤ 中山大学硕士研究生李浩初提供的资料，他在西双版纳做了长期的调查。笔者也曾到西双版纳调研，得到当地花腰傣的一些情况，他们自称是从新平县迁去的。

> （花腰傣）主要分布在玉溪地区新平县的漠沙、戛洒坝及元江县的东峨、元坝，西双版纳州景洪市的普文坝、勐养坝，整糯勐板坝、勐罕勐宽坝及勐腊县的勐满坝均有分布，系近二三百年以来因逃荒、逃兵、战乱从新平、元江迁来的，允景洪的曼润“傣亚”系1932年外国传教士从元江傣族基督教徒中带去的。近百年来，有的从西双版纳又迁入老挝、泰国，他们在新平、元江、西双版纳自称、他称都是“傣亚”，到老挝、泰国，自称、他称也是“傣亚”①。

“花腰傣”这个称谓并非傣族中某一支系对自己的称谓，而是当地的汉族对生活在一定地域的傣族其中的一个支系的总体称谓。而这一定地域一般指的是新平和元江等地。“花腰傣”一词最初出现于何时不得而知。但是，邢公畹先生1943年2—7月在新平县漠沙调查，就已经开始使用“花腰傣”一词，他于1956年写的自序中，认为新平县漠沙乡的傣族俗称为“花腰傣”，为傣族的一支，其中又分为傣雅、傣卡和傣洒。②

20世纪50年代民族调查队撰写的民族调查报告中，就已经出现和使用了“花腰傣”一词。例如，李克珍、曹成章等在1958年元江调查时撰写了《元江县傣族社会经济调查》，对元江县的傣族进行分类时这样写道：

> 这里的傣族又分为“汉傣”“水傣”“花腰傣”三种，其中汉傣约占14%，水傣占22%，花腰傣占64%。汉傣聚居于甘庄，部分与彝族、山苏、汉族杂居于椤科；水傣聚居于者戛，部分与红河街的汉族、彝族杂居；花腰傣聚居于大水平、东峨、曼线、

① 高立士：《傣族支系研究》，《中央民族大学学报》1998年第6期。

② 参见邢公畹《红河之月·原版自序》，云南人民出版社2002年版，第4页。

曼莱、南昏等地。那整，主要也是花腰傣，也有部分水傣。[①]

在另一篇未署名的调查新平傣族的文章中，也将外国传教士创造的傣族文字称为“花腰文”[②]，也说明了“花腰傣”一词在新平已经开始使用。

宋恩常在1984年调查元江傣族时，也将傣族分为水傣、花腰傣和黑傣。花腰傣有时也被称为花傣。[③] 当然，20世纪80年代初“花腰傣”一词已经开始普遍使用，因此宋先生的文章中出现是很正常的。

新平县的花腰傣分布在漠沙、戛洒、水塘三个乡镇。漠沙，傣语称为“勐雅”。汉语古名“漠沙勒”，清代初期改为“磨沙”。漠沙位于新平县城西南，距离县城69公里，地处哀牢山东麓，红河中上游的河谷地带。最高海拔2647米，最低海拔420米，年平均气温23℃，最高气温为42.6℃，属于典型的亚热带气候，日照充足，雨量适中，干湿季节分明，具有“一山分四季，十里不同天”的典型立体气候。

全镇总面积492平方公里，辖14个村民委员会，236个自然村，219个村民小组，9355户，36261人。漠沙共有6个山区村委会和8个坝区村委会。山区村委会的主要居住民族是彝族、哈尼族和汉族；坝区村委会的主要居住民族是傣族，还有少部分的汉族和彝族。据漠沙镇政府提供的资料，漠沙镇共有总人口36261人，其中傣族20933人，占总人口的58%；彝族7995人，占总人口的22%；哈尼族3165

① 李克珍、曹成章等：《元江县傣族社会经济调查》，载云南省编辑组“国家民委民族问题五种丛书”之一、“中国少数民族社会历史调查资料丛刊”《思茅、玉溪、红河傣族社会历史调查》，云南人民出版社1985年版，第81页。

② 《新平县百关傣族社会调查资料综合》，载云南省编辑组“国家民委民族问题五种丛书”之一、“中国少数民族社会历史调查资料丛刊”《思茅、玉溪、红河傣族社会历史调查》，云南人民出版社1985年版，第101页。

③ 宋恩常：《元江傣族习俗调查》，载云南省编辑组“国家民委民族问题五种丛书”之一、“中国少数民族社会历史调查资料丛刊”《云南少数民族社会历史调查资料汇编》（一），云南人民出版社1986年版，第131页。

人，占总人口的8.7%；汉族3789人，占总人口的10.4%，其他少数民族，如苗族、拉祜族等是因为婚姻、工作等关系转入漠沙镇的，总人口不到1%。漠沙镇的人口密度为每平方公里86人。

漠沙傣族有两个支系，傣雅和傣卡，傣雅在各村委会都有分布，而傣卡主要分布在西尼和鱼塘村委会。漠沙的彝族也有三个支系，尼苏、腊鲁和山苏，尼苏分布在西尼村委会，而腊鲁则分布在团结、胜利等村委会，山苏则分布在仁和村委会，但山苏人已经不会讲自己的语言，他们完全使用汉语作为交际工具。山苏人非常擅长竹编工艺，是傣族竹帽的主要编织者（参见本书第七章）。漠沙的哈尼族有两个支系：卡多和诺比，卡多支系分布在胜利、团结等村委会，而诺比分布在黎明村委会，诺比支系是20年前建新黄草坝水库建设搬迁到漠沙镇的，他们属于搬迁户。总体来看，漠沙的少数民族的分布状况是彝族、哈尼族和汉族居住在高山地区，而傣族居住在河谷地区。这是总的居住格局，但是这种居住格局也随着搬迁和自然移民方式被打破，很多的彝族人、哈尼族人和汉族人逐步从高山地区搬迁到河谷地区，而汉族人在城镇经商的人也越来越多，所以，漠沙集镇附近有很多的汉族人居住。

漠沙镇很早就受到国际上的关注。1900年，英国探险家戴维斯对于漠沙的傣族和当地的土掌房有较为详细的描述。而在20世纪20—40年代，美、英、法、德等国传教士在漠沙长期传教，并且曾经为漠沙傣族创造过一种文字。尽管这种文字没有得到推广，但它是新平花腰傣曾经有过的唯一的一种文字。此外，外国传教士在漠沙于1920—1949年在漠沙开办过中小学——“明诚学校”，最初设小学部，后来设初中部，招收曼勒、仙鹤、龙河、关圣的傣族人，学校开设“英文”和“傣语”两科，学生最多时达到180多人。[①] 此外，传教士还

① 新平县教育局：《新平彝族傣族自治县教育志》，云南大学出版社1993年版，第261页。

在漠沙创办了1所孤儿院和1所教会医院。[①] 今天，漠沙镇的仙鹤村还有一些信仰基督教的人，建有一个教堂，共有信教人员100余名。

漠沙镇是新平县的农业大镇，共有农业人口34771人，耕地面积64900亩，其中水田20355亩，山地44545亩，人均耕地面积1.8亩。主产稻谷、玉米、甘蔗、香蕉、菠萝、西瓜、荔枝、杧果、烤烟、苦瓜等粮食和经济作物。漠沙江畔还是古野生稻种的发源地之一，至今还能看到野生稻。这些珍贵的资源对于我国研究水稻品种和野生稻保护具有重要的意义。

漠沙是傣族文化受现代化冲击和文化变迁较快的地区之一。几乎所有的傣族年轻人和一部分老年人都不再穿传统傣族服饰，而完全接受了现代主流服饰。傣族的传统建筑土掌房也逐渐被现代钢混结构的水泥平顶房所代替。

水塘镇是新平县的四个热坝镇之一。水塘镇的傣族称为“傣洒”，与戛洒的傣洒是同一个支系。1958年，民族调查队曾经对水塘的傣族进行过调查，撰写过一些调查报告。当然，有些内容与今天的傣族状况不符合。例如，宋恩常教授就在其调查报告中写道：“新平县傣族分傣雅（水傣）、傣良、傣赛和傣哈（汉傣）等四支。傣雅分布于水塘地区的现刀、水塘和新寨，约有3598人。”[②] 很显然，这些记载与今天水塘傣族的状况并不一致。水塘的傣族为傣洒支系，傣雅支系在水塘没有分布。

然而，宋恩常等人对于水塘当时的傣族习俗的描述确实是非常有趣的，因为这些习俗在今天的水塘已经看不到了。所以他们对于新平水塘傣族习俗的描述，在今天看来具有重要的意义。他们写道：

---

① 《新平县百关傣族社会调查资料综合》，载云南省编辑组“国家民委民族问题五种丛书”之一、“中国少数民族社会历史调查资料丛刊”《思茅、玉溪、红河傣族社会历史调查》，云南人民出版社1985年版，第101页。

② 宋恩常、刀正兴、白忠调查，宋恩常整理《滇南一些县区的傣族习俗》，载云南省编辑组“国家民委民族问题五种丛书”之一、“中国少数民族社会历史调查资料丛刊”《思茅、玉溪、红河傣族社会历史调查》，云南人民出版社1985年版，第154页。

新平县水塘傣族地区青少年欢度旧历新年十分有趣，新年初十以前是男女青少年进行社交的期间。他们称新年为欢年，俗称玩年。不同村落的未婚青少年在一起欢度新年。每个村落以女青年为核心，青年为一组，少年为一组，在新年开始时，排成整齐的长队等候在村头、村尾或者村落的路边，迎接前来欢庆的邻村男青少年。前来祝贺新年的邻村男青少年们便根据各自的年龄分别去寻找心爱的女友，找到后便坐在她身边。如果这个女子也看中了这个男子，他们便相依而坐，开始谈情说爱；假如女子看不上，便站起来走开，表示拒绝。至于本村的男青少年则要到邻村去，同邻村的女青少年联络感情。少年参加欢度新年活动，则具有见习的意义。①

水塘傣族还有赶新街（马厄）的习俗，赶新街又叫赶花街。旧历春节后共赶三个街子，十天一次，前后一个月。第一街是十一二岁的少年，第二街是十八九岁的青年，第三街是二十岁以上的已婚成年人。当时除了水塘有定期集市外，还有戛洒和腰街。水塘的街期是逢丁，也叫丁街；戛洒的街期是逢午，也叫午街；腰街的是逢巳，也叫巳街。姑娘们在街期要携带特制的篾饭盒送给自己的男朋友，篾饭盒除装糯米饭外，还装有美味的腊肉，最讲究的，篾饭盒还装在特制的布袋里，送给心爱的男朋友。有几个亲密的朋友便带几盒，他们认为带的饭盒愈多愈光荣。这时，未婚的男青年，就可以在街头或街尾从自己的女朋友处领到一盒饭，看热闹的父母同来，得以同享，也认为是一种荣誉。用完饭后，男青年则将糖果、丝线，有时也将线装在篾饭盒里，送还给

① 宋恩常、刀正兴、白忠调查，宋恩常整理《滇南一些县区的傣族习俗》，载云南省编辑组“国家民委民族问题五种丛书”之一、“中国少数民族社会历史调查资料丛刊”《思茅、玉溪、红河傣族社会历史调查》，云南人民出版社 1985 年版，第 155—156 页。

他带来饭菜的女友，表示酬谢。①

虽然宋先生他们的调查报告发表于 1985 年，但是他们的调查是在此之前完成的。我们虽然不知道具体的时间，但是，宋先生在文章开头时写到调查的时间是 1965 年、1975 年和 1978 年。由于我们在当地的花街故事中很少出现这样的描述，所以推断调查时间还是应该较早的。并且水塘镇在 1975 年和 1978 年的时候已经不赶花街了，应该说，调查的时间可能在 1965 年的时候。

所以花腰傣这一族群，在 20 世纪 60 年代左右就延续其浪漫休闲的民俗特质，这样的特质也就贯穿于其工艺品制作中。不管是对制作人本身而言，还是欣赏、购买工艺品的休闲者而言，民俗工艺的传承都与休闲体验紧密地联系在了一起。

戛洒镇应该说是傣洒支系的大本营，在新平县的花腰傣文化建设中占有重要的地位。戛洒镇的集市贸易在新中国成立前就享有盛誉，这里是云南省最大的草坪街，来自景东、景谷、镇沅、双柏、墨江、峨山、澂江、通海、玉溪等地的商人汇集在这里，每个集市日有 150—160 匹马驮来各种货物，随着贸易的发展，商人们开始设赌场，市场越来越兴旺和繁荣。夏天之时，由于天气炎热，商人们赶完街当天就离开戛洒了。但如果是冬天，人们赶完街之后，还在戛洒过夜，为的是晚上的赌场，戛洒赌场在滇南一带甚为著名。

笔者选择的调研点平寨小组是花腰傣傣洒聚居村，位于戛洒镇西北边，在戛洒江西岸，南恩河北岸。整个村子依山傍水，村内山泉水潺潺流淌，木棉树、古榕树常年繁茂，芒果树、荔枝树四季飘香，生态保存完好，环境优美。平寨村民小组全组 137 户、678 人。平寨村总耕地面积 520 亩，人均占有耕地面积 0.77 亩，主要以种植水稻和

① 宋恩常、刀正兴、白忠调查，宋恩常整理《滇南一些县区的傣族习俗》，载云南省编辑组“国家民委民族问题五种丛书”之一、“中国少数民族社会历史调查资料丛刊”《思茅、玉溪、红河傣族社会历史调查》，云南人民出版社 1985 年版，第 155—156 页。

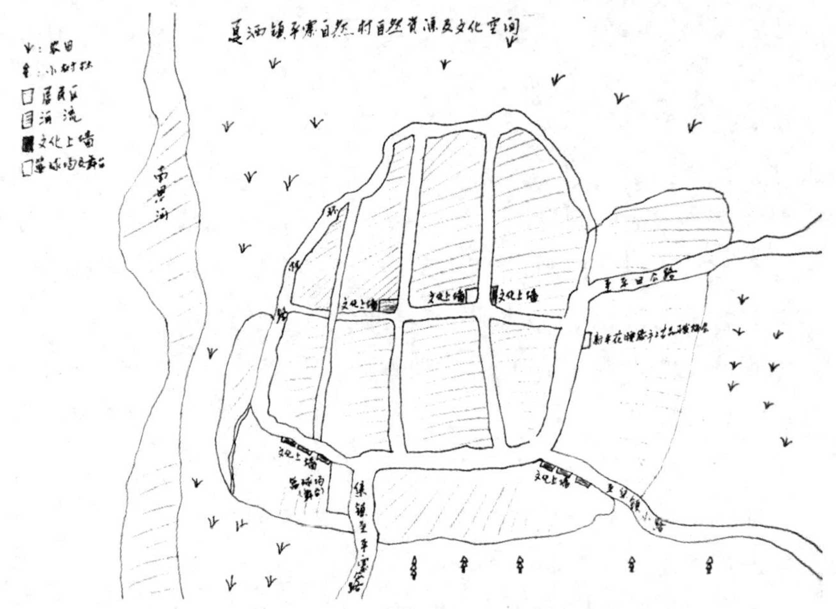

图 4-1 夏洒镇平寨自然村自然资源及文化空间

甘蔗为主。由于该村花腰傣文化保存完整，传统民族工艺独具特色，于是省文产办在 2011 年，确定其为云南省首批 30 个民族文化传承示范村之一。

村内花腰傣传统民居叫“土掌房”，因其屋顶如手掌般平坦而得名。“土掌房”一般设正屋、两耳及大门，也有的没有设两耳，仅是一楼一底正屋加一底厦屋。无论是哪种形式，一般耳房与厦屋均与正屋结成一体，可以从正屋的楼房门走到各附加建筑的屋顶口。三间两耳式的土楼，从结构上来看，正屋一般在一楼，每层有三个至四个房间；耳房则有二间至三间。因为花腰傣是一个崇尚自然的民族，“土掌房”的建盖选址、选料、布局上均极富自然图腾崇拜，呈现花腰傣端庄、温秀、朴实的风格。

二　花腰傣竹编工艺的文化传承内容

（一）与生产生活有关的竹编工艺传承

新平县花腰傣人的腰间都挎着美丽的鸡枞斗笠，这是傣族服饰文化的重要组成部分，也是傣族重要的民间工艺品。生活在新平县各支系的花腰傣人都有关于斗笠的美丽传说，漠沙镇的傣雅传说是这样的：

> 天神匹斯的女儿在天宫感到很孤单，背着父王变成牛姑娘跑到人间，与穷人南嘎结为夫妻，正当夫妻日子过得幸福之时，父王派天兵把牛姑娘抓回天宫去了，牛姑娘为了给南嘎留下一个纪念品，将自己带着的鸡枞帽抛向人间，斗笠飘到了一个小姑娘的头上，像牛姑娘一样美丽，南嘎和她结了婚，从此，花腰傣妇女都有戴鸡枞斗笠的习惯。①

1. 鸡枞斗笠的编织与传承

花腰傣由于支系的不同，所以傣雅人的斗笠编织和傣洒人的斗笠编织是不一样的。傣雅人的斗笠长时间以来是由哀牢山深处的彝族山苏人为他们编织的，傣雅人自己不会编斗笠，傣雅人编斗笠是近期的事情。例如，漠沙镇团结村委会丙尖村就是其中一例，丙尖村被认为是漠沙镇编织斗笠最出名的村寨之一，有好几家人会编秧箩和竹篾

① 转引自李永祥《傣雅服饰的族群标志与民族认同——云南省新平彝族傣族自治县漠沙镇的研究案例》，《毕节学院学报》2009 年第 9 期。同时冯德胜、白永先在《花腰傣斗笠的传说》中也有提到，载聂鲁、陈振中编《新平县民间故事集成》，云南人民出版社 1999 年版，第 55—58 页。

帽，但只有一家人会编鸡枞帽。刀世林是现在会编鸡枞帽的人员之一，他58岁，从12岁就开始编竹篾，没有师傅教，自己学着编。以前，竹帽只有山苏人会编，他们编好帽子后拿来换米，据说山苏人编竹帽的工艺非常讲究，工艺传男不传女，传男还只传给供养老人的那个儿子，除了山苏人之外，古代没有一个村子会编竹帽。今天的傣族地区有三种竹子，甜竹、苦竹、绵竹，只有绵竹才能编竹帽，因为绵竹的竹节长。编竹帽的程序有七道：破篾、编帽架、编帽面、编滚边、加竹叶、扎边、编尖顶。

平寨的刀志兴也是花腰傣竹编的民间艺人，他从小就跟随大人学习编织，心灵手巧的他13岁时便会编织捉黄鳝的竹篓，几根平常的竹篾条在他手里似乎有了生命，不到几分钟或编成栩栩如生的小燕子，或编成非常精巧的小竹篓。刀志兴在掌握了传统的编织技艺后并未满足于现状，而是不断地揣摩与创新，最终让他自己的竹编艺术在平寨有了一席之地。

图4-2 平寨民间竹编艺人刀志兴及作品

与傣雅人不同，傣洒人的斗笠从古至今都是自己编织的，基本上没有出现过别的民族为他们编织斗笠的情况。他们编斗笠有一个模型，是用木头做的，人们把破好的竹篾放在模型框架上，按照模型编出来的斗笠都是一样大的。傣洒斗笠由外部和内部两部分组成，外部的顶端称为“昧休”［mei^{33} xiu^{35}］① 为黄色，底端称为“昧连”［$mei^{33}lian^{55}$］为红色，底边为花边。黄红色交界处有三个三角形，称为“纳功”［$na^{31}ko^{31}$］。有人将帽子的形状解释为鸡蛋形，黄色象征蛋黄，而红色象征蛋白，但不知道为什么要做成鸡蛋的形状。有人认为帽子上的红色是用来吓白虎的，黄色用野老姜做成，用来克鬼，意义与放鞭炮相似。傣洒斗笠内部主要是各种装饰品，最为突出的是六个小圆柱，称为“昧宁”［$mei^{55}ning^{35}$］。六个小圆柱分为两队，三个拴在一起，三个小圆柱的颜色不一样，中间为红色，两边为黄色和蓝色（有的人也用白色），每个圆柱上绣有方块图案。帽子内部还挂有各种颜色的辫子，左边为单数，右边为双数，都称为“昧非”［mei^{33} fi^{31}］。

图 4-3　花腰傣老人与斗笠

① 由于无国际音标软件，辅音音标发音作了相对的调整，这里的［x］不发国际音标中的［h］音，而与汉语拼音［x］相同。

傣洒竹篾帽对于傣洒人来说有着重要的象征意义，它除了可以用来遮挡风雨之外，还有宗教上的用途。刀志兴说：

傣洒人认为，竹篾帽还有避邪、克鬼和保佑妇女的作用。花腰傣人认为太阳落山之时是各种鬼神最为猖獗的时期，这时的妇女，特别是怀孕的妇女必须戴上竹篾帽，鬼神才不敢来害人，以保护妇女平安归来，这就是傣洒妇女不论下雨与否都要戴竹篾帽的原因。①

在水塘、戛洒两镇，我们时常能看到风雨中的傣洒妇女打着雨伞还戴着篾帽，显示竹篾帽永不离身。

2. 秧箩的编织与传承

如同鸡枞斗笠一样，花腰傣秧箩也在傣族人中占有重要的地位，他们有各种优美的与秧箩有关的传说：

小媳妇用秧箩给犁田的丈夫送饭，路上遇到妖魔，妖魔想与她成亲，她坚决不答应，随后，妖魔要吃她手中的秧箩饭，小媳妇拒之，妖魔恼羞成怒，要吃她，她与妖魔搏斗，最后在村民的帮助下战胜了妖魔，保住了丈夫的秧箩饭。后来，秧箩饭成为忠贞爱情的象征，人们在赶花街时都要吃秧箩饭。②

另一个故事说：

小媳妇给犁田的丈夫送饭，她把秧箩饭挂在离田地不远的一棵树上，可她的丈夫一天也没吃到妻子送的饭。有一天，丈夫对妻子说：

① 戛洒平寨竹编传承人刀志兴访谈资料。访谈时间：2013 年 5 月 10 日。

② 故事梗概参考了玉溪市文化局等编著的《云南玉溪花腰傣》，云南美术出版社 1999 年版，第 34 页。

“你为什么不送饭来给我？”妻子回答说：“我每天都送饭来给你的，挂在那棵树上，为什么还说我没有送？”第二天，妻子照常送饭，她把秧箩饭挂在那棵树上，然后偷偷躲在一边看是谁吃了秧箩饭。过了一会儿，小媳妇看到一个英俊的小伙子把秧箩饭吃了，她看到小伙子如此英俊，又吃得如此的香，心想，干脆送两盒饭算了。从此，她每天送两盒秧箩饭，一盒是给丈夫的，另一盒是给那个小伙子的。到花街节那天，丈夫没见妻子送饭来，就到街上，他看到妻子拿着秧箩饭与那个小伙子走了，知道妻子的心已经属于别人，从此，花街节中有了吃秧箩饭的习俗。①

秧箩的编织不像斗笠那样困难，所有会编竹篾的人都会编秧箩。秧箩有大有小，各个支系都不一样。其中，傣雅人的秧箩细长而又最大；傣洒人的秧箩有两种，一种偏短并呈圆形，没有盖，另一种有盖，呈四方形；傣卡人的秧箩与傣雅人的相似。后来，人们逐步认识到了秧箩在旅游开发中的价值，出现了各种小秧箩。秧箩篾有两种：细篾和宽篾两种，两种篾都必须很薄，秧箩的美观与否主要在划篾的功夫上。

图 4-4　刀志兴编的饭盒和笼子

① 采录地点：漠沙镇龙和村委会大沐浴村民小组。讲述者：杨美秀。采录时间：2014年4月8日。

3. 泥鳅笼和鳝鱼笼的编织与传承

花腰傣人与生产和生活习惯有关的编织很多，有代表性的主要有竹篾饭桌、泥鳅和鳝鱼笼、小背箩等。傣家人一般都会有一张竹编的饭桌，除了吃饭之外，还用于宗教祭祀活动，傣族人的宗教活动，除非没有，一般都用竹编的饭桌进行。饭桌的编织只有少数人才能够进行，因为需要很长的时间，傣族饭桌不是用四只脚支撑，而是像一个竹箩扑在地上，四方是封闭的，顶部用宽竹篾编织，四周镶边，这样放在桌子上的东西不易掉下去。

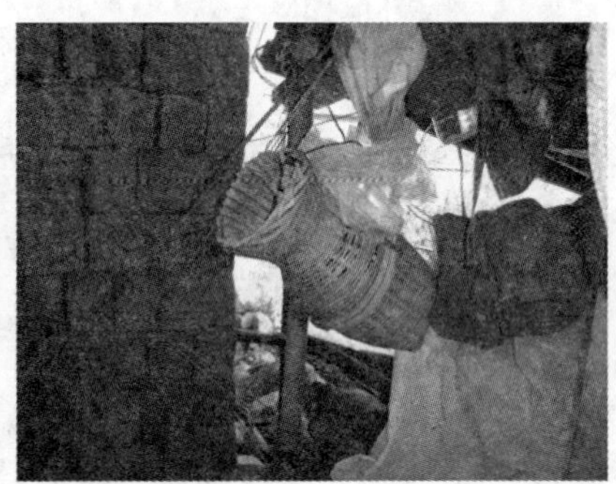

图 4-5 花腰傣人的黄鳝笼和泥鳅笼

泥鳅笼和鳝鱼笼也很有代表性，一度是花腰傣人的象征。傣族人的男女分工在打鱼方面非常明确，男人下河用渔网打鱼，女人把笼支在水田里捕泥鳅、黄鳝，因此，在宣传花腰傣的图画里，常常是年轻的花腰傣女子挑着泥鳅笼和黄鳝笼走在田边，这是对她们生活的真实写照。泥鳅笼和鳝鱼笼的编织与秧箩和斗笠相比要粗糙得多，但泥鳅笼较小而鳝鱼笼较大，鳝鱼笼呈长圆形，看上去像一个喇叭，一方有入口，在入口处编上倒刺，鳝鱼只能进不能出。泥鳅笼也呈圆形，但一方有盖，入口在腰间，也编有倒刺，泥鳅能进不能出。支泥鳅笼和鳝鱼笼时都要将鱼饵放入笼中，夜幕降临时把上百个泥鳅笼和鳝鱼笼支在水田里，并用蒿枝做好标志。夜里，当泥鳅和黄鳝闻到腥味时就钻到笼里，次日清晨，傣家人把泥鳅笼和鳝鱼笼取回，看里面有多少收获。清理所有的笼子，能够得到不少的东西。如果收获甚微，说明这个地区的泥鳅、黄鳝已经很少，人们会到其他民族的水田里支泥鳅笼和鳝鱼笼，并在那里过夜，次日带着收获归来。泥鳅笼和鳝鱼笼现在也当作旅游产业开发的工艺品之一，但编织的方法已经与原来的不一样，而是进行了改变，工艺更加美观精湛。

（二）与宗教活动有关的竹编工艺传承

与宗教活动有关的编织主要是指这些编织只用于宗教活动，平时是不能编织这些东西的。编织的目的也是在宗教活动中使用。这些编织包括了避邪法器达寮、燕子、小鱼等。达寮的编织很简单，用12块竹篾按三角形的三个方向编织，但编织完成后要经过雅莫巫师念经后才能挂在门头上，起到避邪的作用。

燕子和小鱼是在很多宗教活动中使用的，都是用宽篾编成的，虽然平时人们不进行这些编织，工艺也赶不上泥鳅笼和鳝鱼笼，但它们具有特殊的意义，是宗教活动不可缺少的物品之一。由于简单，很多的人都会编这些物品。

花腰傣人信仰原始宗教，宗教神职人员称为“雅摩”和“贝玛”，都为女性，“雅摩”职位为世袭或由神选择，有的妇女在重病之后，老雅摩会告知她要变成新的雅摩，疾病才能好，在数次的仪式之后，获得雅摩身份。当神灵选择了一个妇女之后，就要举行相关的仪式，一般是连续举行三次，每年一次，每次三天。竹编动物就是女雅摩举行祭仪时的用品。在祭祀期间，雅摩的哥哥或兄弟来参加仪式时，每年要送两对竹编动物：一对燕子、一对鱼，摆放在女雅摩家的神龛上，以保证雅摩的社会地位，并让她在今后的仪式中战胜各种困难，增强信心。在三年的仪式完成之前，雅摩还没有得到社会的承认，尽管已经有人来请她举行仪式了，但她是要谦虚地说“我不太会整，你们来请了，会整不会整也整一下”之类的话语，一旦她取得了雅摩资格，她终生的地位就得到傣族社会的认同。

当然，我们知道，雅摩仪式中，她的亲戚一般都只送给她一对燕子和一对鱼，但由于亲戚朋友较多，她将得到很多对的燕子和鱼，那些仪式参与者也会编好很多的燕子，以防止有的人没有时间编燕子和鱼，他们可以从仪式中拿编好的燕子和鱼相送。在傣族文化中，燕子和鱼是吉祥的象征。

三　花腰傣竹编工艺的文化传承方式

平寨的竹编工艺传承现状并不乐观，村内会编的在 50—60 岁的老人有 20—30 人，30—40 岁会编的年轻人只有 3 个，而在 20 岁及以下年龄段的就没有人会编了。据调查，目前平寨花腰傣竹编的传承方式有如下几种。

（一）家族式传承

竹编的主要传承方式是以家族间的口传心授为主，依靠族人中对竹编有兴趣的孩子自发学习。他们从小就跟着父母学习，父母也没有不愿意教的，只要孩子愿意学，家长都愿意教。村里竹编用的竹子都是以每年 7—8 月的金竹为主，用这两个月的竹子编出来的竹编产品不会生蛀虫。于是每年 7—8 月是平寨竹编最为繁忙的季节。

平寨的竹编艺人刀志兴今年 61 岁了，膝下有一儿一女，儿子留在家中务农，女儿则嫁到了玉溪。刀志兴的生父在他 10 岁的时候便去世了，于是他跟着改嫁的母亲来到平寨。到了平寨后，13 岁的他对平寨的竹编工艺特别着迷，经常蹲在田间地头用别人剔下的废竹料来跟着大人学习编织。他的继父看他如此喜爱竹编，于是就教他编织秧箩和背篓。刀志兴的第一件作品便是鳝鱼笼，他自豪地告诉笔者，他用自己编的鳝鱼笼去捕鳝鱼时第一次便捉到了四条！在学会了竹笼的编织后，刀志兴又拜了另外一位竹编师父教他学习编玉龙。在对竹编技艺熟悉后，刀志兴进行了自我创新，在师父教授的基础上，他现在会编 30 多种竹编制品。由于工艺越发精湛，所以渐渐地有越来越多的人找到刀志兴购买他的竹编制品，或作为生产、生活用具，或用作收藏。

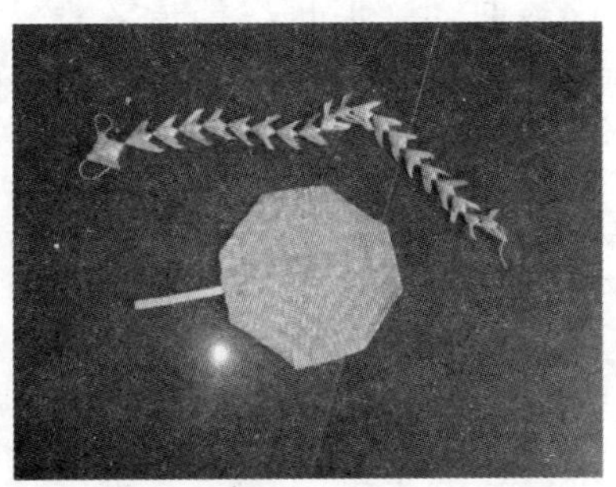

图 4-6　刀志兴编的小燕子、鱼和蒲扇

他的竹编制品，如背篓因大小不一可以卖 10—20 元，饭篓 5 元一个，斗笠 50—150 元一顶，扇子 5 元一把。斗笠分为男式和女式的，由于女式斗笠工艺复杂，要编三层，而且带花边，所以一般要比男式的贵。他介绍：

> 用于竹编的竹子有绿色表层的竹篾是最好的，一般用这样的竹子一二层表层竹篾编出来的饭篓可以卖 10 元一个，但如果用竹子里面的三四层竹篾编出来的只能卖 5 元一个。①

于是编织竹制品进行售卖也成为刀志兴的一项经济来源。

在刀志兴成为平寨的竹编工艺师后，戛洒镇中心小学的校长还曾经邀请他到学校里教授小学生学习竹编。他非常高兴有孩子愿意跟他学习竹编工艺，他说：

> 我觉得有人跟我学习心里才会好过些，因为如果没有人学的话，现在平寨已经很少有人会编竹子了。②

---

① 戛洒平寨竹编传承人刀志兴访谈资料。访谈时间：2013 年 5 月 10 日。

② 同上。

如今，刀志兴的儿子是他最主要的徒弟，偶尔会有族人来跟他学上一段时间，但每次都是学会编一样竹制品后便结束了学习。只有儿子现在还跟着他学习多种竹制品的编织。

对于竹编工艺的传承，最大的阻碍便是孩子不愿学。镇上的文化干事杨虹认为：

> 年轻人不愿学是因为对自己民族文化的不了解，以及经济利益体现不出来，所以才不愿意学。只有让他们懂得更多的手艺，促使他们带来更多的经济收入，保护、传承祖宗留下来的技艺，拥有这些技艺才能体现自己族人的特征，在传承保护中研发更多市场接受的产品，才能带来更多的经济收入。①

（二）社会组织式传承

为了传承花腰傣的传统文化，县上成立了花腰傣文化研究协会、戛洒平寨花腰傣服饰协会、新平花腰傣手工艺品开发协会、新平花腰傣服饰协会，作为民族文化的自组织形式，协会的成立也在一定程度上推动了竹编工艺和其他花腰傣民俗文化事象的传承。

2006年10月，新平花腰傣文化研究学会在新平县城挂牌成立，成立该学会的宗旨和目的是这样被叙述的：

> 新平有丰富多彩的民族文化，花腰傣文化在全国独树一帜，研究、挖掘和宣传花腰傣文化是我县的一项长期的工作，新平花腰傣文化研究学会的成立，就是以县内外高级研究人才为依托，整合花腰傣的研究力量，全面开创花腰傣研究和宣传的新局面；打造花腰傣国际品牌，多学科、深层次研究花腰傣；高品位、高起点宣传花腰傣；传承和保护原生态的花腰傣文化；参与国内外

① 戛洒镇人民政府宣传干事杨虹访谈资料。访谈时间：2013年5月15日。

合作研究和展示，请进来、送出去，让世界了解花腰傣，让花腰傣走向世界；实现文化兴旅游，旅游促发展，走民族、生态、文化和谐共融的可持续发展道路。新平花腰傣文化研究的各项成果，将给我县旅游业、文化产业等带来直接的经济效益和社会效益，也为我县宣传花腰傣的独特魅力和风格，提高花腰傣的知名度做贡献，通过专家学者与地方合作，来发展民族旅游和文化产业是当今的一大趋势，我县要抓住这一契机，为花腰傣走向全国、全世界做出努力。①

显而易见，这样的宗旨是花腰傣民族“文化自觉”下的宣言，他们看到自己文化的重要价值与意义，他们以自己的文化为骄傲。传承和保护花腰傣传统文化是实现其文化繁荣的基石，通过民族旅游与文化产业发展民族文化是新平花腰傣文化研究学会所看到的途径。

第二个与花腰傣有关的协会于2008年在戛洒成立，这个协会就是“戛洒平寨花腰傣服饰协会”。该协会的成立是花腰傣服饰文化推向市场的结果。戛洒花腰傣服饰协会的成员全部是平寨村的村民，他们的协会是在国家民委项目办的支持下成立的。该协会的会长刀女士讲：

戛洒花腰傣服饰协会在市场的过程中进行了长期的探索，他们希望通过协会将花腰傣的服饰文化和工艺品推到市场上去，特别是新平县以外的市场。为此，他们还建立了网站，将傣族服装的照片和价格标在网络上，得到订单后，协会又将制作的任务交给村民进行，以此增加村民的经济收入。协会当然还得到了地方党委政府的支持，当有外人需要订购花腰傣工艺品时，政府就将协会介绍给外来的客商。②

① 戛洒镇平寨傣文化研究学会调查资料。调查时间：2013年5月15日。

② 戛洒镇平寨花腰傣服饰协会会长刀向梅访谈资料。访谈时间：2013年5月21日。

然而，据刀会长的介绍，傣族服饰协会也面临一些问题，这是因为傣族工艺品的开发还相当落后，尽管他们已经邀请了一些工艺品专家到戛洒进行设计，但是，这些结果也还没有走向市场，生产出来的新产品能否像原来的预期那么好还很难预料。

另外，“新平花腰傣手工艺品开发协会”也于2008年12月5日正式登记成立，是从事刺绣、竹编、织布、土陶等手工艺品生产者、经营者自愿联合组建的行业性民间社会团体。协会以花腰傣传统文化保护、开发、传承为目的，聘请业内知名人士和花腰傣能工巧匠为技术顾问，吸纳当地群众为会员，并对会员开展花腰傣民族民间工艺品制作工艺的传授，开发花腰傣传统手工艺品。会员按照协会的统一工艺要求，为协会提供半成品，再由协会统一加工，制成成品销售。目前，协会有专门的生产车间一间，成品展示室一间，技艺传授室一间，传承人5名，共有会员226人，女性184人，占81.4%，初中以上学历30人，占13.2%。协会共有不同种类的系列产品共六大类上百种产品。这些产品既包含了现代时尚元素，又融入了浓郁的花腰傣文化元素，深受广大消费者的青睐，年生产销售总收入3万元左右，全组人均收入可增加44元。

在戛洒平寨的花腰傣服饰协会成立之后，新平县又在2010年成立了“新平花腰傣服饰协会”，这个协会是在县政府的关注下成立的，目的是使更大范围内的花腰傣服饰产业开发成为可能。新平县决心推进花腰傣服饰文化产业开发，作为傣族文化最重要的标志之一，花腰傣服饰在新平县的经济中不占重要地位，要改变这一状况，就要成功地向外界推广和宣传服饰。

在自组织式传承方式的推动下，平寨村民小组的竹编工艺得到了一定程度的传承与发展，一些竹制品工艺进入到协会进行展示，但比较而言，却不及刺绣规模那么大，传承人也不及刺绣的人数多。

现在平寨村民小组全组137户、678人，274名妇女中有233人善刺绣，占全组妇女人数的85.4%。其中，120名18—40岁妇女，80余人善刺绣，占该年龄段70%左右（此数字为常年刺绣者，外出打工，求学的不在内）；100 名 40—60 岁的妇女，人人善刺绣。54 名 60 岁以上妇女，因年老眼花，大都偏重织布，只有少数眼力好的还在刺绣。花腰傣人常说一句话：男人看田边、女人看花边。花腰傣妇女善于刺绣，每一个女孩懂事起就看着母亲织布刺绣，从十三四岁开始系统地学习刺绣，直绣到儿孙满堂并代代传承下去。她们特别喜欢用黄色、红色、蓝色、绿色、黑色和白色等不同颜色的丝线绣出各种花形，现在可以统计出来的有 20 多种刺绣图案是家族世辈相传下来的。这些图案有八角花形、荷花花形、四叶菜形、鱼尾形状以及蜜蜂的翅膀等，寓意了各种丰富的文化内涵。这些大自然中的飞禽走兽、一草一木，都能在她们手下栩栩再现。各种刺绣图案和花纹都能在她们的家居生活中得到展现，这些有着深厚的文化意蕴和浓厚地域特色的传统刺绣，既有古滇国的遗风，又闪耀着花腰傣人崇尚自然，代代传承的对生活、对大自然的审美能力。

2012 年，平寨小组实现农民人均纯收入 6544 元，比 2011 年增 56.2%。其中，来自协会组织生产销售手工艺品的收入共计 157447 元，全组 678 人人均增收 232 元。平寨 1 组 51 岁的刀文仙，多年来一直刺绣，但绣片没有市场。2008 年加入协会，每次学习培训她都积极参加，还参加各种交流会，不断创新传统绣片，成为刺绣能手，一块绣片能卖 50 多元，一个月有近 2000 元刺绣收入，并于 2013 年被评为玉溪市民族民间工艺师；平寨 4 组的万世珍所绣手工艺品远销新加坡、香港、昆明等地，她绣的一块背篼能卖到 300—500 元，平均每个月有近 1000 元刺绣收入；白元珍主要绣制花腰傣服饰，她绣制的衣服供应本村及周边村子，一套衣服能卖 1000 多元，一个月有近 3000 元收入。花腰傣绣品范围也逐渐发展成各式手提包、围腰、绣花鞋、床上用品等。如 48 岁的陶德英以前一直在家织布刺绣，但都是自用的传统用品。通过学习培训，她开始用传统织布机织制围巾，一天可织制一条，能卖 25 元，再在围巾上点缀一小块绣片，围巾就能卖到 50 元一条，现在，她一个月有近 1000 元收入。

（三）产业化传承方式

随着市场经济体制改革和深化，“文化作为一种产业功能也逐步从行政体制中分离出来，并运用市场机制，实现文化的社会化大生产，纳入产业发展的轨道”①。新平县花腰傣手工艺品协会与市场需求紧密结合，解放了文化的商品属性，生产出具有浓郁民族特色的产品，吸引了文化企业的关注。

> 2013年，北京空谷幽水文化传播公司高层管理人员两次到平寨进行实地考察，并就花腰傣传统手工艺品开发达成初步合作意向。运用文企联姻的市场化运作方式，农户+协会+公司的发展路子，让更多的社会资金参与民族文化传承和保护，发挥文化的经济功能，使民族文化保持长久的生命力。弥补了传统的家庭作坊生产无统一质量标准，产品质量参差不齐，创新能力不强、产品无竞争力的不足，让具有刺绣技艺的农村妇女迅速转化为产业工人，使传统文化要素顺利转变成生产要素。②

成为刺绣产业化发展的重要支撑点，为其长远发展提供强劲动力。

（四）政府扶持的传承方式

新平县整合文化旅游广电和体育局、民宗局、扶贫办等部门资源，将民族文化传承示范村建设与新农村建设、民族团结示范村建设、扶贫整村推进项目统筹安排，捆绑投入，提高实效性，形成工作合力。五年来，除了省、市专项资金外，共捆绑市文产办、文化旅

① 谢韶光：《中国现代化发展的经济与文化共进策略研究》，《生产力研究》2011年第9期。

② 郑云华：《新平刺绣工艺传承发展探索之路》，《玉溪日报》2014年1月6日。

游、民宗等部门补助经费 16 万元，用于基础设施建设、民族文化传承保护、人才培养、技能培训等。为更好地发挥协会的引领作用，2012 年 2 月，镇党委政府指导协会进行换届选举，加强了班子建设。协会聘请业内知名人士和花腰傣能工巧匠为技术顾问，对会员开展花腰傣民族民间工艺品制作工艺的传授，开发花腰傣刺绣、竹编、织布、土陶等传统手工艺品。会长刀向梅介绍说：

> 目前，协会注册了“俏花腰”商标，协会有专门的生产车间、成品展示室、技艺传承室，传承传统手工刺绣技艺，形成了统一管理、统一标准、统一质量、统一包装、统一商标、统一销售的经营模式。产品涉及花腰傣服装服饰、各式手提包、电脑包、女性时尚饰品、项链、挂件、挎包、背包、香包、绣包、家居饰品等不同种类的系列产品共六大类上百种产品。这些产品既包含了现代时尚元素，又融入了浓郁的花腰傣文化元素，深受广大消费者的青睐。①

在扶持发展花腰傣民族特色刺绣业中，省、市、县文产办、民宗部门发挥组织协调作用，通过政策引导、争取项目等方式，引导他们树立市场意识，从自给自足式生产向商品化市场化生产转化。几年来，省文产办给予项目专项资金支持 20 万元，市委宣传部、市文产办给予项目专项资金支持 10 万元，联合国开发计划署、国家民委等给予项目专项资金支持近 60 万元，帮助平寨村民小组建盖协会生产用房、购置生产设备和技艺培训，开展注册服务、质量管理等工作，支持花腰傣手工艺品开发协会开展工作，帮助他们走市场，花腰傣手工艺刺绣开始从没有直接经济效益的自绣自用走向市场，创造出巨大的经济效益，增加群众收入。

从 2011 年开始，市、县文产办免费开办了两期花腰傣民族手工

---

①　戛洒镇平寨花腰傣服饰协会会长刀向梅访谈资料。访谈时间：2013 年 5 月 21 日。

艺刺绣培训班，针对花腰傣刺绣工艺独特，但技法单一、绣品档次不高，受众面窄、难以形成受市场欢迎的产品，经济效益不高导致不少年轻人放弃刺绣外出务工，花腰傣刺绣传统技艺将面临后继无人的窘境，于是聘请了民族刺绣理论专家以及高级刺绣师廖力耕对村民进行了刺绣培训，学员每次参加的有300余人，从其中脱颖而出的刺绣能手有12人。学员在花腰傣刺绣仅有十字绣一种针法基础上学会了14种刺绣针法。这样的刺绣培训不仅大幅度地提高了协会会员的刺绣技术，还激发了她们传承刺绣的积极性。此外，妇联、民宗局等部门还多次组织平寨村妇女接受非物质文化遗产花腰傣刺绣、竹编的培训。目前，他们尝试在刺绣风格、产品类型和表现力方面进行创新，增强产品的艺术性，拓宽产品的表现形式，重点以床裙、桌旗、绣花鞋、抱枕、手提包、挂画为主，进行设计开发，努力使花腰傣刺绣手工艺品符合现代人的审美和需求。

四 花腰傣的休闲思想与竹编工艺的文化传承

花腰傣人是在休闲的过程中制作工艺品的，休闲的概念当然与农闲相对应。傣族人在生活休闲的时候，男子会下河打鱼或者制作竹编工艺品，女子则在家刺绣挑花，制作服饰。花腰傣的民间工艺种类繁多，包括刺绣、竹编、土陶、纹身等。无论哪一种形式的民间工艺都体现了花腰傣人的审美与其浪漫休闲的民俗特质，该特质也贯穿在工艺品的制作过程中。

（一）从农闲到生活休闲：花腰傣人的工艺品制作

休闲的生活是花腰傣人向往的，他们会嘲笑那些整天在田间劳动的民族，认为这些人没有生活和艺术追求。笔者在新平县戛洒镇平寨村调研时，经常看到村中妇女午休时或在家门口，或在房檐下飞针走线。晚饭后也常有妇女聚在村口大树下，口里说着家常，手里在刺绣挑花。这一幅其乐融融的景象会让外来人员好奇，但对于花腰傣人来说是最为平常的生活了。他们的力量来自对休闲的理解和对民间刺绣艺术的追求和享受，这些动力促使她们在结束了一天的耕作后仍然要拿起绣花针进行另外的“劳作”。笔者在村中调查的时候，与村中50岁的刀文仙变成了好朋友，她有一双儿女，女儿嫁到曼湾村，儿子在家务农，儿媳会刺绣。刀从16岁就开始学习刺绣、挑花、织腰带等，由于她的母亲也是刺绣好手，她也学会了所有傣族女孩应有的刺绣技能，在农闲的时候就开始织布和挑花（刺绣）。以前的刺绣主要集中在衣服和裙子上，但现在种类多了，如桌垫、钱包、围巾、抱枕等都在绣。在谈到刺绣的乐趣时，她说：

> 我从小就开始刺绣了，是跟着妈妈学的，我们经常在农闲的时候刺绣和制作衣服。现在我们将这些刺绣品用来出售，有时候也会送人。现在即使卖不出去，也可以自己穿或给女儿穿。①

笔者问她：

> 做了一天农活再来刺绣，会不会感觉到辛苦？

刀文仙笑着说：

> 不苦不苦，不绣才不好玩呢！②

刀文仙所讲的“玩”字，就是在农闲中享受刺绣的这个过程。它不但融合了自己对美的理解与追求，也是她们消闲的一种方式。换言之，她们是在休闲中生产工艺品的，只不过这个方式因为市场而披上

① 戛洒镇平寨村民刀文仙访谈资料。访谈时间：2013年5月26日。

② 同上。

了经济的外衣，使她们的审美有了产业的价值。同样，当休闲者来到戛洒，观摩欣赏花腰傣妇女的刺绣作品时，带给休闲者的审美体验，便是如今所提出的休闲学主旨：休闲不仅让人感受到愉悦的情感，也是对生命的尊重。

戛洒镇的汗田村民小组是一个仅有26户人家的傣卡村子，该村家家妇女都会刺绣，几乎所有的男子都会竹编。妇女们从小跟随母亲学刺绣，刺绣品供自己使用，并且多用于服饰。如母亲为女儿做嫁妆，女儿为自己绣嫁衣，农闲时间或者忙中闲暇时就拿起针线绣，大概三年可绣完一套完整的傣卡服饰。笔者的信息提供者杨琼仙就是一位很善于刺绣的妇女，她认为农闲的时候不刺绣无事可做，因此，刺绣就是一种休息。她不仅为女儿绣完了喜气而华丽的新娘服，还制作了一套服饰送给亲友。她们的刺绣品和服装从不出售，而是自己享用，这或许就是傣卡人与傣洒人之间的区别。

花腰傣人的工艺品原来只是在族内使用和销售，20世纪80年代之前的刺绣品都是自用，偶尔也会拿到市场上出售，但很少会卖给外族人。后来，由于旅游业的发展，多余的刺绣品、织布和服饰都会拿到街子（市集）上卖。刀文仙就是一个例子，她每个街子可以卖200—300元，一个月可以卖600—1000元。2008年，戛洒平寨的花腰傣服饰协会成立之后，开始跟村民订绣片和织布。自家织的土布单色成本在2元/米，市场价9元/米，30—40元/匹；有花色（三色以上）的成本价3元/米，市场价15—20元/米，100元/匹。土布每天可以织10多米。小手帕从2.5元卖到现在的5元。有时协会还会组织刺绣培训，一个月培训两次。培训针对的是新的工艺品和订单的要求。也就是说，平寨村的傣族民间工艺在向着多样化的方向发展。

花腰傣人在农闲和生活休闲中制作工艺品，无论是刺绣、挑花、织布，还是服饰制作和竹编工艺都是如此。但是，他们最初是在农闲的时候制作工艺品的，农闲体现出的是一种传统的固定时期，而后来的工艺品制作则有生活休闲的味道，因为农业已经不再是唯一带来经济效益的方法。休闲变成了生活的一部分，在生活休闲中制作工艺品是理所当然的了。

（二）从生活休闲到艺术享受：节日中的花腰傣工艺品展示和销售

新平县的花腰傣节日包括沐浴节、花街节、汤锅节、服饰节等。在这些节日活动中，花腰傣工艺不再像以往一样只是在节日中出售工艺品，而成为节日的主角。工艺师们不但可以在节日中体验到创作竹编的兴奋与自豪，参加节日的休闲者也可以在旁边体验这一灵动工艺的形成过程并以购买行为成就一种美学欣赏与收藏意念的情感满足。

新平县举办民族节日有很多的创新支持，其中之一是举办工艺品展示和编织大赛，包括土陶制作、刺绣、挑花、织布、竹编等，都能够让村民参与到活动中来，在参加节日活动的同时还出售自己的工艺品。从 2008 年到现在，每逢戛洒镇的节日几乎都有工艺品的展示活动，让那些会制作工艺品的人带着工具到活动地点展示他们的技艺，他们可以展示成品、半成品，也可以重新制作，现炒现卖。这种方法取得了不错的成绩，很多人都喜欢现编出来的工艺品，如小鸟、小鱼等。现编出来的工艺品有一种新鲜感，特别是那些小孩，很喜欢看工艺师编织。还有人喜欢刺绣品和傣族织布，那些有着很多民族图案的刺绣品最被外地人喜爱和购买，带到他乡，成为旅游纪念品的组成部分。

到了 2014 年，在戛洒镇的沐浴节上，人们的计划比前几年又进了一步，政府为当地的工艺师举办竹编、土陶、刺绣等比赛。参加竹编大赛的人有 10 人，他们都拿着划好的竹篾到比赛地点进行比赛，所有参赛的人集中在一起，看谁编得最快最好。让笔者没有想到的是，参赛者有 3 个女选手，而以前在傣族人的观念里都认为傣族女子不会竹编，竹编是男人的事情。而今，这样的观念在傣族社会里发生了很大的转变，许多民间工艺制作都与妇女有着密切的联系，如竹编工艺、土陶工艺等。通过比赛，一个傣族女子还获得了二等奖，显示出了这些妇女的实力，让很多男人刮目相看。竹编工艺从男子垄断走向了女子参与，不但证明了女性能够进行竹编工艺制作的事实，也从另一个侧面证明了傣族妇女社会角色的变化。另一种比赛是刺绣、挑花和织布，虽然看上去比较简单，工具不复杂，但是，比赛需要的时间则更长，这些因素显示出了工艺品的多样性。第三种比赛是土陶制作。戛洒的沐浴节期间就举行了土陶制作比赛，同时出售土陶，比赛地点在大槟榔园。比赛在早上 10 点至下午 5 点，龙树林则作为土陶制作比赛的地点。笔者看到了来自土锅寨村的土陶制作者，全村有 12 人报名参加，穿的都是崭新的傣洒服饰，土锅寨中的刀明增和刀绍萍两人都来了，他们被编为 1 号选手。土陶比赛分为两个内容，一是现场制作，即在最短的时间内制作出最美丽的土陶；二是把在家里制作的最美丽的土陶带来，最少带来 3 件，让观众和评判者打分，两项的分数加起来最高者为获胜者。带来参加比赛的土陶成品不能现场出售，因为还要进行展览，如果参赛者需要出售土陶，就必须带更多的土陶来比赛地点，或者在比赛结束之后把参赛产品卖给观众或者休闲者。一些休闲者还参加了实地制作的活动，因为他们认为自己制作的商品比购买的要有意思得多。对于休闲者自己制作的土陶，傣族人一般都不收钱。

傣族的工艺品种类随着市场的变化而变化，新产品不断开发出来，有的旧产品由于不受市场的欢迎而被逐渐淘汰。笔者在傣族工艺品店看到了许多以前没有出售过的工艺品，现在工艺品的种类越发丰富多彩了。如竹编工艺品在保持了斗笠、秧箩、泥鳅笼等品种的同时，还创造了更多的品种，如饭盒、笔筒等；土陶制作主要是土锅和水杯，但现在还有花瓶、茶具、烟灰缸等。新的工艺品使原先的品种不断得到改善和丰富，这便是休闲促进民间艺术向前发展的有力证据。当然，我们也看到了市场对于工艺品的冲击，傣族工艺品正随着市场需求的变化而变化，艺术作品越来越市场化，越来越走向了工艺品的道路。这就是说，艺术品质量并没有生活用具那样好，因为工艺品讲究的是美观，而不是结实耐用，于是让人产生了一些忧虑。但丰富多彩的休闲工艺品却总能够吸引人的目光。随着傣族休闲工艺品的增多，其价格也是不稳定的，在早些年代，每个秧箩的售价为 30 元，但现在只能是 5—10 元，原因是人们看到了这种产品的市场前景，很多人开始编织秧箩，产品过多之后，当地市场的价格就下降了，其他工艺品也是如此。如果傣族人没有向外拓展的能力，政府在此方面也不进行帮助的话，傣族工艺品的价格很难保持稳定。

傣族工艺品已经脱离了傣族人的日常生活，无论是本地人还是外地人，人们购买这些工艺品主要以装饰房间和送礼为目的，而非真的购买回去之后当作生活用品使用。除了外地休闲者购买工艺品作为礼品和纪念品之外，当地政府也常常用这些工艺品当作礼品赠送给到傣族地区出差或者开会的人，新平县人民政府各部委办局都会准备很多的工艺品送给客人。而傣族人和本地汉人或者其他民族的人也会把那些工艺品赠送给远方的朋友，笔者也曾经将傣族工艺品带到北京，深受北京朋友的喜爱。休闲者、地方政府和本地人促进了傣族工艺品的销售，正是这些群体促进了傣族工艺品的转变。

傣族工艺师在节日休闲中展示自己的民族工艺品，不仅是节日的参与者，还是艺术的享受者，他们在竹编、刺绣、土陶制作时都会表现出自信的神情，有的人根本不管能否卖出去，只把精力集中在艺术品的制作之上。如果说，当地的民族节日是村民生活不可缺少的组成部分的话，那么，民族工艺品在这类活动中起到了核心的作用。

（三）从艺术享受到民族自豪感：花腰傣工艺师的国际展示活动

腰街镇南碱村的白永光是花腰傣人中最值得骄傲的民间艺人了，作为云南省文化厅推荐的少数民族竹编工艺的代表，他两次出国进行竹编工艺的展示。第一次是 2006 年 3 月，他到越南参加了“红河流域少数民族民间艺术节”，每次讲起第一次出国时的兴奋他都是眉飞色舞，当然，他也没有想到自己平时的爱好和技艺会成为出国的条件。最初出国时，他带着竹编工艺所需要的东西上路了，与别的生活在红河流域的少数民族工艺师一起到了越南河内展示花腰傣的竹编工艺。第二次，他于 2007 年 6 月 22 日—7 月 24 日参加了由美国史密斯协会在华盛顿举办的“湄公河流域国家艺术节”，白永光仍然以云南少数民族民间艺人的身份参会。

白永光为什么会被云南省文化厅选中并到国际上进行民间艺术的

交流和展示呢？这还得从“南碱生态村”的建设说起。2002年，云南大学人类学系尹绍亭教授在福特基金会的支持下，启动了“云南民族文化生态村建设项目”，其中的一个试点就在新平县的南碱村。南碱村的生态村建设项目受到了县委政府和村民的重视，学者、官员和村民的多方结合促使这个项目得以完成，并被认证为是云南省5个民族文化生态村中最成功的项目点之一。南碱村的生态村收集了与傣族文化有关的各种展示品，其中有很大一部分是傣族的民间艺术，包括服饰、竹编艺术、建筑、乐器等，绝大部分展示品都是村民捐献出来的，都与村民的日常生活有关。傣族乡村传习馆建成之后，吸引了很多的参观者。参观者中包括游客、参会人员、调查人员、各种层次的政府官员、国外宾客等。其中，在文化厅组织的一次参观中，宾客里包括了湄公河流域国家民间艺术节的策划者王晓兰女士，当她看到乡村生态博物馆中各种琳琅满目的民间艺术展品时，非常赞叹，认为当中一些工艺品的制作方法可以在美国进行展示。但由于访美名额的限制，她建议最少可以有一人到美国进行竹编工艺的展示，就这样，南碱村竹编工艺师的推荐工作开始了。

于是，该村的白永光和刀文兴成了两个候选人，选择两人作为候选人的原因是恐其中一人生病或者临时去不了，另外一个人便作为候补人员替换上。到河内展示竹编工艺时，他们两个人都去了，但去美国参加民间艺术节时，则由白永光去。白先生当时46岁，家里有四口人，妻子、儿子和女儿，他所编的工艺包括秧箩、小鱼、鱼笼、竹帽等。在美国展示花腰傣的竹编工艺时，其所有需要的工具和原料都是从国内带出去的，包括刀、垫子、竹子等，他的任务是编织燕子、小鱼、小狗等，同时还要教那些有兴趣的美国小朋友编织这些小动物。为了这次行程，白永光按照举办方的要求，把所有原料从中国带到美国。但是，当他把竹子从南碱村砍好后，经过层层运输，几个月后到达美国，最后编织时，他看到竹子变干了，不好编。但是，他克服了“干竹”上的困难，编制了各种傣族工艺品，得到了美国观众的好评。

白永光的美国之行，使花腰傣竹编工艺师的艺术享受上升到了民族自豪感的程度，他不仅代表了花腰傣人或者傣族人，还代表了中国的少数民族工艺。竹编工艺的魅力不但可以在民族地区得到体现，还可以漂洋过海展现到美国这片土地上。白永光教授美国小孩编织竹篾的过程，实质上是一个民族文化展示的过程。白永光去美国展示竹编工艺的事情传遍了傣族地区，作为第一个访问美国的花腰傣村民，他成为人们羡慕的对象，那些亲戚朋友多次到他家里看他在美国的照片，新平县电视台的人也来采访，他的美国经历被省文化厅的访问团全程纪录。回到南碱村后，他在农业种植的同时，仍然坚持传承和弘扬竹编工艺，他的美国之行给他自己、家人和村民带来了很多荣耀，同时也强化了因民族文化而产生的民族自豪感。

由此可以看到，以休闲体验为前提的民俗传承，不但可以创新花腰傣竹编品牌，也可以使傣族竹制工艺品走向市场，没有这些发展计划，竹制工艺品只可能在傣族生活用品的范围内销售，外地休闲者的购买不仅提升了工艺品的地位，还促进了工艺品的改进，无疑也让不同种类的工艺品随着市场的需求而创造出来。这样的现状使竹编工艺不再是濒临灭亡的民俗事象，而成全了其在现代社会文化传承的延续。

五　工艺品、休闲价值与文化传承的层级分析

少数民族民间工艺品是在休闲的过程中生产的，在政府组织的节日休闲活动中展示的，他们在自己的休闲过程中又将工艺品出售给外地休闲者，在作为物质的工艺品交换过程中，他们看到了工艺品的双重休闲价值——生产和展示中的休闲和外地休闲者对工艺品的体验和享受。物质生产民俗的研究须从物质生产、展示和交换条件中去探求社会思想和观念。虽然“农闲”是由于自然季节转换、农事活动繁忙与否构成，但物质生产民俗活动中的休闲具有更加丰富的文化内涵和

社会意义。通过对滇南新平花腰傣人民间工艺与休闲关系的研究，笔者认为，它对人类学休闲理论的总结和构建具有重要的意义，表现在如下几个方面：

第一，花腰傣工艺品的制作是从“农闲”向“生活休闲”转变的过程。傣族是一个农耕民族，他们是稻作文化的先驱者。在傣族人的观念中，农耕时节也分为农忙和农闲，农忙就是稻作种植的时间，而农闲就是种植之后的管理和收割之后的闲置。农闲就是男人上山打猎、下河打鱼、编织生活用具的时间；就是女人刺绣挑花、织布和制作服饰的时间。农闲的时间在过去是固定的，但是，由于科技的进步，农闲的时间越来越多，这样花腰傣民众就有很多的时间可以进行民间工艺的生产和制作。傣族人的工艺品制作也就经历了农闲向生活休闲的转化过程，他们将工艺品的制作作为生活休闲的组成部分。

第二，花腰傣工艺品的展示是从“生活休闲”向“艺术休闲”的转变过程。花腰傣的艺术展示让傣族人的生活休闲更上了一个层次，他们不再是节日的观看者，而是节日的主角。他们在节日中制作工艺品，不再是村寨中的生活休闲，而是艺术的享受者和表演者，如同舞台上的舞蹈者一样，他们在展示和表演的同时，还享受着艺术。而外地和本地其他民族的观看者，就是这种艺术的欣赏者。在这种场景中，外地休闲者还可以参与到活动中，如土陶制作等，来体验当地艺术。同时，外地休闲者的产品购买还提升了工艺品的地位，促进了工艺品的改进，让不同种类的工艺品随着市场的需求而被设计和创造出来。

第三，花腰傣工艺师的国际展示和交流活动，应该是休闲工艺品制作的最高境界。花腰傣工艺品的国际展示不仅使自己有机会走向国际，其活动本身便兼具“休闲”和“外地休闲者”的意义。不仅工艺师自己得到休闲，还为当地的休闲者展示民间工艺。这样的过程就是对民间工艺师的价值和民族文化价值的肯定，民族自豪感随之产生。

总结起来，笔者认为，花腰傣民间工艺品在制作、展示和销售与休闲之间有着更为深刻的意义，它表明的是一种形而上的转换过程，即“农闲”向“休闲”的转化，一般的休闲向追求“艺术和自由”休闲方式的转化。花腰傣人在艺术休闲和展示中接受外部信息和现代性，而外来人员在自由休闲中欣赏和享受艺术，这就是休闲与民间艺术关系的本质。它表明了工艺品与当地人和外地人的关系，这种关系将休闲推向了艺术和自由的境界。

六　小结

本章从介绍新平花腰傣的文化背景与其竹编工艺入手，对花腰傣竹编工艺的文化传承内容进行了梳理，从与生产生活有关的竹编工艺到与宗教有关的竹编工艺的传承方式均做了详细的调研。而花腰傣竹编要实现其文化传承，须在现有传承方式的基础上进行突破，如今花腰傣包括竹编在内的手工艺传承方式主要有家族式传承、社会组织式传承、产业化传承以及政府扶持式的传承。其实，花腰傣人有其独特的休闲思想，这一休闲思想从古至今都包蕴在其生产生活当中，故而也就为其手工艺的制作奠定了休闲的民俗特质。花腰傣人在劳作后的农闲时分，热衷于制作手工艺品，这在他们眼中不仅是一种休闲的方式，更是一种把自己的审美编织进工艺品中的娱乐。到了节日的工艺品展示时，花腰傣的工艺品便从生活休闲走向了艺术审美与享受的阶段。当花腰傣工艺师走入国际视野进行工艺品的展示时，竹编工艺品便不再仅仅是农闲时分的休闲手段了，它体现了花腰傣民族的文化自豪感。正是这样的民族自豪感会激发出花腰傣人对自己传统民俗文化的重新审视，从而有了延续民俗事象的内生动力。一旦这样的内生动力形成常态，包蕴于花腰傣的日常生活，那么竹编工艺也就毫无疑问地走向了文化传承的民间延续。

结　论

通过对元江县哈尼族棕扇舞、峨山县彝族服饰、剪纸和刺绣以及新平县傣族竹编工艺的深入的人类学田野调查，结合艺术人类学的理论，以及休闲学和文化传承的理论分析，笔者认为本书无论在理论上还是在实践上都具有较大的价值。王建民先生曾经提出："在艺术人类学研究中，决不应该仅仅停留于技术和艺术形式层面的讨论，而要努力由技术和形式了解艺术创造者们的文化理念，发现背后的概念系统和意义体系，认识与之相关的其他许多因素。与艺术学或研究艺术的其他学科不同的是，在研究某一特定艺术时，艺术人类学除了对其进行形式上的整理外，更主要的是对背后的文化观念和行为方式、对影响形式的各种因素发生兴趣。"① Alan P. Merriam 也认为在做艺术研究时，艺术事象不能与整体的文化背景相分离，它是处在一定文化语境下的艺术事象，作者的观念与他者观念的冲击以及他者在欣赏艺术作品时的反馈态度都会给予艺术家以反思。因此，艺术研究的重点在于从微观的具体事象来透析艺术活动的文化生境及其对生活的理解，而不是从宏观的角度讨论艺术本体论问题。

从这一研究取向出发，笔者对哈尼族棕扇舞、彝族剪纸和傣族竹编进行了深入的田野调查和民族志描写，以此探讨民族艺术形式赖以生存和发展的社会空间，揭示民族艺术、历史现实与休闲之间的关系，现代性和社会现实对艺术形式所产生的影响，以及休闲与艺术二者之间的互动、多维和融合关系。在休闲与艺术的关系中，审美构建

① 王建民：《艺术人类学理论范式的转换》，《民族艺术》2007 年第 1 期。

是二者内在的逻辑关系，而审美表述是这一逻辑关系的外在表现。二者皆融入了地方文化之中，共同构建了新的审美文化。民族地区的审美文化是在不同历史阶段中，不断交流、冲突、博弈、妥协、融合的复杂社会互动过程中形成的，这一过程中重新构建的新型审美文化，形成了新型的审美认同，通过共同的休闲诉求与文化自觉等实现深层认同。换言之，审美认同是建立在农闲和休闲基础上的“传”与“承”，在农闲或饭后的空闲时光中，人们围坐在村口房下一起交流、一起竹编、剪纸、跳舞的休闲方式，可看到休闲在其中起到了凝聚群体与稳定关系的作用。

这样一种生存于田间地头的民俗事象，因主体与客体对其休闲价值、休闲意义、休闲转向与休闲诉求的认同，使其获得了丰富与肥沃的存活土壤，不但与人们的生产生活息息相关，还维系着族群关系的稳定与和谐。在笔者看来，文化传承是真正能激发民俗文化生生不息的生命活力，有可供其生长壮大的民间土壤，使其充溢在民众的生产生活中，与人们的作息息息相关，成为附着在民众生命中不可或缺的习俗惯制，并在信仰、功能、结构上与原初民俗保持一致性的“传”与“承”。当民俗事象成为一种休闲方式并得到主体与客体的认同时，我们也就可以认为，休闲实现了少数民族民俗的文化传承。通过全书的分析，笔者得出如下几点结论。

一 传承休闲民俗的组成要素

实现民俗文化的传承必然有其组成要素，正是这些组成要素构成了民俗的生长环境，并以“活”的状态延续于民间的休闲方式中，这些要素包括传承主体、传承生境、存在形态和保护机制。

传承主体由具体的人组成，不但包括传承人，也包括生活于一定区域与该民俗事象朝夕相处的群体。“对于该传承群体的概念可以放在社会群体系统中理解：非物质文化遗产传承人群体泛指一切通过持续的非物质文化遗产传承互动或传承关系结合起来进行共同活动，并有着共同利益的传承人员集合体。"① 花腰傣竹编的传承主体除了传承人刀志兴以外，还有跟他学习竹编技艺的儿子和徒弟；花腰彝剪纸的传承主体除了传承人肖会玉以外，还有她的女儿、学徒以及她所教授的学校学生以及村民；哈尼族棕扇舞的传承主体除了传承人倪伟顺以外，还有尼果上寨的村民、艺术团成员。这样的传承主体不管是个人还是群体，都有着对个人或群体所生活的地域性民俗事象的认同，对这一民俗事象所生根发展的传统文化环境的依赖，也包括了对形成这个文化环境的宗教与信仰的崇拜。这样一种心理上的集体认同是实现民俗事象成为“活”文化的前提。

传承生境是指任何一种民俗文化都有其生存的土壤和环境。杨福泉研究员曾提出针对民俗文化保护的“文化生境”，以实现不离本土的文化传承。其包括文化资源的自然与人文环境、再生与再创造的文化变迁、城市文化资源的利用与传承。② 这样的传承生境是在不同地域不同文化环境下孕育民俗文化的土壤，其中结合了不同文化地域的不同生态与文化元素形成独特的文化基因与生命系统，从社会生活的各个方面反映着这一地域民众的生活方式、性格特点、行为习惯、心理积淀与宗教信仰。只有存在这样的一片土壤，才能实现民俗事象的活态存在。

存在形态是指相对于民俗文化保护中的静态保护，文化传承强调的是民俗事象的存在形态必须具有鲜活的文化形式和可持续发展的理念。“鲜活”强调的是生命特征与动态形式，对民众的文化感染力，可以推动民众延续这一文化事象的文化形态。它必须是“活”的，是存在于民众日常生活中与民众生产生活息息相关的文化事象。它会随着社会的发展而发展，随着生产生活方式的变化而变化，而且民众对

① 郑杭生：《社会学概论新修》，中国人民大学出版社 1994 年版，第 147 页。

② 杨福泉：《探寻文化资源与民族文化产业发展之间的平衡——以云南为例》，《中央民族大学学报》（哲学社会科学版）2013 年第 2 期。

其存在价值一直具有正面的评价，故而民众有延续其传承的内生动力。

保护机制是指要实现民俗的文化传承，还需有对其进行规范的制度化体系。传承制度要对传承的主体、对象、途径、评定、遴选及退出等诸方面进行细致规定。[①] 传承制度应是生长于整个非物质文化遗产保护体系中属于实现文化传承不可分割的一部分，因其存在便是要对整个活态系统的运行进行保障，确定传承中的各组成要素并将这种延续性推向规范。例如，对竹编、剪纸、棕扇舞的传承不再局限于家族式的传承，而把传承方式与范围进行扩大，并辅之以相应的保障机制，使之传承方式多样化，在多元性的文化氛围中激发出主体与客体对活态存在的休闲民俗的认同，保证交流与学习的时间、频率与制度。

二　传承休闲民俗的一般特性

要在休闲活动中实现民俗文化的传承，少数民族的民俗不仅成为人们的一种休闲方式，同时也具有一般意义上的特性，这些特性包括节庆性、狂欢性、愉悦性和参与性。

节庆性是指民俗文化的传承需要节庆的气氛和支持，以尼果上寨哈尼族的“十月年”为例进行说明。现在，“十月年”不仅成为官方组织活动的节日，也是哈尼民众民间传统的节日。如今，很多少数民族地区都有把官方节日与民间节日合二为一的趋势，这样才能真正体现节日的意义，而不仅仅是形式上的“过节”。元江县政府通过哈尼族的节庆来推动文化的延续，不但依据哈尼族农耕时令的选择，也尊重了哈尼族的文化传统。应该说，这是执政理念上的进步。而哈尼族“莫搓搓”这一原始舞蹈没有在漫长的历史变迁中被淘汰，与其功能

① 牛爱军、虞定海：《非物质文化遗产保护视野下的传统武术传承制度研究》，《体育文化导刊》2007 年第 4 期。

是分不开的。“莫搓搓”舞蹈实际上对哈尼族的生产生活有着积极的促进作用，因为它无论对于丧事、节庆或是宗教祭祀，都有其与生俱来的包容气质，融入每个场合。比如当用于丧葬礼俗时，可吟唱哀而不伤、悲而不戚的瞑世人生习俗的葬礼歌《密杀厄》，以寄托在世人的哀思；连续数昼夜边舞边歌边饮边泣的“莫伤”（守灵）丧葬礼，以表达在世人对逝者的送别；屠宰牛羊猪鸡鸭祭献神祇，以驱邪避恶，祈福护佑逝者安宁。当用于节庆活动时，在严守宗教严肃性的前提下，尽可能寻求对愉悦的追求，以增加喜庆的气氛；参与舞蹈的哈尼民众与主持者一起边饮边唱，学习到耕作、节气的生产歌，感受到生产与生活的乐趣，从原始审美中得到充分的欢乐，也寄托了对未来的期望与憧憬。当用于宗教祭祀时，如年初祭献农事节令的使者布谷的“里玛节”，五月祭祀因哈尼祖先烧山开田而得罪了的野兽蚁虫，七月当庄稼快成熟时举行的“祭谷地”（也叫“尝新节”），以及平时举行的祭竜节、十月的“扎勒特”节、“米色扎”岁首节等，都在祈求一年清吉平安、风调雨顺、五谷丰收、六畜兴旺。故而，“莫搓搓”的舞蹈其实是在节庆中有娱神娱人的功能与特点的。

狂欢性是指休闲节日中的气氛。“狂欢”和“休闲”是云南节庆的载体，二者在内在文化精神和深层哲理意蕴上具有相通之处。休闲还蕴含着两个层面的狂欢解读：其一，当人身处于休闲当中时，原有社会关系中的等级、规范也就有了另一个指向的意味，在休闲中这些因素因休闲而大大改变了其原有的规定，这个特性在节庆中显现无疑。比如，当一个单位上的领导与下属到羊街参加棕扇舞节庆狂欢时，他们在与民众一起品尝宴席、一起跳舞的时候，身份之间的上下级关系实质上已经消失了，两人在愉悦的氛围中进入休闲体验的自由与本真。其二，休闲是在工作以外的一种自由状态，有时是个人的，有时是家庭的，有时则是公众群体性的，比如“目脑纵歌”的群体舞蹈、瑶族的歌堂节、哈尼族的“苦扎扎”节等群体性的狂欢节庆，把休闲的群体性特点也显露出来。人们在节庆中虽然不认识，但一起跳舞，一起唱歌，一起喝酒，这样拉近了人与人之间的距离，使人们身心放松，交际无碍。应该强调的是，狂欢是节庆的根本要素，节庆因狂欢而被称为“节庆”。这种特点的要素被德国学者皮普尔称为“基于它本身就是充满意义的活动”[①]，也被卡育瓦认为是“宇宙间最重要时刻的实现”[②]。这也就划分出了节庆与平时的不同，节庆“这种场合真教人感到仿佛置身于另一世界之中，平常日子得不到的东西或无法做的事情，都可以达成心愿”[③]；于是，节庆“使得他们不时地逃出他们的以劳力换取生活必需品并提供保障的限制领域，即不仅以纯粹遗忘的方式，而是以不受欺骗的提醒方式，把握住更伟大、更真实的实在，来逃避那限制的领域”[④]。

愉悦性是一种快乐感。“莫搓搓”的基本动作，一般是一脚前伸屈膝，脚尖点地，小腿弹动，另一只脚半蹲，臀作下坐势。双手交替上下，下时掌心向外，手挨身体，从胸前斜下至腰旁；上时手臂稍开，环至胸前。上身随手臂的扭动，臀一拍一次左右摆动，幅度稍大，富有弹性。最主要的动作是扭身摆臀，也是区别于其他民族舞蹈的主要动律特征。据元江哈尼文化学会的熊中流先生总结，可以用“下稳上活、沉而不松、上而不浮、刚柔相济”16个字来总结。舞蹈动作与铓鼓点十分吻全，节奏鲜明不含糊。“莫搓搓”的舞者几乎都是趁着几分醉意上场的，在舞蹈的过程中，场上不时由管事者上前敬大碗米酒，每当接受敬酒的舞者高举酒碗一饮而尽时，舞场上顿时迸发出“窝——喳！喳！”的吆喝声。人们沉入古朴热烈的气氛中，忘情舞蹈，通宵达旦，充分享受着舞蹈带给他们的愉悦。

羊街乡尼果上寨的节庆活动以其旺盛的生命力和生动的形式给予民众体验传统节日价值的平台，为民众提供了一个巴赫金所称的“第

① ［德］约瑟夫·皮普尔：《节庆、休闲与文化》，生活·读书·新知三联书店1991年版，第8页。

② 同上书，第44页。

③ 同上书，第7页。

④ 同上书，第42页。

二世界”和“第二种生活”。在这个世界中，人成为真正意义上的人，没有了工作的重压、社会的规范、名利的追逐。在这个世界中，人回到了自然而本真的状态，了悟了生命真正的意义，从而把人导向心灵的自由。正如1970年有关国际组织讨论通过的《休闲宪章》[①] 所指出的那样："消遣时间是指个人完成工作和满足生活要求后，完全由他本人自由支配的一段时间，他为补偿当代生活方式中的许多要求创造了条件。它通过身体放松、竞技、欣赏艺术、科学和大自然，为丰富生活提供可能，还为人们提供了激发基本才能的条件。建立于闲暇时间基础之上的行为情趣，或者是休息、娱乐，或者是学习、交往等，它们都有一个共同的特点，即获得一种愉悦的心理体验与满足，产生一种美好感。"[②] 这一番论断让人品出了休闲在“另一个世界”和“另一种生活”中的真谛，它让已经空泛的传统节日重新被民众体验为有传统价值的活动。元江羊街乡棕扇舞便是这样一种在文化自觉下承袭休闲体验的文化传承艺术事象，因为参与这一艺术事象的主体和客体都在休闲中得到愉悦的心理体验与满足。

参与性是指群众的参与程度。哈尼族如果寨子里有需要举办“莫搓搓”丧葬礼仪，死者必须是高寿享年、有儿孙辈的长者，且非暴死者，同时死者家族得具备宰杀数只牛羊或猪的经济承受力。因为一旦通告出去，规模总是无法控制，前来参加“莫搓搓”丧葬仪式的少则数百人，多则上千人。而且来参与的大多数都是不请自来的，一听到铓鼓声就寻着声音过来了。一方面，这反映了哈尼族一方有难、八方支援的思想；另一方面，也让“莫搓搓”成为一场全民参与的狂欢。

棕扇舞在“莫搓搓”中具有很强的参与性。村民每次听到铓鼓声便手持棕扇参与到舞蹈人群中，忘情摆动肢体，随鼓点跳跃出自己对

① 马惠娣：《编者的话》，[美] 托马斯·古德尔、杰弗瑞·戈比：《人类思想史中的休闲》，云南人民出版社2000年版，第2页。

② 马惠娣：《文化精神之域的休闲理论初探》，《齐鲁学刊》1998年第3期。

生命的理解。包括用于跳棕扇舞的棕扇，由于其制作非常简单，就依棕扇的形状修剪为可以拿在手中的扇子即可，于是其形状就由参与舞蹈的人根据自己的喜好来修剪。现在由于棕树自有化后一般不让砍棕树来制作棕扇了，当然也有生态保护与原生崇拜的思想在里面，哈尼人崇拜棕树。现在只有在村里举行活动时，有棕树的人家才会让组织者砍树，一般 50—100 元一棵。也有一些特别积极的哈尼人，在村里组织活动时不计较报酬就给活动提供棕叶。

对于客体而言，休闲者参与节庆活动可以体验异文化的内涵。哈尼上寨古朴的村庄作坊，原始的劳作形态，真实的民风民俗，土生的农副产品。这种在特定地域所形成的“古、始、真、土”，具有农村特有的淳朴与自然，为休闲者创造了返璞归真的自然感。休闲者行走于掩映在哀牢梯田中的哈尼民族建筑群落间，随处可见风格独特、原始拙朴的哈尼壁画、传说，宛若身处另外一个世界中；通过观看棕扇舞蹈、哈尼古歌，更为深切地感受、了解哈尼文化的深层内涵。笔者在调查期间，休闲者们常在壁画、建筑前流连忘返，不少休闲者还与参与演出的村民合影，从一个侧面说明了休闲者通过这种参与、体验而获得了休闲心理的满足。同时，也应该看到，如今棕扇舞的发展方式吸收了大量的农村剩余劳动力，尤其为偏远村落的劳动力转移带来了成效。笔者在调查中发现，一是棕扇舞传承人不仅成了“城里人”“知识分子”，他们的子女家属也都在城里，在观念、经济、生活方式上都发生了极大的改变；二是周边村落的民众通过摆摊、迎宾歌舞、营运等方式参与到尼果上寨的休闲圈中，形成了一个联系紧密的经济生态链条；三是尼果上寨通过示范村的作用，把棕扇舞文化传承基地放在乡村第一线，使民族文化传承与贫困山区的经济发展有机地结合起来。

三　传承休闲民俗的实践途径

文化传承的途径多种多样，笔者认为休闲民俗的传承主要有如下几种方式：休闲活动中的承袭，传统节日中的传习，休闲产业中的推动，休闲表演中的提升，休闲介体中的传播。

休闲活动中的承袭是指大部分的文化传承是在休闲活动中完成的。以刺绣剪纸为例，除了上文提到的花腰彝服饰的刺绣外，云南的民族服饰琳琅满目、数不胜数，而且均各有特色，绚丽精美。当然，在他们的服饰中不仅表达了各民族对美的追求与欣赏，也反映了各民族的历史、文化、宗教。所以看一个民族的服饰，就相当于读这个民族的史诗；不但让人有美的享受，而且还会有文化的冲击。这样含有民族文化元素的多元化服饰，在休闲意味上，实质是增强了其美学质感，使其饱含文化含量，成为一种独具魅力的民俗文化。

在农闲时分，妇女们从最基础的绩麻开始，用纺车纺线，再织布，最后依剪纸样式用针线挑出花朵，可以说，很多姑娘在年少时就跟随母亲学习这样的技艺。剪纸时，既不事先画出样子，也不依照原有图案描样，仅凭一把剪刀就能把山川万物、花鸟鱼虫剪在纸上。这样灵动的技艺，不但要对自然事物有细致的观察，也要有灵巧的手指与娴熟的功底。在剪纸的基础上，挑出的花才具有了生动的模型，从而转变为色彩浓艳的美妙情物，可以说剪纸与刺绣充分体现了彝族妇女的审美观和对幸福生活的憧憬。

花腰彝村民普遍认为，刺绣是女子必备的一项技能，刺绣技艺的高低往往显示着女子的手艺灵巧程度和贤惠持家能力。而且刺绣技艺还是以往青年男子择偶的一项重要标准，谈情说爱时，男子首先索取的信物就是姑娘贴身的刺绣品——绣花腰带。因此，过去的花腰彝女子如果不会刺绣，就会被人看不起，甚至会找不到婆家。现在，随着当地经济的发展，以刺绣技艺作为择偶标准的观念正逐步淡化，但认为花腰彝女子必须具备刺绣技能的看法却几乎没有发生任何改变。村中的成年女性白天下地干活，晚上在家刺绣挑花。即使是那些正在上学的女孩，回家做完功课后的主要活动也都是拿起绣片，穿针引线，挑花绣朵。她们制作的一般都是用于个人服装的装饰，图案纹样及色彩搭配均按照个人的喜好和经验来设计。①

妇女们在服饰上的刺绣可以说是对美丽自然喜欢的表达，既把民族特点利用自然的载体传达出来，也是一种寓教于乐的方式，其中包含了她们的情感与思想，也包含了她们对世界与生活的解读。基于服饰民俗鲜明的外显特征，精神特质在这样的无声语言中得以充分地张扬：一方面是穿着者自身得到的一种审美愉悦；另一方面是旁观者得到的视觉美感享受。二者在现代社会已融合成一种自觉的休闲精神，外化于我们生活的每一天。故而，农闲时村头屋外的刺绣剪纸实际上便是花腰彝的休闲方式，在这样的休闲活动中刺绣与剪纸的技艺在民众的相互交流中得以承袭。

传统节日中的传习是指文化传承离不开节日活动。我国的节庆民俗由于依据农业时令而产生与发展，在农耕时代，民众的时间被划分为了农忙与农闲，这样时间的划分让节庆成为一种依自然规律而存在的生活方式，也让民众有了依时间而选择参与的节律。在这样的节律引导之下，民众们翘首以盼的节庆便成为人们得以休闲的最佳活动。节庆的选择是依自然周期的划分来适应与发展的，自然周期的划分则是依据了各民族的天文历法知识，各民族从天文历法中确定哪一个节气适合农忙，哪一个节气适合农闲，由此来形成了在农闲时大多数的节庆时间的确定。除了哈尼族外，云南一些少数民族如彝族、傣族、白族、纳西族、傈僳族、拉祜族、佤族、基诺族、独龙族等都有自己的历法，历史渊久。当地民众以历法来确定节庆的时间，并按时间选择的不同确定节庆的休闲内容。

从现存的历法来看，其大概有太阳历、太阴历和阴阳历。太阳历的使用年代在秦末汉初，源于夏代以前的西羌文明，云南的彝族、白族、哈尼族地区一般使用的是太阳历，以观测星象，根据太阳的运动周期来划分节气：大年在每年夏至日过三天。第一天为接祖日，第二天为祭祖日，第三天是送祖日。小年在冬至日，只过两天，一天接

① 肖青：《石林阿着底村彝族刺绣工艺调查报告》，《民族艺术研究》2005 年第 4 期。

祖，一天送祖。闰年加祭祖日过三天。彝族的传统历法，一年有10个月，一个月有36天，还有5天作为“过年日”的节庆活动。傣族使用的是阴阳历，也称为傣历。年是太阳年，月是阴历月。傣族的贝叶文化非常先进，傣族先民已经明白了日月星辰与五大行星的方位，从而运用它们运行的方向与变化甚至可以算出日食与月食的日期。历法发明以后，人们可以从客观上把握四季中天象、物候的变化，可以据此安排生产生活的时间。节庆便依此而产生，应合着农业生产的节奏，井然有序地分布在一年四季，顺应节时气候的变化，成为人们的一段闲暇时光和一种休闲生活。那么，依历法而设的传统节日也就相应成为农闲时的娱乐与休闲时光，民俗事象在这样放松的时光中便能够在文化活动中自然传习。

休闲产业中的推动是指文化传承需要文化产业作为推动力。仍然以花腰彝刺绣为例进行总结。刺绣具有悠久的历史，在晋宁石寨山出土的青铜器上，部分人物形象的衣服上即有刺绣花纹的痕迹。公元223年，诸葛亮南征，以成都瑞锦赐夷，并吸收叟帅孟获、孟琰、爨习参加蜀国政权。这些叟帅的夫人在蜀学会了汉族的刺绣工艺，回乡传授给昆叟女子。据说，孟获夫人曾在曲靖大基山中，飞针走线，一夜绣成龙衣，故而被人们尊奉为刺绣女神。公元8世纪初，南诏王嵯巅攻占成都，掠回汉族刺绣女工和蜀锦原料，使南诏刺绣工艺得到极大发展。《新唐书·南诏传》就此记载：“将还，乃掠女子工技数万人……南诏自是工文织，与中国埒。”樊绰《蛮书》也对南诏的刺绣做了详尽叙述：“抽丝法稍异中土，精者纺丝绫，亦织为锦及绢。其纺丝人朱紫以为上服，锦文颇有密致奇彩……亦有刺绣。蛮王并清平官，礼衣悉服锦绣，皆上缀波罗（虎）皮。俗不解织绫罗，自太和三年蛮寇西川，掳掠巧儿及女工非少，如今悉解织绫罗也。”元明清时期，刺绣即在彝族妇女中盛行，刺绣质料增加，刺绣纹样和图案色彩更加丰富。直至近代，彝族刺绣仍保持着浓厚的地区特色和民族风格。[①]

---

① 白兴发：《彝族文化史》，云南民族出版社2002年版，第282页。

除了上述的文化内涵外，云南少数民族服饰在色彩与结构上的变化多端，图案与线条上的栩栩如生，造型与装饰上的千奇百怪，“充分表现了人的形体美、修饰美和工艺美。这种外显的特征，实际上也就构成了民俗文化景观的重要组成部分。一个民族或地区的服饰民俗外显特征越显著，它的景观效果就愈好，审美价值就愈突出，同时所产生的感染力也愈强烈”①。比如傣族姑娘穿着筒裙，显出她们婀娜多姿的娇柔体态；苗族姑娘的头饰繁复闪耀，各类精致的银泡与银珠把她们贵气天然的气质凸显了出来；傈僳族姑娘的服饰因五彩的布料而鲜艳得像美丽的花朵；哈尼族姑娘的服饰则以蓝色的银泡诉说了她们包含朴素的精致。

过去，刺绣品大多并不单独使用，而只作为服饰上的点缀，主要装饰于花腰彝妇女的包头、衣领、衣襟、袖臂、下摆、裤筒、围腰、飘带，以及童帽、挎包、鞋面等部位。她们借助密密的针脚，既增强了衣物易磨处的耐磨性，也延长了衣物的使用寿命。随着市场需求的出现，现在彝族刺绣工艺品常见品种主要有生活用品类的挎包、背包、腰包、挂包、钱包、手袋、桌布、靠垫、手机套、茶杯垫、电话机垫，服饰类的布褂、外衣、披肩、围巾、领带、绣花鞋，以及装饰类的壁挂、香包等，既有较高的装饰美感，又有广泛的实用价值，成为彝族民间艺术中最具特色的传统手工艺品。不仅刺绣如此，竹编也是这样。对手工艺品的休闲审美已引入了市场机制，从生产生活的必需品转向具审美体验的工艺品。棕扇舞的市场化机制的引入也是如此，当其成为休闲市场的一部分时，以文化的方式体现其经济含量时，便形成现行的休闲产业。休闲产业的运转在给传承人以及主体民众带来经济收益的同时自然也推动了民俗文化的产业传承。

休闲表演中的提升是指工艺品的文化传承需要在表演中得到进步和创新。表演是一种艺术，也是一种情境性的行为，它在不同的语境

① 《通海县兴蒙乡蒙古族民俗文化旅游的开发与保护》，百度文库《互联网文档资源》，http://wenku.baidu.com/view/a17eb00a844769eae009edb1.html，2012 年 8 月 1 日。

之中演绎着不同文化、不同社区以及不同制度下的情景表达。一个完整的表演事件的结构由表演场景、行为顺序、演出规则、表演者与观众等诸多元素构成，不同文化背景下的表演者以及观众会对表演事件有着截然不同的交流与回馈。而且在多元化的语境之中，表演者会形成自身的一些特有的表演惯习，这些惯习有关表演者自身也有关于其民族文化的差异甚至有关于表演场景的差异，在经久的表演中，表演者将这些惯习形成了一种结构性的表达与演绎。以棕扇为符号的棕扇舞即有着其自身的表演惯习与表达。棕扇舞表演包蕴了哈尼族的发展史诗，不但有口头艺术也有肢体艺术。哈尼民众对表演的表达是自身对于生命的自我解读与诉说，这与休闲的自主选择是合拍的。

然而，我们必须看到的是，在这些表演事件之中并不存在着一成不变的永久的表演状态。在鲍曼的表演概念中，每一次表演都是一种新生性的表演，也就是世界上不会存在完全相同的表演模式，表演者在历次的表演事件中都是一次新的演绎。表演过程中的交流互动也是表演新生性的表现，互动中的交流结构会自动地孕育出新生的社会结构。表演者在表演事件中所承担的交流的责任，在受众之中或者参与者中不单是被动接收，而是使这些参与者得到经验的交流与升华，表演者可以通过表演事件创作出倾向于自身的社会结构，这个新生的社会结构会为表演者提供一种新的社会角色，其中的参与者也会在这种社会结构中得到改变与激发。表演事件的最大魅力性存在就是它的改变的特性与潜能，这是一种不容小觑的社会能量的存在，任何引起社会结构改变的因素都是值得我们重视与思考的。棕扇舞的表演虽然有着一定的套路，但也在依据着舞蹈者的性格、喜好不断孕生出新的情感表达，这样的情感表达反映在动作中便是一种创新型的表演状态。应该说，人类对休闲的追求一直倾向于一种不断变化的改变与创造中。

休闲介体中的传播是指文化传承在休闲活动中得到广泛宣传和普及。休闲介体包括传统和新型的媒体、教育平台、学术机构、申遗保护等可以推动民俗文化实现文化传承的中间媒介，在寻求休闲的今天这些介体为民众提供了可供借鉴的休闲渠道，因为当民俗活动与休闲生活在精神界域叠交时，民俗活动的主体思维，也就成为休闲时代影响着文化传播和创造的主要因素。借助休闲介体是为了实现扩大受众面的目的。

从媒体来说，现代的数字媒体以迅雷不及掩耳之势成为现代人的休闲方式之一，人们通过媒体寻找新的休闲活动。民俗事象也可以借助数字媒体的优势突破时间和空间的局限，面向更大更广泛的受众：通过传统媒体在广播、电视、报纸、杂志、移动广告上对民俗事象进行宣传，做专题节目、开特色报道、设专栏板块，或参加文博会等各类会展；也可以借助新型数字媒体，通过网站门户、手机微信推送等方式，构建民俗文化事象、传承人数据库，开设网络社区、贴吧等，扩大少数民族民俗的文化传承覆盖面。从教育平台来说，它打破了家族式和师徒式传承的局限，把传习的范围扩大到学校，增加了受众的年龄层次，使用文化熏陶的方式来使该文化事象深入人心。从学术机构来说，开办学术研讨会、创办学术专刊，加强对民俗文化的理论研究，不仅可以提升民俗事象的文化内涵，也可以最大限度地引起公众的关注，产生去体验去休闲的冲动。从申请非物质文化遗产保护名录来说，民俗文化事象进入非遗名录对于提升其知名度、增强传承主体的民族自豪感是有重要意义的，通过非遗这个平台，不但可以调动主体的积极性，提高其在客体心中的地位，对民俗事象的保护也有非常大的推动作用。

笔者的研究显示，休闲活动中民俗的文化传承面临着一些理论和实践上的困难，必须引起政府、少数民族民众、学者和社会各界的高度重视，进行深入的理论和应用研究。这些困难包括了原生文化生态展演与民间文化传承的发展悖论；自然生存与外部力量介入保护的矛盾；输血与持续两难的选择；少数民族社区年轻工艺人员的减少，传承人青黄不接，工艺空间的萎缩；社会文化变迁和现代化思想的冲击带来的工艺观念上的改变。

然而，笔者在研究中也发现了民族文化在休闲活动中实现文化传承的希望和信心。在城市化进程中有效地保护、传承和发展少数民族民俗文化，就应在现代休闲文化体验这一具有普遍意义的平台上，从二者的联系与互动进行考虑：其一，当一种民俗事象成为一种时代的休闲方式时，那么少数民族民俗文化的传承也就由民间和市场决定了其文化传承的可能。其二，这种传承是以发展民俗休闲主体的精神性追求、提升其精神境界为出发点，建构一种“自我实现”的休闲精神价值观，加强对自身文化传统的调适、转换，在新的发展目标指引下不断阐释、建构特有的文化传统的传承。故而，这是一种“活态”化的传承，是真正激发民俗文化生生不息的生命活力，有可供其生长壮大的民间土壤，使其充溢在民众的生产生活中，与人们的作息息息相关，成为附着在民众生命中不可或缺的习俗惯制，并在信仰、功能、结构上与原初民俗保持一致性的传与承。

民俗价值观念总是有群体的趋同性和时代的趋同性，这种趋同性转化为一种趋向力，代表一种价值认同的主潮。这种趋向力和主潮就是文化传承中的民俗价值取向，是一个民族的时间和空间的宏观的民俗文化价值观。通过对花腰傣竹编、花腰彝剪纸和哈尼族棕扇舞三种艺术事象的理性反思，我们探寻到了三个民族在文化传承过程中与休闲民俗的叠交，传承主体与休闲客体对接，休闲认同与民族和文化认同的交替，这或许是民俗事象的研究价值之所在。笔者对休闲民族和文化传承进行了深入的艺术人类学田野调查和分析，认为少数民族民俗的深层价值依然指向休闲，以休闲推动民俗的文化传承便成为非物质文化遗产保护的一种新思路。

参考文献

（国内文献以著者姓名拼音首字母为序，国外以作者姓名首字母为序）

一　著作

巴兆祥：《中国民俗旅游》，福建人民出版社 1999 年版。

白兴发：《彝族文化史》，云南民族出版社 2002 年版。

柴毅龙：《畅达生命之道——养生与休闲》，云南人民出版社 2005 年版。

陈刚主编：《应用人类学最新发展和在中国的实践文集》，民族出版社 2012 年版。

陈鲁直：《民闲论》，中国经济出版社 2004 年版。

陈永龄主编：《民族词典》，上海辞书出版社 1987 年版。

邓启耀：《民族服饰：一种文化符号》，云南人民出版社 1991 年版。

邓永进、薛群慧、赵伯乐：《民俗风情旅游》，云南大学出版社 2001 年版。

邓永进：《民族旅游研究》，南开大学出版社 2009 年版。

邓佑玲：《中国少数民族美学研究》，中央民族大学出版社 2011 年版。

董晓萍：《田野民俗志》，北京师范大学出版社 2003 年版。

额瑜婷：《扇舞哀牢（云南元江县羊街乡哈尼族棕扇舞文化历史变迁）》，云南人民出版社 2011 年版。

费孝通：《费孝通论文化与文化自觉》，群言出版社 2007 年版。

费孝通：《乡土中国　生育制度》，北京大学出版社 1998 年版。

冯骥才主编：《守望民间——中国民间文化遗产抢救工程》，西苑出版社 2002 年版。

高丙中：《民俗文化与民俗生活》，中国社会科学出版社 2001 年版。

高宣扬：《布迪厄的社会理论》，同济大学出版社 2004 年版。

龚锐、郑向春、葛荣玲：《旅游人类学教程》，旅游教育出版社 2011 年版。

顾军、苑利：《文化遗产报告：世界文化遗产保护运动的理论与实践》，社会科学文献出版社 2005 年版。

胡大平：《崇高的暧昧》，江苏人民出版社 2002 年版。

黄爱莲、潘冬南：《跨越文化的界限：民俗风情旅游问题及其解决》，旅游教育出版社 2011 年版。

黄德兴等：《现代生活方式面面观》，上海社会科学院出版社 1987 年版。

黄光成：《云南民族文化纵横探》，科学出版社 2007 年版。

黄涛：《中国民间文学概论》，中国人民大学出版社 2004 年版。

黄应贵：《返景入深林：人类学的观照、理论与实践》，商务印书馆 2010 年版。

黄泽：《非物质文化遗产视野下的民俗艺术与宗教艺术》，海南出版社 2008 年版。

黄泽：《神圣的解构——民族文化研究的多维审视》，广西教育出版社 1998 年版。

黄泽：《西南民族文化与民俗——民族文化学的新视野》，海南出版社 2008 年版。

江帆：《生态民俗学》，黑龙江人民出版社 2003 年版。

蒋文中：《云南民族民间手工艺品经营》，云南科技出版社 2006 年版。

李克珍、曹成章等：《元江县傣族社会经济调查》，载云南省编辑组“国家民委民族问题五种丛书”之一、“中国少数民族社会历史调查资料丛刊”《思茅、玉溪、红河傣族社会历史调查》，云南人民出版社 1985 年版。

李昆生：《云南艺术史》，云南教育出版社 2001 年版。

李砚祖：《装饰之道》，中国人民大学出版社 1993 年版。

李银兵：《云南新平花腰傣花街节研究》，中央民族大学出版社 2011 年版。

李永祥：《舞蹈人类学视野中的彝族烟盒舞》，云南民族出版社 2009 年版。

李仲广、卢昌崇：《基础休闲学》，社会科学文献出版社 2004 年版。

李缵绪、杨亮才：《中国民俗大系：云南民俗》，甘肃人民出版社 2004 年版。

林庆：《民族记忆的背景——云南少数民族非物质文化遗产研究》，云南大学出版社 2007 年版。

林耀华：《民族学研究》，中国社会科学出版社 1985 年版。

刘晨晔：《休闲：解读马克思的一种新尝试》，中国社会科学文献出版社 2006 年版。

刘海春：《生命与休闲教育》，人民出版社 2008 年版。

刘辉：《旅游民族学》，民族出版社 2006 年版。

刘丽川：《民俗学与民俗旅游学》，同济大学出版社 1990 年版。

刘新平：《休闲中国》，中国工人出版社 2002 年版。

楼嘉军：《休闲新论》，立信会计出版社 2005 年版。

[法] 罗贝尔·朗卡尔：《旅游和旅行社会学》，商务印书馆 1997 年版。

罗曲：《民俗学概论》，中国社会科学出版社 2010 年版。

马惠娣、张景安：《中国公众休闲状况调查》，中国经济出版社 2004 年版。

马惠娣：《休闲：人类美丽的精神家园》，中国经济出版社 2004 年版。

马惠娣：《走向人文关怀的休闲经济》，中国经济出版社 2004 年版。

牛军：《云南少数民族文化与审美》，中国社会科学出版社 2002 年版。

彭文斌主编：《人类学的西南田野与文本实践：海内外学者访谈录》，民族出版社 2009 年版。

彭兆荣：《旅游人类学》，民族出版社 2004 年版。

彭兆荣：《人类学仪式的理论与实践》，民族出版社 2007 年版。

祁庆富：《民族文化遗产》，民族出版社 2004 年版。

卿前龙：《休闲服务与休闲服务业的发展》，经济科学出版社 2007 年版。

施惟达、段炳昌：《云南民族文化概说》，云南大学出版社 2004 年版。

宋恩常：《元江傣族习俗调查》；载云南省编辑组“国家民委民族问题五种丛书”之一、“中国少数民族社会历史调查资料丛刊”《云南少数民族社会历史调查资料汇编（一）》，云南人民出版社 1986 年版。

孙宏开等：《白马语研究》，民族出版社 2007 年版。

唐代剑等：《中国乡村旅游开发与管理》，浙江大学出版社 2005 年版。

陶贵学主编：《新平花腰傣文化大观》，民族出版社 2004 年版。

陶学贵主编：《中国云南亲平花腰傣文化国际学术讨论会》，民族出版社 2003 年版。

田兆元等：《民间文学概论》，华东师范大学出版社 2009 年版。

万辅彬：《人类学视野下的传统工艺》，人民出版社 2011 年版。

汪宁生：《文化人类学调查——正确认识社会的方法》，文物出版社 1996 年版。

王东昕：《衣食之源——云南民族农耕》，云南教育出版社 2000 年版。

王建民：《艺术人类学新探》，民族出版社 2008 年版。

王明珂：《华夏边缘：历史记忆与族群认同》，中国社会科学出版社 2006 年版。

王明珂：《炎黄子孙是谁？——中华民族的历史记忆与民族认同》，《英雄祖先与弟兄民族：根基历史的文本与情境》，中华书局 2009 年版。

王明珂：《英雄祖先与弟兄民族：根基历史的文本与情境》，中华书局 2009 年版。

王铭铭：《想象的异邦》，上海人民出版社 1998 年版。

王铭铭主编：《西方人类学名著提要》，江西人民出版社 2004 年版。

王琪延：《休闲经济》，中国人民大学出版社 2005 年版。

王亚南：《口承文化论——云南无文字民族古风研究》，云南教育出版社 1997 年版。

王子华、汤亚平：《彩云深处起炊烟——云南民族饮食》，云南教育出版社 2000 年版。

乌丙安：《中国民俗学》，辽宁大学出版社 1985 年版。

夏建中：《文化人类学理论学派 ——文化研究的历史》，中国人民大学出版社 2003 年版。

新平县教育局编：《新平彝族傣族自治县教育志》，云南大学出版社 1993 年版。

邢公畹：《红河之月 · 原版自序》，云南人民出版社 2002 年版。

徐赣丽：《民俗旅游与民族文化变迁：桂北壮瑶三村考察》，民族出版社 2006 年版。

杨福泉：《多元文化与纳西社会》，云南人民出版社 1998 年版。

杨福泉：《火塘文化录》，云南人民出版社 1991 年版。

杨福泉：《纳西族民族志田野调查实录》，中国书籍出版社 2008 年版。

杨福泉：《原始生命神与生命观》，云南人民出版社 1995 年版。

杨福泉：《云南名镇名村的保护和发展研究》，中国书籍出版社2010年版。

杨甫旺：《楚雄民族文化的保护与传承》，云南民族出版社2004年版。

杨振之：《旅游资源开发》，四川人民出版社1996年版。

杨正文、汤芸、张原：《边缘社会的文化展示——田野实践与释读》，四川民族出版社2007年版。

杨知勇：《云南少数民族婚俗志》，云南民族出版社1983年版。

杨知勇：《在文化深层结构中探索》，中国戏剧出版社2005年版。

尹德荣等：《旅游社会学研究》，南开大学出版社2006年版。

于光远：《论普遍有闲的社会》，中国经济出版社2004年版。

喻学才、王健民：《文化遗产保护与风景名胜区建设》，科学出版社2010年版。

张朝枝：《旅游与遗产保护——政府治理视角的理论与实证》，中国旅游出版社2006年版。

张建世：《西南少数民族民间工艺文化资源保护研究》，四川民族出版社2005年版。

张亮采：《中国风俗史》，东方出版社1996年版。

[英] 约翰·罗斯金：《建筑的七盏明灯》，张粼译，山东画报出版社2006年版。

张桥贵、陈麟书：《宗教人类学——云南少数民族原始宗教考察研究》，四川大学出版社1993年版。

张维亚、喻学才、张薇：《欧洲文化遗产保护与利用研究综述》；载邢定康、周武忠《旅游学研究》（第二辑），东南大学出版社2007年版。

张文勋、施惟达、张胜冰、黄泽：《民族文化学》，中国社会科学出版社1998年版。

张文勋：《民族审美文化》，云南大学出版社1999年版。

张艳华：《在文化价值和经济价值之间：上海城市建筑遗产

（CBH）保护与再利用》，中国电力出版社 2007 年版。

张益琴：《陇南白马人民俗文化研究（歌曲卷）》，甘肃人民出版社 2011 年版。

张紫晨：《中国民俗与民俗学》，浙江人民出版社 1986 年版。

郑杭生：《社会学概论新修》，中国人民大学出版社 1994 年版。

钟敬文：《民俗学概论》，上海文艺出版社 1998 年版。

钟敬文：《社会民俗现象的作用》，载《中国大百科全书·民族卷》，中国大百科全书出版社 1986 年版。

周大鸣、秦红增：《文化人类学概论》，中山大学出版社 2009 年版。

朱祥贵：《文化遗产保护法研究：生态法范式的视角》，法律出版社 2007 年版。

庄孔韶：《人类学概论》，中国人民大学出版社 2006 年版。

左汉中：《民间刺绣挑花》，湖南美术出版社 1994 年版。

二 英文参考文献

Anne, D.: *Developing Sustainable Tourism for World Heritage Sites* [J]. Annals of Tourism Research, 1996, 23 (2).

Barbara T. Hoffman: *Art and Cultural Heritage: Law, Policy and Practice* [C]. New York: Cambridge University Press, 2006: 1.

Bedate, A., L. C. Herrero, et al.: *Economic Valuation of the Cultural Heritage: Application to Four Case Studies in Spain* [J]. Journal of Cultural Heritage, 2004, 5 (1).

Blake, J.: *On Defining the Cultural Heritage* [J]. The International and Comparative Law Quarterly, 2000, 49 (1).

C. Chen, H. Wactlar, J. Z. Wang, K. Kiernan.: *Digital Imagery for Significant Cultural and Historical Materials-An Emerging Research Field Bridging People, Culture, and Technologies* [J]. International Journal on Digital Libraries, 2005, 5 (4).

Caffyn, A., J. Lutz.: *Developing the Heritage Tourism Product in Multi-ethnic Cities* [J]. Tourism Management, 1999, 20 (2).

Charles K. Brightbill: *Educating for Leisure-Centered Living*, printed in the United States of America, 1966.

Csikszentmihalyi, Mihaly: *Flow: The Psychology of Optimal Experience*, New York: Harper And Row, 1990.

Daugstad, K., K. Rnningen. et al.: *Agriculture as an Upholder of Cultural Heritage? Conceptualizations and Value Judgments—A Norwegian Perspective in International Context* [J]. Journal of Rural Studies, 2006, 22 (1).

Erika J. T.: *Safeguarding Cultural Heritage: Law and Policy in Fiji* [J]. Journal of Cultural Heritage, 2011, 12 (3).

Fletcher, R., I. Johnson, et al.: *Living with Heritage: Site Monitoring and Heritage Values in Greater Angkor and the Angkor World Heritage Site, Cambodia* [J]. World Archaeology, 2007, 39 (3).

Geoffrey, W.: *Preserving Nature and Cultural Heritage* [J]. Annals of Tourism Research, 1995, 22 (3).

Harrell, Stevan: *The History of the History of the Yi, in Stevan Harrell ed, Cultural Encounters on China's Ethnic Frontiers*, Seattle: University of Washington Press, 1995.

Harrell, Stevan: *Cultural Encounters on China's Ethnic Frontiers*, Seattle: University of Washington Press, 1995.

Iso-Ahola, S.: *The Social Psychology of Leisure and Recreation. Bubuque*, IA: Wm. C. Brown Publishers. 1980.

Joffre Dumazedier: *Leisure*, in D. L. ED, International Encyclopedia of the Social Sience, Vol, 9, New York: The MacMillan Company and Free Press, 1968.

Josef Pieper, *Leisure: the Basis of Culture*, Random House, Inc., 1963.

Koïchiro Matsuura: On the Precise Criteria for the Selection of Cultural

Spaces or Forms of Cultural Expression that Deserve to be Proclaimed by UNESCO to Be Masterpieces of the Oral and Intangible Heritage of Humanity [DB/OL] . http : //unesdoc . unesco . org/ image s/ 0011/ 001131/ 113113cb. pdf (155EX/15) . 2005-08-25.

Litizinger, Ralph: *Other Chinas-The Yao and the Politics of National Belonging*, Duke University Press, 2000.

Marilena, V.: *A Definition of Cultural Heritage: From the Tangible to the Intangible* [J]. Journal of Cultural Heritage, 2010, 11 (3) .

Mortimer J. Adler: *How to Think about the Great Ideas*, Open Court Publishing Company.

Notar, Beth, Displacing Desire: *Travel and Popular Culture in China*, Honolulu: University of Hawaii Press. 2006.

Nuala C. J.: *Framing the Past: Time, Space and the Politics of Heritage Tourism in Ireland* [J] . Political Geography, 1999, 18 (2).

Philip Feifan, X. : *Developing Industrial Heritage Tourism: A Case Study of the Proposed Jeep Museum in Toledo, Ohio* [J]. Tourism Management, 2006, 27 (6).

Riegl, A.: *The Modern Cult of Monuments: Its Essence and Its Development* [C] //N. Stanley-Price, M. Kirby Talley, Jr. and A. Mellucco Vaccaro. Historical and Philosophical Issues in the Conservation of Cultural Heritage. Los Angeles, CA: The Getty Conservation Institute, 1996.

Ruly, D.: *Publishing a Community-based Knowledge-transfer Device within the Framework of Cultural Heritage Preservation, Management, Promotion and Education* [J]. The International Information Library Review, 2004, 36 (3).

Schein, Louisa: *Minority Rules-The Miao and the Feminine in China's Cultural Politics*, Duke University Press, 2000.

Shu-Yun Ma.: *Built Heritage Conservation and the Voluntary Sector: The Case of the Tung Wah Coffin Home in Hong Kong* [J]. International

Journal of Cultural Property, 2010, 17 (1).

Turner, V. : *The Forest of Symbols*: *Aspect of Ndembu Ritual*. Ithaca: Cornell University Press, 1967.

UNESCO . : Information Document : *Experts Meeting on the "Global Strategy" and Thematic Studies for a Representative World Heritage List* [DB/ OL] . http : // unesdoc . unesco . org/ images/ 0011/001128/ 112895e . pdf (WHC-97/ ConF. 208/InF. 7) . 2005-08-25 .

UNESCO: *Medium-Term Outline Plan for 1984 - 1989* [R]. Paris, UNESCO, 1983 .

Var, T., M. Korzay: *Heritage Multicultural Attractions* [J]. Annals of Tourism Research, 2000, 27 (2) .

Victor Witter Turner: *The Anthropology of Performance*, PAJ Publications paperback: ISBN 1-55554-001-5. 1986.

Vilbrandt, C., Pasko, G., Pasko, A., Fayolle, P. A., Vilbrandt, T., Goodwin, J. R., Goodwin, J. M. and Kunii, T. L.: *Cultural Heritage Preservation Using Constructive Shape Modeling* [J]. Computer Graphics Forum, 2004, 23 (1).

Wolfenstein, Martha: *The Emergence of Fun Morality. In Eric Larrabee and Rolf Meyersohn* (ed.), Mass Leisure. Glencoe, Illinois: The Free Press, 1959.

三 译著

[美] Dean MacCannell:《旅游者休闲阶层新论/社会文化与旅游人类学译丛》, 张晓萍译, 广西师范大学出版社 2008 年版。

[法] E. 杜尔干:《宗教生活的初级形式》, 林宗锦、彭守义译, 中央民族大学出版社 1999 年版。

[美] H. G. 布洛克:《现代艺术哲学》, 滕守尧译, 四川人民出版社 1998 年版。

[英] 爱德华·泰勒:《原始文化》, 广西师范大学出版社 2005

年版。

［英］安东尼·吉登斯：《社会的构成》，生活·读书·新知三联书店1998年版。

［法］保罗·福赛尔：《格调》，广西人民出版社2002年版。

［美］比尔·盖茨：《未来之路》，北京大学出版社1999年版。

［德］布迪厄、［美］华康德：《实践与反思——反思社会学导引》，李猛、李康译，中央编译出版社1998年版。

［美］布鲁范德：《美国民俗学》，李扬译，汕头大学出版社1993年版。

［美］布尼·汤森德：《美学导论》，王柯平等译，高等教育出版社2005年版。

［英］查·索·博尔尼：《民俗学手册》，上海文艺出版社1995年版。

［美］弗兰克·G. 戈布尔：《第三思潮——马斯洛心理学》，上海译文出版社2001年版。

［英］弗雷泽：《金枝》，徐育新、张泽石等译，新世界出版社2006年版。

［美］格尔茨：《文化的解释》，纳日碧力戈译，上海人民出版社1999年版。

［德］格罗塞：《艺术的起源》，蔡慕晖译，商务印书馆1984年版。

［德］黑格尔：《美学》，朱光潜译，商务印书馆1997年版。

［英］霍布斯鲍姆：《传统的发明》，［英］兰杰编，顾杭、庞冠群译，译林出版社2008年版。

［美］霍兰德·安妮：《性别与服饰》，魏如明译，东方出版社2000年版。

［美］加里·S. 贝克尔：《人类行为的经济分析》，上海三联书店、上海人民出版社1995年版。

［美］杰弗瑞·戈比：《21世纪的休闲与休闲服务》，云南人民出

版社 2000 年版。

［美］杰弗瑞·戈比：《你生命中的休闲》，云南人民出版社 2000 年版。

［韩］金光得：《现代休闲论》，白山出版社 1995 年版。

［美］克莱德·伍兹：《文化变迁》，胡华生等译，云南教育出版社 1989 年版。

［美］理查德·鲍曼：《作为表演的口头艺术》，杨利慧、安德明译，广西师范大学出版社 2008 年版。

［美］露丝·本尼迪克特：《文化模式》，王炜等译，社会科学文化出版社 2009 年版。

［英］罗伯特·莱顿：《艺术人类学》，广西师范大学出版社 2009 年版。

［德］马克斯·韦伯著，韩水法编：《韦伯文集》，中国广播电视出版社 2000 年版。

［英］马林诺夫斯基：《文化论》，费孝通译，中国民间文艺出版社 1987 年版。

［英］马林诺夫斯基：《巫术科学宗教与神话》，李安宅译，上海文艺出版社 1987 年版。

［法］马塞尔·莫斯：《社会学与人类学》，佘碧平译，上海译文出版社 2003 年版。

［日］梅泽正：《企业文化论·序》；中国旅游文化学会编：《旅游文化研究》，中国旅游出版社 1995 年版。

［俄］普列汉诺夫：《论艺术——没有地址的信》，人民出版社 1964 年版。

［德］施路赫特：《理性化与官僚化：对韦伯之研究与诠释》，顾忠华译，广西师范大学出版社 2004 年版。

［英］史蒂芬·威廉姆斯：《旅游休闲》，云南大学出版社 2006 年版。

［英］特纳：《象征之林：恩登布人仪式散论》，赵玉燕等译，商

务印书馆 2006 年版。

［美］托马斯·古德尔、杰弗瑞·戈比：《人类思想史中的休闲》，云南人民出版社 2000 年版。

［美］威廉·A. 哈维兰：《文化人类学》，瞿铁鹏译，上海社会科学院出版社 2006 年版。

［英］维克多·特纳：《象征之林——恩登布人仪式散论》，赵玉燕等译，商务印书馆 2006 年版。

［荷兰］约翰·赫伊津哈：《游戏的人》，中国美术学院出版社 1996 年版。

［美］约翰·凯利：《走向自由——休闲社会学新论》，云南人民出版社 2000 年版。

［德］约瑟夫·皮普尔：《节庆、休闲与文化》，生活·读书·新知三联书店 1991 年版。

四 期刊论文

巴莫曲布嫫：《非物质文化遗产：从概念到实践》，《民族文艺》2008 年第 1 期。

白童：《咸丰县民间舞蹈“地盘子”活态传承的思考》，《青年文学家·艺术鉴赏》2013 年第 32 期。

车春玲：《彝族花腰服饰刺绣中的原始崇拜》，《今日民族》2006 年第 11 期。

陈峰、杨兆麟：《浅析花腰彝服饰的装饰语言》，《南宁职业技术学院学报》2009 年第 5 期。

陈劲松：《花腰彝服饰艺术初探》，《云南艺术学院学报》2009 年第 2 期。

陈敬玉：《民族服饰的固态保护与活态传承——以浙江景宁畲族为例》，《丝绸》2011 年第 5 期。

董晓萍：《休闲民俗》，《中华文化画报》2006 年第 5 期。

段炳昌、秦一超、黄静华：《存留于变异：现代化大潮中中国少数民族村寨民俗——中国民族村寨民俗专题研究》。

张跃：《中国民族村寨研究》，云南大学出版社 2004 年版。

高丙中：《非物质文化遗产：作为整合性的学术概念的成型》，《河南社会科学》2007 年第 2 期。

高丙中：《作为非物质文化遗产研究课题的民间信仰》，《江西社会科学》2007 年第 6 期。

高春波：《浅谈我国民俗旅游的优势和弊端》，《黑龙江科技信息》2009 年第 11 期。

高立士：《傣族支系研究》，《中央民族大学学报》1998 年第 6 期。

高楠：《文化创意产业：民俗旅游开发的创新载体》，《康定民族师范高等专科学校学报》2009 年第 1 期。

高小康：《传统艺术活态保护与当代美学建设》，《文艺研究》2013 年第 7 期。

郝亚丽：《非物质文化遗产视域下民间美术的活态传承研究》，《凯里学院学报》2013 年第 4 期。

何明、洪颖：《回到生活：关于艺术人类学学科发展问题的反思》，《文学评论》2006 年第 1 期。

洪颖：《行为：艺术人类学研究的可能的方法维度》，《民族艺术》2007 年第 1 期。

洪颖：《艺术人类学研究的民族志方法讨论》，《清华大学学报》（哲学社会科学版）2007 年第 4 期。

胡伟希：《中国古代的休闲理论》，《湖南社会科学》2003 年第 6 期。

黄瑾：《浅谈彝族服饰的变迁与传承因素》，《贵州民族学院学报》（哲学社会科学版）2006 年第 5 期。

黄燕：《打造群文品牌与非遗活态传承》，《神州民俗》2011 年第 168 期。

黄志豪：《民间乐器多样性的保护与开发——谈京族独弦琴的

"活态传承"》,《中国音乐》2009 年第 3 期。

营丰:《何谓非物质文化遗产的价值》,《文化遗产》2009 年第 2 期。

蒋颖荣:《哈尼族丧葬仪式的伦理意蕴》,《思想战线》2009 年第 3 期。

康蠡:《云南民俗文化旅游开发的 SWOT 分析》,《经济研究导刊》2008 年第 1 期。

李斌:《温家宝、李长春参观中国非物质文化遗产专题展》,《人民日报》2007 年 6 月 10 日。

李庆英:《田野调查关注活态文化传承》,《北京日报》2005 年 1 月 24 日。

李荣启:《论非物质文化遗产保护的主要原则与方法》,《广西民族研究》2008 年第 2 期。

李晓弟等:《论云南少数民族服饰文化的保护与发展》,《昆明理工大学学报》(社会科学版)2005 年第 4 期。

李昕:《论非物质文化遗产保护的基本原则》,《兰州学刊》2007 年第 12 期。

李英:《邮票上的剪纸艺术》,《老友》2005 年第 3 期。

李永祥:《傣雅服饰的族群标志与民族认同——云南省新平彝族傣族自治县漠沙镇的研究案例》,《毕节学院学报》2009 年第 9 期。

联合国教科文组织:《保护非物质文化遗产公约》,《文物工作》2004 年第 5 期。

刘红玉、粘忠友:《工作与休闲关系的嬗变》,《泉州师范学院学报》2008 年第 1 期。

刘魁立:《关于非物质文化遗产保护的若干理论反思》,《民间文化论坛》2004 年第 4 期。

刘清:《活态传承还是文化记忆?——山东民歌活态传承保护之惑》,《交响——西安音乐学院学报》2013 年第 4 期。

刘锡诚:《非物质文化遗产的文化性质问题》,《西北民族研究》

2005年第1期。

刘焱：《非物质文化遗产保护机制的两个正义原则考量》，《求索》2008年第1期。

龙倮贵：《试析云南彝族服饰类型及其审美特色》，《民族艺术研究》1996年第6期。

陆景川：《民俗旅游发展浅探》，《民俗研究》1988年。

罗娟：《浅谈花腰彝剪纸艺术》，《金田》2012年第8期。

吕建昌、廖菲：《非物质文化遗产概念的国际认同》，《上海大学学报》（社会科学版）2007年第3期。

马惠娣：《文化精神之域的休闲理论初探》，《齐鲁学刊》1998年第3期。

牛爱军、虞定海：《非物质文化遗产保护视野下的传统武术传承制度研究》，《体育文化导刊》2007年第4期。

潘彬彬：《南京市民俗博物馆民俗文化遗产活态传承研究》，《艺术百家》2013年第7期。

潘立勇：《休闲与审美：自在生命的休闲体验》，《浙江大学学报》（人文社会科学版）2005年第6期。

潘文竹、李萌：《胶州秧歌活态传承机制研究》，《东方论坛》2010年第2期。

彭凯南：《剪纸活动实践与探索》，《山东教育》2010年第28期。

彭文斌、汤芸、张原：《20世纪80年代以来美国人类学界的中国西南研究》，《西南民族大学学报》2007年第11期。

彭兆荣：《我国非物质文化遗产理论体系探索》，《贵州社会科学》2013年第4期。

蒲娇：《试论非物质文化遗产活态保护的内涵和原理》，《民族遗产》2010年第3期。

普梅笑：《花腰彝服饰变迁的原因——以云南省石屏县哨冲镇为例》，《红河学院学报》2010年第1期。

普梅笑：《花腰彝服饰的变化》，《河池学院学报》2007年第

4 期。

祁庆富：《存续“活态传承”是衡量非物质文化遗产保护方式合理性的基本准则》，《中南民族大学学报》（人文社会科学版）2009 年第 3 期。

祁庆富：《非物质文化遗产的真魂在于“活态传承”——由“徽州祠祭”引发的一点思考》，《重庆三峡学院学报》2009 年第 2 期。

瞿明安：《论象征的基本特征》，《民族研究》2007 年第 5 期。

阮金纯：《云南民族文化的人格精神》，《西南民族大学学报》（人文社会科学版）2009 年第 8 期。

申琳：《关于彝族服饰刺绣纹样的调查与思考》，《云南社会主义学院学报》2007 年第 3 期。

孙建：《从非物质文化遗产视角看传统体育的活态传承——以舞龙、龙舟和风筝为例》，《南京体育学院学报》2013 年第 6 期。

王建民：《艺术人类学理论范式的转换》，《民族艺术》2007 年第 1 期。

王建民：《维克多·特纳与象征符号和仪式过程研究——写在〈象征之林〉中文版出版之际》，《中南民族大学学报》（人文社会科学版）2007 年第 3 期。

王巨山、夏晓晨：《整体性原则与非物质文化遗产保护》，《民族艺术研究》2011 年第 3 期。

王铭铭：《格尔兹的解释人类学》，《教学与研究》1999 年第 4 期。

温锦英：《文化，民俗旅游开发的灵魂》，《广东民族学院学报》1997 年第 3 期。

吴从瑞：《论视觉美术元素与非物质文化遗产的活态传承——以阜阳剪纸、界首彩陶图案创新为例》，《淮南师范学院学报》2013 年第 4 期。

向丽：《审美教育与民族文化的活态传承——以云南剑川张绍华民间美术教育为例》，《内蒙古大学艺术学院学报》2012 年第 3 期。

肖惠华:《中国彝绣》,《民族艺术研究》2003 年第 6 期。

肖青:《石林阿着底村彝族刺绣工艺调查报告》,《民族艺术研究》2005 年第 4 期。

徐玲:《浅议"花腰"彝民族传统服饰文化内涵》,《华章》2009 年第 4 期。

杨福泉:《探寻文化资源与民族文化产业发展之间的平衡——以云南为例》,《中央民族大学学报》(哲学社会科学版)2013 年第 2 期。

佚名:《剪纸溯源》,《当代人》2009 年第 4 期。

余继平:《基于传承人本体视角的非物质文化遗产活态传承初探——以武陵民族地区为例》,《艺术研究》2012 年第 2 期。

袁年兴:《文化的人本寓意与非物质文化遗产的本真性》,《中国人民大学学报》2011 年第 2 期。

翟会会:《民俗民间体育走进校园的活态传承选择研究》,《体育世界·学术》2010 年第 4 期。

张谛:《哈尼族民间舞蹈文化内涵简析》,《红河学院学报》2006 年第 12 期。

赵建岭:《试论休闲与工作的辩证关系》,《中国科技信息》2005 年第 9 期。

郑元者:《艺术人类学的生成及其基本含义》,《广西民族大学学报》2006 年第 4 期。

朱伟珏:《超越社会决定论——布迪厄"文化资本"概念再考》,《南京社会科学》2006 年第 3 期。

朱毅然:《非物质文化遗产视域下民间体育的活态传承研究》,《商丘师范学院学报》2012 年第 12 期。

庄孔韶:《文化遗产保护的观念与实践的思考》,《浙江大学学报》(人文社会科学版)2009 年第 4 期。

后　记

从2012年开始调研到2016年完稿，本书的调研材料和基本框架被我带在电脑上，几乎走遍了南半球。依然记得，在开始调研时，孤身一人往返于云南新平、元江、峨山的田野点，像人类学家的漂泊。每一位途中遇到的人都像一本书，翻看时惊喜不断，不同的生命际遇就有不同的人生述说。他们给予我的善意让我顺利完成了所有调研，时刻铭记心中。

2015年，我谢绝了大部分的课题调研，每天静静坐在电脑前，综合、整理所有的调研资料，研读理论书籍，逐字逐句完成我对休闲民俗与文化传承的理解。过程寂寞而美好，在送孩子到学校后便来到绿植陪伴的办公室格子间，安静的环境让自己产生自律，每天缓慢抒写，黄昏时分回家时总会在立交桥上看到满天晚霞，这一刻的欢愉让人内心安静。

经常会有这样的瞬间陪我走完书房中的清寂。书斋久坐，偶有挚友相约滇池。那时正好有红嘴鸥群聚水边，走过高大的芦苇地，鸥群惊起，盘旋半空鸣叫不止。忽然觉得自己已经很久没有亲近自然，自牧归荑，洵美且异。站在恢宏的天空下，心无旁骛，万物皆美。2014年岁末去弥渡调研，有村民依温泉出水口在石头上凿出盆形，每晚就在村口用汩汩冒出的温泉洗漱泡脚。我们也沿青石板坐下把脚放入石盆温泉里，在清冽的晚风中仰望星空，忽然觉得，这短短的一刻，是否需要前世辗转反侧的善待和约定，应珍惜它如同珍惜地老天荒。

有了陪伴便有了笃实的内心，完成初稿每次答辩时，都会想起以前坐在色拉寺看僧人辩经，他们着红袍神彩飞扬，辩到激烈时站起身围主辩者舞之蹈之，声音洪亮。僧人辩佛理佛法是为了得到佛陀的智慧，我想我坐南向北初辩学理是因万物皆有裂口，这样曙光才能照进其中。

如今完成终稿，我体验到意志与自控的欢愉，深邃河流下的暗涌，身心潜伏，迂回转折，来回求索。而现在，我只是岸边一个逡巡的观望者，获取折射在波浪上细碎的幸福光芒。这光芒因为生命中给予我支持的师长、同门、挚友、同事、家人而分外明亮，可以照亮一条条通道，生命因此获得新的启示，得以继续前行。

感谢杨福泉研究员，他深厚的学养，开明睿智的教导令我在专业素养上深深受益。他不仅鼓励我在学术领域不断探索新的成就，也激励我不断夯实自身的学术功底。杨老师所营造的一种宽松的学习氛围，让同门们如一家人一样不但领略到了知识的魅力与学术的积淀，也在学习之余有了倾诉与交流的群体。

感谢在我的学习以及开题、预答辩与答辩中给予我各种帮助、鼓励与指点的师长：段炳昌教授、黄泽教授、王卫东教授、郭净研究员、王清华研究员、李永祥研究员、施惟达教授、董秀团教授等人。他们用渊博的知识和深厚的学理为本书的写作与修改指明了方向。

感谢杨杰宏师兄、陈瑞琪师姐、彭莉师姐、刘佳云师姐、陈静静师姐以及同门王俊、沈玉菲、和儇、习建勋、薛其龙，他们如兄弟姐妹一样关心与鼓励着我。

感谢郭家骥研究员、石高峰研究员、李金明研究员等领导和同事，从事学术研究一直以来都得到过他们的指导与帮助，是他们的扶持才让我慢慢有了坚持学术的信心。

感谢我的家人，在紧张的学习中，他们的理解与支持让我感受到极大的温暖与力量。

还要感谢元江平寨、峨山小棚租、新平平寨的父老乡亲们，尤其是新平的杨永岚、杨红、刀向梅，峨山的普桂萍，元江的李婷，有了他们的帮助我的田野调查才得以顺利进行，和他们一起度过的田野时光才能让论文的文字更加清透，语言更为形象。所有这些人都要感恩并且铭记。他们是我完整生命的单纯力量，这样的温暖让人满足，也让人微笑。

以往的全部岁月，终要有所纪念。今后的漫长生涯，以这片刻光阴为起点。行者，且赶路。

2017 年 7 月于昆明